SAPERE

Scripta Antiquitatis Posterioris
ad Ethicam REligionemque pertinentia

Schriften der späteren Antike
zu ethischen und religiösen Fragen

Herausgegeben von
Reinhard Feldmeier, Rainer Hirsch-Luipold
und Heinz-Günther Nesselrath

Band XI

Der apokryphe Briefwechsel zwischen Seneca und Paulus

Zusammen mit dem
Brief des Mordechai an Alexander
und dem
Brief des Annaeus Seneca
über Hochmut und Götterbilder

eingeleitet, übersetzt und
mit interpretierenden Essays versehen von

Alfons Fürst, Therese Fuhrer,
Folker Siegert und Peter Walter

Mohr Siebeck

Alfons Fürst, geboren 1961; Professor für Alte Kirchengeschichte an der Universität Münster.

Therese Fuhrer, geboren 1959; Professorin für Klassische Philologie an der Universität Freiburg/Breisgau.

Folker Siegert, geboren 1947; Direktor des Institutum Judaicum Delitzschianum an der Universität Münster.

Peter Walter, geboren 1950; Professor für Dogmatik an der Universität Freiburg/Breisgau.

ISBN 3-16-149130-0 (Broschur)
ISBN-13 978-3-16-149130-6

ISBN 3-16-149131-9 (Leinen)
ISBN-13 978-3-16-149131-3

Die Deutsche Nationalbibliothek verzeichnet diese Publikation in der Deutschen Nationalbibliographie; detaillierte bibliographische Daten sind im Internet über *http://dnb.d-nb.de* abrufbar.

© 2006 Mohr Siebeck Tübingen.

Das Buch wurde von Gulde-Druck in Tübingen auf alterungsbeständiges Werkdruckpapier gedruckt und von der Großbuchbinderei Josef Spinner in Ottersweier gebunden.

SAPERE

Griechische und lateinische Texte der späteren Antike (1.–4. Jahrhundert n.Chr.) haben lange Zeit gegenüber den sogenannten klassischen Epochen im Schatten gestanden. Dabei haben die ersten vier nachchristlichen Jahrhunderte im griechischen wie im lateinischen Bereich eine Fülle von Werken zu philosophischen, ethischen und religiösen Fragen hervorgebracht, die sich ihre Aktualität bis heute bewahrt haben. Die Reihe SAPERE (Scripta Antiquitatis Posterioris ad Ethicam REligionemque pertinentia, „Schriften der späteren Antike zu ethischen und religiösen Fragen") hat sich zur Aufgabe gemacht, gerade solche Texte über eine neuartige Verbindung von Edition, Übersetzung und interdisziplinärer Kommentierung in Essayform zu erschließen.

Der Name SAPERE knüpft bewusst an die unterschiedlichen Konnotationen des lateinischen Verbs an. Neben der intellektuellen Dimension (die Kant in der Übersetzung von sapere aude, „Habe Mut, dich deines eigenen Verstandes zu bedienen", zum Wahlspruch der Aufklärung gemacht hat) soll auch die sinnliche des „Schmeckens" zu ihrem Recht kommen: Einerseits sollen wichtige Quellentexte für den Diskurs in verschiedenen Disziplinen (Theologie und Religionswissenschaft, Philologie, Philosophie, Geschichte, Archäologie ...) aufbereitet, andererseits aber Leserinnen und Leser auch „auf den Geschmack" der behandelten Texte gebracht werden. Deshalb wird die sorgfältige wissenschaftliche Untersuchung der Texte, die in den Essays aus unterschiedlichen Fachperspektiven beleuchtet werden, verbunden mit einer sprachlichen Präsentation, welche die geistesgeschichtliche Relevanz im Blick behält und die antiken Autoren zugleich als Gesprächspartner in gegenwärtigen Fragestellungen zur Geltung bringt.

Vorwort

Der apokryphe Briefwechsel zwischen Seneca und Paulus ist ein ausgesprochen nichtssagender Text. Umso sprechender sind die Namen der angeblichen Verfasser. Was wäre gewesen, wenn – um die bekannte Frage zur nicht geschehenen Geschichte einmal aufzugreifen – ja, wenn der berühmte Apostel des Christentums und der nicht minder berühmte Philosoph am Hof des römischen Kaisers Nero tatsächlich voneinander gewusst und sogar, brieflich oder persönlich, Kontakt miteinander gehabt hätten? Es war nicht so. Doch allein die Vorstellung, dass es aufgrund der biographischen Nähe der beiden so hätte sein können, regte im Lauf der Geschichte zu allerlei Reflexionen und Spekulationen über die Nähe dessen an, wofür die beiden Personen stehen: Stoa und Christentum.

Der solchermaßen entstandenen Wirkungsgeschichte eines Nicht-Ereignisses ist dieser Band gewidmet. Das zentrale Dokument dieser Tradition, der angebliche Briefwechsel zwischen Seneca und Paulus – der wegen des Autors Paulus nicht selten zu den neutestamentlichen „Apokryphen" gezählt wird –, wird von Alfons Fürst (Alte Kirchengeschichte und Patrologie, Münster i.W.) übersetzt, erläutert und mit einer Einführung sowie den ebenfalls übersetzten und annotierten Testimonien bis Erasmus von Rotterdam versehen.

Die Essays widmen sich den geistesgeschichtlichen Konnotationen, die von der Kombination „Seneca-Paulus" evoziert werden. Das Verhältnis der stoischen Philosophie, wie nicht zuletzt Seneca sie repräsentiert, zum Christentum ist insbesondere auf zwei Themengebieten interessant: dem Gottesbild und der Ethik. Dem ersten Aspekt ist der Essay von Alfons Fürst gewidmet, und zwar speziell der Frage, ob Seneca als „Monotheist" gelten könne, dem zweiten derjenige von Therese Fuhrer (Klassische Philologie, Freiburg i.Br.) zur christlichen Rezeption stoischer, vor allem ethischer Begriffe und Konzepte; dazu kommt ein Essay von Peter Walter (Dogmatik und Theologiegeschichte, Freiburg i.Br.) zur Seneca-Rezeption vom Mittelalter bis in die frühe Neuzeit – ein spannendes Kapitel Theologie- und Geistesgeschichte.

Zwei weitere Essays beschäftigen sich mit entlegen überlieferten, außerhalb von Fachkreisen in der Regel unbekannten Texten, die in unterschiedlichen Hinsichten in das Umfeld des Briefwechsels zwi-

schen Seneca und Paulus gehören und daher immer wieder im Zusammenhang mit diesem diskutiert werden. Folker Siegert (Judaistik, Münster i.W.) interpretiert und übersetzt erstmals den *Brief des Mordechai an Alexander*, der in einer der vielen Fassungen des Alexanderromans auf Latein überliefert ist. Die Fiktion, einen berühmten Juden, die Figur des Mordechai aus der *Ester*-Novelle, an einen berühmten Heiden, nämlich keinen geringeren als Alexander den Großen, einen Brief über die jüdischen Ansichten über Gott und Welt schreiben zu lassen, ist das jüdische Gegenstück zum Briefwechsel zwischen einem berühmten Christen (Paulus) und einem berühmten Heiden (Seneca). Ein weiteres solches Analogon besäßen wir mit dem 1984 in der Kölner Dombibliothek entdeckten Fragment der sogenannten *Epistula Anne ad Senecam de superbia et idolis*, wenn dieser kleine Text tatsächlich ein Brief des jüdischen Hohenpriesters Hannas II. an Seneca wäre. Doch handelt es sich, wie mittlerweile klar ist, in Wirklichkeit um einen angeblichen *Brief des Annaeus Seneca über Hochmut und Götterbilder*, der der christlichen apologetischen Literatur zuzurechnen ist – wobei der Autorname erklärungsbedürftig wird – und den Alfons Fürst zum Abschluss des Bandes vorstellt und übersetzt.

Wertvolle Hilfe bei der Erstellung der Register leistete Frau Christine Mühlenkamp, Assistentin am Seminar für Alte Kirchengeschichte an der Katholisch-Theologischen Fakultät der Westfälischen Wilhelms-Universität zu Münster, wofür ihr herzlich gedankt sei.

Der Band bietet also eine Kombination aus wenig bekannten Dokumenten und zentralen Themen der abendländischen Philosophie- und Theologiegeschichte, die durch die vorgespiegelten Autorenkonstellationen jeweils ins Spiel kommen. Autorin und Autoren hegen die Hoffnung, damit eine attraktive und gewinnbringende Verbindung von Texten und Essays vorzulegen.

Münster i.W.   *Alfons Fürst*

Inhalt

Anhang

Der apokryphe Briefwechsel
zwischen Seneca und Paulus

Einführung

(Alfons Fürst)

Zu den merkwürdigsten Produkten der apokryphen christlichen Literatur gehören die vierzehn Briefe, die Seneca und Paulus ausgetauscht haben sollen, acht von Seneca, sechs von Paulus. So will es ein unbekannter Autor, der diese Korrespondenz im 4. Jahrhundert n.Chr. angefertigt hat. Jahrhundertelang wurde sein Werk als echt angesehen, und noch nachdem Erasmus von Rotterdam die Fiktion erwiesen hatte, widmete man ihr immer wieder überraschend viel Aufmerksamkeit. So rege wie das Interesse, so groß ist freilich regelmäßig die Enttäuschung. Der Inhalt dieser kurzen Schreiben ist nämlich an Dürftigkeit kaum zu überbieten. Die schwachen Spuren senecanischer Philosophie und paulinischer Theologie, die sich in ihnen finden, sind verflacht bis zur Banalität – mehr wird nicht geboten. Der Text ist gebastelt aus Konventionen und Phrasen, wie sie in der spätantiken Epistolographie gang und gäbe sind. Mit diesen schlichten Mitteln, garniert mit einigen famosen Einfällen, erzeugt der Autor den einzigen Eindruck, der offenbar vermittelt werden soll, dass nämlich Seneca und Paulus Freunde gewesen sein sollen.

Seneca und Paulus

Die Annahme, Seneca und Paulus könnten voneinander gewusst oder gar miteinander Kontakt gehabt haben, ist nicht von vorneherein abwegig. Für beides ließen sich nämlich in ihren Biographien Anhaltspunkte ausfindig machen. Lucius Annaeus Seneca, der römische Staatsmann, Philosoph und Dichter, geboren um 1 v.Chr. in Córdoba in Südspanien, verbrachte den größten Teil seines Lebens in Rom und wurde 65 n.Chr. von Nero (Kaiser 54–68) zum Selbstmord gezwungen. Paulus aus Tarsus in Kilikien, der als gebürtiger Jude auch den jüdischen Namen Saulus (Šā'ūl) trug, das römische Bürgerrecht besaß und sich um 34 n.Chr. dem Christentum zugewandt hatte, plante nach langen Jahren missionarischer Tätigkeit in Kleinasien und Griechenland, über Rom nach Spanien zu reisen (Röm. 15,23f.). Ob er diesen Plan ausgeführt und danach in Rom unter Nero den Märtyrertod erlitten hat, wie es die altkirchliche Überlieferung erzählt, lässt

sich historisch nicht nachprüfen. Doch geht aus der neutestamentlichen Apostelgeschichte hervor, dass Paulus wohl gegen das Jahr 60
als Gefangener nach Rom kam (Apg. 28,14.16), dort „zwei volle Jahre
in seiner Mietwohnung blieb und alle empfing, die zu ihm kamen"
(Apg. 28,30). Eine Affinität zwischen Seneca und Paulus bestand in
der Wahrnehmung der Nachwelt somit auch darin, dass beide demselben Tyrannen zum Opfer fielen und „Märtyrer" waren.

Diese Kreuzung der Lebenswege des Seneca und des Paulus im
Rom der neronischen Zeit lädt naturgemäß zu Spekulationen ein. In
einigen späteren Handschriften der Apostelgeschichte ist in einem
Zusatz zu Apg. 28,16 davon die Rede, dass die Häftlinge, mit denen
Paulus von Caesarea in Palästina nach Rom gebracht wurde, dem
„Kommandanten" übergeben worden seien, Paulus jedoch „die Erlaubnis erhielt, für sich allein zu wohnen, zusammen mit dem Soldaten, der ihn bewachte". Könnte dieser „Kommandant" nicht der
Prätorianerpräfekt Sextus Afranius Burrus gewesen sein, mit dem
zusammen Seneca das Römerreich in den Jahren zwischen 54 und 59
faktisch regierte, und könnte Burrus Seneca nicht von dem in gewisser Weise auffallenden Häftling Paulus berichtet haben? Auch früher
könnte Seneca schon Gelegenheit gehabt haben, von Paulus zu hören. Der Streit, in den Paulus wohl in den Jahren 51/52 mit den jüdischen Autoritäten in Korinth geriet, wurde bis vor den Statthalter
von Achaia namens Gallio getragen (Apg. 18,12–17). Bei diesem
Gallio handelt es sich um Senecas älteren Bruder Marcus Annaeus
Novatus, der sich seit seiner Adoption durch Lucius Iunius Gallio
nach diesem nannte. Könnte Gallio seinem Bruder nicht erzählt haben, was er in Korinth mit Paulus erlebt hatte? Seneca hätte also von
Paulus wissen können. Umgekehrt gilt das vielleicht auch, denn könnte mit den Christen „aus dem Haus des Kaisers", von denen Paulus
der Gemeinde in Philippi Grüße ausrichtete (Phil. 4,22),[1] nicht unter
anderem Seneca gemeint sein?

Auf der Basis dieser Bibelstellen ist in der älteren Forschung ver-
schiedentlich versucht worden, eine Bekanntschaft oder Kontakte
zwischen Seneca und Paulus wahrscheinlich zu machen.[2] Noch in

---

[1] Zur Bedeutung dieser Junktur siehe in den Erläuterungen Anm. 220.

[2] Bereits im 12. Jahrhundert hat Petrus Comestor, hist. schol. 122 (Patrologia Latina 198, 1721) entsprechende Schlüsse gezogen: *Quartodecimo vero anno imperii Neronis
... positus est Paulus Romae in carcerem, ubi multos de familia Neronis convertit et familiaritatem
Senecae magistri Neronis comparavit.* Im 13. Jahrhundert hat Vinzenz von Beauvais, spec.
hist. (= spec. maius IV) IX 9 (p. 325 Benediktinerausgabe, Douai 1624 [Nachdruck
Graz 1965]) diese Worte übernommen: *Huius* (sc. *Senecae*) *autem familiaritatem Paulus
dum Romae esset in custodia publica sibi comparavit ... positus est Paulus Romae in carcere, ubi*

jüngster Zeit werden eine Bekanntschaft zwischen ihnen oder die Echtheit ihres Briefwechsels als zumindest denkbar hingestellt.[3] Was da an Argumenten ins Feld geführt wird, ist freilich gelehrter Eigensinn, dessen methodische Fragwürdigkeit und sachliche Haltlosigkeit längst mehrfach aufgewiesen worden ist.[4] Von Beziehungen Senecas zu Paulus oder allgemein zum Christentum können wir angesichts der Quellenlage nichts in Erfahrung bringen.

Unschwer kann man sich vorstellen, dass die aufgeführten Bibelstellen einen christlichen Autor dazu inspirieren konnten, Seneca mit Paulus zusammenzubringen und zu diesem Zweck einen Briefwechsel zwischen ihnen zu erfinden. Zugunsten einer solchen Hypothese lassen sich immerhin vergleichbare Fälle aus der pseudepigraphischen Literatur des frühen Christentums anführen. So entstand der sogenannte Dritte Korintherbrief, eine im Rahmen der Paulusakten überlieferte, ursprünglich aber wohl selbstständige Korrespondenz der

---

multos de familia Neronis convertit et familiaritatem Senecae magistri Neronis sibi comparavit. – In zwei voluminösen Bänden versuchte FLEURY 1853 nachzuweisen, dass Seneca und Paulus zwar Freunde gewesen seien, Briefe jedoch nicht ausgetauscht hätten; ein entsprechendes Gerücht habe jedoch zwei Fälschungen hervorgebracht, einen besseren, vielleicht griechisch geschriebenen Briefwechsel, auf den sich die Bemerkungen des Hieronymus (vir. ill. 12) und des Augustinus (epist. 153,14) bezögen (siehe Testimonien I und II), und nach dessen Verlust einen schlechten lateinischen im 9. Jahrhundert, der noch heute erhalten sei. Vgl. ferner KREYHER 1887, 172–184. 198; BETZINGER 1899, 197f. (Nachtrag dazu: DERS. 1917/18); ENSSLIN 1914. – Auch die 1867 in einer quadratischen Grabkammer in der Nähe von Ostia entdeckte Inschrift aus dem 2./3. Jahrhundert hat, anders als ihr Entdecker DE ROSSI 1867 mutmaßte, nichts mit eventuellen Beziehungen zwischen Seneca und Paulus zu tun: D. M. | M. ANNEO | PAVLO. PETRO | M. ANNEVS. PAVLVS | FILIO CARISIMO *(sic)* (CIL 14, 566 = ILCV 3910). Ein Marcus Annaeus Paulus schrieb diesen Text für seinen verstorbenen Sohn Marcus Annaeus Paulus Petrus, doch sind diese Namen nichts Besonderes, denn die Namen Petrus und Paulus kamen laut Eusebius, hist. eccl. VII 25,14 im 3. Jahrhundert bei Kindern von Christen häufig vor. Allerdings ist nicht einmal sicher, ob es sich um eine christliche Inschrift handelt; BUONOCORE 2000, 219–228 argumentiert für heidnische Provenienz.

[3] FRANCESCHINI 1981, 830f.; RAMELLI 1997 (die Briefe könnten echt sein außer Brief XI); GIEBEL 1997, 128f.; MARA 2000, 46; SORDI 2000; RAMELLI 2000. – Abwegige Spekulationen bei NABER 1937; TESCARI 1947; SORDI 1965, 461–464; ELORDUY 1965; LEE 1969; HERRMANN 1970, 33–64; DERS. 1979, 5–7. 87f.: Seneca habe zwar seit seinem Aufenthalt in Ägypten – von dem er im Jahre 31 (!) zurückkehrte – vom Christentum und auch von Paulus und dessen Schriften gewusst, „par prudence" jedoch keinen persönlichen Kontakt aufgenommen; SCARPAT 1977, 109–142: Seneca habe von den Christen gewusst, aber nicht von ihnen gesprochen; BERRY 1999 (vgl. DERS. 2002, 45f.).

[4] BAUR 1858 (1978), 161–170 und SEVENSTER 1961, 6–15 haben alles Nötige gesagt. Vgl. ferner BOISSIER 1871 bzw. 1874, 53–71; AUBERTIN 1857 bzw. 1869; BURGMANN 1872; MORLAIS 1896, 269–306; CODARA 1897, 150–177; 1898, 190; DEISSNER 1917, 8f.; PRELLER 1929; SCHREINER 1936; MARCHESI ³1944, 377f.; BENOÎT 1946, 9f.

Gemeinde von Korinth mit Paulus, wohl deshalb, weil Paulus im Ersten Korintherbrief von einem früheren Brief redete (1 Kor. 5,9). Der nur lateinisch erhaltene Brief an die Laodizener, eine inhaltlich wertlose Zusammenstoppelung paulinischer Sätze und Redensarten, verdankt seine Existenz der Nennung eines solchen Briefes in Kol. 4,16, die Oden Salomos der Erwähnung von „Psalmen, Hymnen und Liedern" in Kol. 3,16 und Eph. 5,19.[5] Viele altkirchliche Pseudepigraphen sind dem Bedürfnis entsprungen, Lücken in der spärlichen Überlieferung von der Anfangszeit zu schließen. So könnte der Verfasser des vorliegenden Briefwechsels den Hinweis des Paulus auf Christen „aus dem Haus des Kaisers" (Phil. 4,22) mit dem Namen Senecas gleichsam aufgefüllt haben. Um mehr als eine Hypothese handelt es sich bei dieser Überlegung freilich nicht.

Datierung und Entstehung

Die Indizien für eine Datierung führen in das 4. Jahrhundert.[6] 392/93 wird der Briefwechsel von Hieronymus (vir. ill. 12; siehe Testimonium I) erstmals bezeugt, sodann, wohl davon abhängig, 413/14 von Augustinus (epist. 153,14; siehe Testimonium II). Zu Beginn des 4. Jahrhunderts wusste Laktanz noch nichts von ihm, obwohl er derjenige Kirchenvater ist, der Seneca am häufigsten zitierte und außerordentlich hoch schätzte.[7] Einen Text, der seinem eigenen Senecabild dermaßen entspricht wie dieser Briefwechsel,[8] hätte er sich wohl kaum entgehen lassen. Dieses *argumentum e silentio* büßt freilich dadurch an Wert ein, dass Laktanz auch etliche andere Senecaschriften

---

⁵ Diese Beispiele bei: Oden Salomos, übersetzt und eingeleitet von M. LATTKE (Fontes Christiani 19), Freiburg u.a. 1995, 34f. Deutsche Übersetzung des Dritten Korinther- und des Laodizenerbriefes: p. 41–44. 230–234 HENNECKE/SCHNEEMELCHER.

⁶ Die Nöte, in die Datierungsfragen leicht führen, werden aus den diversen Vorschlägen von KURFESS deutlich: Zunächst optierte er für eine Frühdatierung in die Mitte des 2. Jahrhunderts (1937, 320f.; 1938, 269; 1939, 240; 1949/50, 70). Abweichend davon schlug er eine Teilung vor: Die Briefe I bis XII seien um 200 entstanden, die Briefe XIII und XIV im 4. Jahrhundert (1938, 319 Anm. 2. 324 Anm. 3. 326 Anm. 2. 330f.). Die Datierung auf um 200 korrigierte er sodann als Druckfehler und gab an: erste Gruppe um 300, die letzten beiden Briefe im 4./5. Jahrhundert (1952, 42; diese Daten übernahm MORALDI 1971, 1731). Als letztes Datum hat er schließlich pauschal das 3. Jahrhundert in die Debatte geworfen (³1964 bzw. ⁴1971, 84; so schon BICKEL ²1961, 245).

⁷ TRILLITZSCH 1971, Bd. 2, 363–369 notierte 21 Belege: siehe unten S. 102 Anm. 45.

⁸ Näheres dazu unten S. 19.

nicht erwähnt. Aus der äußeren Bezeugung lässt sich daher strenggenommen nur 392/93 als *terminus ante quem* gewinnen.

Argumente für eine genauere Datierung können nur aus inneren
Kriterien dieser Briefe gewonnen werden. Dazu gehören vor allem
stilistische Parallelen zu spätantiken Briefen. Édmond Liénard meinte
insbesondere Anklänge an die Briefe des römischen Senators Quintus
Aurelius Symmachus (345–402) feststellen zu können und datierte
den Briefwechsel deshalb in etwa zeitgleich mit den Symmachusbriefen ein paar Jahre vor seine erste Bezeugung durch Hieronymus.[9] Die
von Liénard herangezogenen Stellen sind zwar textkritisch oft unsicher und seit Barlows Ausgabe vielfach überholt, so dass sie diese
präzise Datierung allein nicht zu tragen vermögen. Doch zum einen
existieren in der Tat einige auffällige Parallelen zwischen diesem
Briefwechsel und den Symmachusbriefen,[10] zum anderen ergibt sich
aus weiteren Beobachtungen, dass dieser zeitliche Ansatz so falsch
wohl nicht ist.

So benutzte der unbekannte Autor nicht wenige rhetorische Fachausdrücke. Dazu gehören Begriffe wie *generositas* (Brief I), *personae
qualitas* (Brief II), *copia verborum* (Brief IX), *insinuare, insinuatio* und *flectere* (Brief XIV).[11] Besonders in Brief XIII häufen sich rhetorische
Termini, weil es darin, nach Andeutungen in Brief VII und IX, um
den Stil der Paulusbriefe geht: *rerum vis, cultus sermonis, ornamentum
verborum, sensus corrumpere,* rednerische *virtutes, Latinitas, morem gerere,
speciem adhibere.*[12] Die pedantische Aufzählung dessen, was beim Absenden eines Briefes und der Wahl eines geeigneten Boten zu beachten sei (Brief II), könnte einem Rhetoriklehrbuch entlehnt sein.[13] Diese sprachlichen Eigenheiten weisen den Briefwechsel in das Umfeld
der spätantiken Rhetorik. Dazu kommen semantische und grammatikalische Eigentümlichkeiten, die sich aus spätantiken Gepflogenheiten erklären und Parallelen in Rhetorikhandbüchern und anderen
Texten aus dem 4. Jahrhundert haben.[14] Nicht von ungefähr hat
Claude W. Barlow dieses Elaborat als Stilübung der Rhetorikschule
angesehen.[15]

---

[9] Liénard 1932, gefolgt etwa von Barlow 1938, 70–93 (bes. 78. 86f.); Natali
1995, 11–13.

[10] Siehe in den Erläuterungen Anm. 32, 47, 51, 101, 137.

[11] Siehe ebd. Anm. 23, 30, 117, 222, 225.

[12] Siehe ebd. Anm. 187, 188, 192, 193, 194, 195, 197.

[13] Siehe ebd. Anm. 29.

[14] Siehe ebd. Anm. 4, 9, 16, 41, 49, 51, 77, 85, 114, 130, 136, 178, 193, 210, 215.

[15] Barlow 1938, 89–92, übernommen von Erbetta 1969, 87; Abbott 1978,
131; Altaner/Stuiber ⁹1980, 140; vgl. schon Peter 1901, 175f.

An diesem sprachlichen Befund scheitern alle Versuche, die Einheitlichkeit des Briefwechsels in Frage zu stellen. So unterschied Eugen Westerburg[16] zwei Gruppen von jeweils gefälschten Briefen, eine ältere, bestehend aus den Briefen X bis XII – wobei er die in den Handschriften nicht einheitliche Folge der Briefe XI und XII umkehrte, da Brief XII die Antwort auf Brief X ist[17] –, und eine jüngere, bestehend aus den übrigen Briefen. Bei den älteren Briefen handle es sich um den Rest derjenigen Sammlung, die Hieronymus gekannt habe. Die angeblich einmal vorhandenen, doch verlorengegangenen Briefe erschloss Westerburg aus der Datierung der Briefe: Da die Briefe X und XII (die beiden ersten nach seiner Reihung) in die Jahre 58 und 59 datiert sind, Brief XI hingegen auf 64, seien für die Zwischenzeit verlorene Briefe anzusetzen. Die jüngere Gruppe sei erst in karolingischer Zeit entstanden und mit den drei erhalten gebliebenen Briefen der älteren Gruppe zu der heute bekannten Einheit verschmolzen worden.

Westerburgs Argumente für eine solche Teilung halten einer genaueren Überprüfung nicht stand.[18] Er nahm an, dass die Briefe X bis XII korrekt datiert seien, und zwar jeweils nach dem Konsulpaar der betreffenden Jahre,[19] die Briefe XIII und XIV jedoch falsch, da ein niemals existierendes Konsulpaar angegeben sei: ein Leo – ein Konsul dieses Namens ist erst für das Jahr 458 n.Chr. bekannt – und ein Sabinus. Doch wenn man statt *Leo* jeweils *Lu‹r›co* liest, lassen sich die Datumsangaben der beiden letzten Briefe als korrekte Datierung auffassen, nämlich nach den *consules suffecti* des Jahres 58.[20] Anhand der Datumsangaben sind demnach folgende Gruppen zu unterscheiden: Die Briefe I bis IX tragen kein Datum, die Briefe X bis XIV sind auf unterschiedliche Weise, doch korrekt datiert.

Ein weiteres Argument dreht sich um das sprachliche Niveau der Briefe und, damit zusammenhängend, um das Bildungsniveau des Verfassers. Während es um die sprachliche Form der angeblich jüngeren Gruppe außerordentlich schlecht bestellt und ihr Verfasser ein sehr unwissender Mensch sei, entsprächen die Briefe X bis XII der durchschnittlichen Latinität des 4. Jahrhunderts und verrieten eine

---

[16] WESTERBURG 1881, bes. 13–22. Siehe auch die freilich inkonsistenten Thesen von Kurfess, oben Anm. 6.

[17] Zur Reihenfolge der Briefe siehe unten S. 22.

[18] So schon HARNACK 1881; BARDENHEWER ²1913, 607f.

[19] Siehe in den Erläuterungen Anm. 132, 168, 183.

[20] RAMORINO 1900, 508f., übernommen von BARLOW 1938, 145f. Anm. 1; BOCCIOLINI PALAGI 1985, 60. 70. 141f. Siehe in den Erläuterungen Anm. 199, 234.

gewisse Kenntnis der heiligen und profanen Literatur. Nun hebt sich zwar Brief XI durch seine etwas bessere Sprache und seine historische Thematik (der Brand Roms und die neronische Christenverfolgung im Jahre 64 n.Chr.) von den übrigen Briefen ab. Ansonsten aber lassen sich derart signifikante Unterschiede, wie Westerburg sie zwischen den von ihm postulierten beiden Gruppen wahrnimmt, nicht aufweisen. Die semantischen und grammatikalischen Eigenheiten sämtlicher Briefe, gerade auch der angeblich jüngeren Gruppe, lassen sich im Umfeld der spätantiken Latinität problemlos erklären,[21] Sprache und Stil sämtlicher Briefe bewegen sich auf einem erbärmlichen Niveau. Es ist methodisch Willkür, die unbezweifelbaren stilistischen Mängel der Briefe X und XII auf die Kopisten zu schieben, wie Westerburg das tut, zumal die Überlieferung dieser Korrespondenz generell ausgesprochen verderbt ist. Was die Inhalte angeht, gehören die Briefe X und XII zu den skurrilsten und läppischsten Einfällen des Verfassers, während Brief XIV mit seinen biblischen, philosophischen und theologischen Anklängen bei aller Unbeholfenheit nicht hinter das (bescheidene) Niveau von Brief XI zurückfällt.

Ein letztes Argument rekurriert auf das widersprüchliche Nerobild, das in diesen Briefen anzutreffen ist. In Brief XI erscheint Nero negativ als Tyrann, Christenverfolger und Antichrist, in den Briefen II, III, VII, VIII, IX und XIV hingegen wird er als möglicher Interessent am Christentum dargestellt. Vielleicht ist Brief XI tatsächlich einer zweiten Hand zuzuweisen,[22] doch gesichert ist das nicht. Derartige Inkonsistenzen sind nämlich auch zwischen anderen Briefen festzustellen. In Brief VI schreibt Paulus an Seneca und Lucilius und antwortet auf etwas, „was Ihr mir schreibt", Brief V, auf den sich das bezieht, ist aber von Seneca allein geschrieben.[23] In den Briefen V, VIII und XIV stehen Juden und Christen in Konkurrenz zueinander, in Brief XI werden beide für den Brand Roms 64 n.Chr. bestraft.[24] Und in Brief VIII äußert Paulus Bedenken dagegen, Nero mit den paulinischen Briefen bekannt zu machen, in Brief XIV ruft er Seneca dazu auf, Nero und dem ganzen Hofstaat das Evangelium zu verkünden.[25] Diese Unstimmigkeiten gehen auf das Konto der Unbeholfenheit des Verfassers und tragen zur Desavouierung der Fiktion bei, erlauben es

---

[21] Siehe die Hinweise oben Anm. 14.
[22] So BOCCIOLINI PALAGI 1985, 35–45; RAMELLI 1997, 301–306 (auch Brief XIV könnte ihrer Meinung nach sekundär sein: ebd. 304f.).
[23] Siehe in den Erläuterungen Anm. 63.
[24] Siehe ebd. Anm. 153.
[25] Siehe ebd. Anm. 220.

aber nicht, Brief XI redaktionskritisch von den übrigen Briefen zu trennen.

In der formalen Gestaltung (mit oder ohne Datum), in Sprache und Stil und in den Inhalten lassen sich mehr oder weniger gravierende Unterschiede zwischen einzelnen Briefen feststellen. Diese verteilen sich über die gesamte Korrespondenz, so dass von deren Einheitlichkeit auszugehen ist. Auch die Idee, es handle sich um die schlechte lateinische Übersetzung eines ursprünglich griechischen Textes,[26] scheitert an den genannten sprachlichen Gegebenheiten, die sich aus Eigenheiten des spätantiken Lateins, nicht übersetzungstechnisch erklären.[27] Es ist also davon auszugehen, dass ein uns unbekannter Autor vermutlich in der zweiten Hälfte – vielleicht kann man sogar wagen zu sagen: im letzten Viertel – des 4. Jahrhunderts, jedenfalls vor 392/93 den Briefwechsel zwischen Seneca und Paulus im uns heute vorliegenden Umfang von vierzehn Briefen als einheitliches Werk geschaffen hat.

Inhalt und Intention

Welche Ziele verfolgte der Anonymus mit seiner Fälschung?[28] Jeder Leserin und jedem Leser fällt die Dürftigkeit des Inhalts dieser Korrespondenz auf. Sucht man ein Thema, ließe sich durchaus das eine oder andere anführen. So geht es, wie schon erwähnt, in Brief XI um den Brand Roms im Jahre 64 n.Chr. und die neronische Christenverfolgung. Überlegungen zum Stil der paulinischen Briefe werden in Brief VII eingefädelt, in Brief IX fortgeführt und in Brief XIII ausführlich behandelt. War es die Absicht des Autors, im Kontext einer zeitgenössischen Debatte über die sprachliche Qualität christlicher Texte und besonders der lateinischen Bibel für guten, klassischen Stil zu plädieren?[29] Man fragt sich freilich, wie der Anonymus dieses Ziel ausgerechnet mit einem stilistisch derart erbärmlichen Elaborat hätte erreichen wollen oder können. Auch die Annahme, „das Hauptmotiv für die Abfassung der Briefe ist der fesselnde Gedanke gewesen, wie der Mentor und Minister Seneca dem Kaiser des Reichs das Evange-

---

[26] Diese Hypothese von HARNACK Bd. I, 1893, 765 hat PASCAL 1907 zu der aus der Luft gegriffenen Mutmaßung ausgebaut, der lateinische Übersetzer habe die in der angeblichen griechischen Fassung durchaus vorhandenen theologischen Inhalte unterdrückt. Derartige Hypothesen spiegeln das Unbehagen, das die Inhaltslosigkeit dieser Korrespondenz hervorruft.

[27] Siehe in den Erläuterungen Anm. 194.

[28] Die folgenden Gedanken sind ausführlich entwickelt bei FÜRST 1998.

[29] So BOCCIOLINI PALAGI 1985, 13–16, gefolgt von NATALI 1995, 35–40.

lium kurz nach seiner Entstehung hätte bringen können",[30] kann sich
– so reizvoll sie ist – zwar auf etliche, quer über die Korrespondenz
verteilte Notizen, aber doch nur auf einen Teil der Briefe (besonders
VII und IX, ferner III, VIII und XIV) stützen. Solche Deutungen
greifen lediglich einen (zweifellos vorhandenen) Zug heraus und versuchen von ihm her die gesamte Korrespondenz zu erklären, vermögen so aber nicht die Intention aller vierzehn Briefe zu erfassen.

Ohne die Existenz der genannten Einzelthemen in Abrede stellen
zu wollen, gilt es die Einsicht ernstzunehmen, dass dieser Briefwechsel als ganzer eigentümlich inhaltslos ist. Auch aus der Philosophie
Senecas[31] und der Theologie des Paulus[32] finden sich nur dürftige
Spuren, die durchweg bis zur Banalität verformt sind und nichts weiter demonstrieren als den Dilettantismus des Verfassers.[33] Eine verbreitete Intention antiker Pseudepigraphie, nämlich bestimmte Ansichten oder Lehren unter dem Deckmantel einer anerkannten Autorität zu propagieren, lässt sich am Text dieser Briefe nicht verifizieren.
Die auffällige Eigenheit des Briefwechsels zwischen Seneca und Paulus ist die, dass es in ihm offenbar gar nicht um Inhalte geht, sondern
um die Namen der Korrespondenten und nur um diese.

Dieses Merkmal enttäuscht die Erwartungen, die man möglicherweise an eine Korrespondenz hat, als deren Autoren Seneca und
Paulus firmieren. Im Kontext der spätantiken Epistolographie lässt es
sich jedoch erklären. Der Austausch von Briefen diente im 4. und 5.
Jahrhundert nicht primär dazu, Sachfragen zu erörtern. Diese Ab-
zweckung konnte hinzukommen und hat insbesondere in der Kommunikation zwischen christlichen Intellektuellen eine wichtige Rolle
gespielt; die Theologen der Spätantike nutzten den Brief als Medium,
um über vor allem exegetische und dogmatische Probleme zu diskutieren. Solche Briefe tendierten zu Traktaten – beide Gattungen sind
in dieser Zeit nicht scharf zu unterscheiden[34] – und waren nicht pri-
vat im modernen Sinn, sondern für eine größere Öffentlichkeit gedacht; *cum grano salis* fungierten sie als wissenschaftlich-theologisches
Journal für alle möglichen Fragen um Kirche und Glaube. Das war
aber nur die eine Funktion des Briefes in der Spätantike, die gat-
tungsgeschichtlich sekundär war. In erster Linie diente ein Brief der
Pflege der Beziehung zwischen den Adressaten. Neben den Brief-

---

[30] Bickel 1959, 95; vgl. ders. 1905, 508–512; ders. ²1961, 245.
[31] Siehe in den Erläuterungen Anm. 38, 139, 140, 142, 143, 190, 206.
[32] Siehe ebd. Anm. 70, 126, 214.
[33] Siehe dazu ferner ebd. Anm. 33, 208, 209, 230.
[34] Siehe ebd. Anm. 13.

Traktaten gab es Briefe von durchweg geringem Umfang, die ausschließlich der Kontaktaufnahme oder der Kontaktpflege dienten. In
solchen Billetts konnten beliebige Themen zur Sprache kommen,
doch blieben diese letztlich belanglos. Im Grunde konnte auf Inhalte
gänzlich verzichtet werden, denn es ging ja einzig und allein darum,
eine Beziehung zwischen zwei örtlich Getrennten herzustellen.[35]

In diese Tradition der Briefe ohne Inhalt gehört der Briefwechsel
zwischen Seneca und Paulus. Die oben genannten Themen, die sich
in manchen der Briefe finden, sind nicht das Entscheidende; von
ihnen her ist die Intention dieser Korrespondenz nicht zu erfassen.
Ganz abgesehen davon, dass der Fälscher weder glückliche Einfälle
hatte noch diese auf besonders geistreichem Niveau präsentierte –
strenggenommen könnten alle diese Inhalte fehlen und würde das
dem Effekt dieser Briefe doch keinerlei Abbruch tun. Die Botschaft
dieses Briefwechsels ist nicht etwas, was in ihm steht, sondern allein
das Faktum, dass es ihn gibt. Die Briefe wollen nichts weiter, als mittels der gewählten Gattung demonstrieren, dass Seneca und Paulus
miteinander Kontakt hatten.

Zu dieser Kommunikation gehören einige Spielregeln, die im
Briefwechsel zwischen Seneca und Paulus intensiv inszeniert sind.[36]
So darf nicht versäumt werden, dem Briefpartner höflich Komplimente zu machen (Briefe I, II, VII, XII, XIII, XIV).[37] Ferner ist ihm
die gebührende Achtung und Wertschätzung entgegenzubringen
(Briefe II, III, X, XII).[38] Weil es Pflicht ist, einen Brief zu schreiben
bzw. zu beantworten,[39] entschuldigt man sich für das Unterlassen
etwa mit dem Hinweis, keinen geeigneten Boten gefunden zu haben
(Briefe II, VI).[40] Ebenso konventionell ist es, Freude über den Erhalt
eines Briefes zu bekunden (Brief II).[41] Insbesondere sind es drei Motive, die sich aus der für einen Briefwechsel vorauszusetzenden Situation ergeben und auch in der vorliegenden Korrespondenz präsent

---

[35] Weiteres zu diesem Phänomen bei M. ZELZER, Der Brief in der Spätantike.
Überlegungen zu einem literarischen Genos am Beispiel der Briefsammlung des
Sidonius Apollinaris, in: Wiener Studien 108 (1995) 541–551; S. MRATSCHEK, Der
Briefwechsel des Paulinus von Nola. Kommunikation und soziale Kontakte zwischen
christlichen Intellektuellen (Hypomnemata 134), Göttingen 2002, 389–394.

[36] Im Ansatz erkannt von MALHERBE 1991, 417–421.

[37] Siehe in den Erläuterungen Anm. 32, 35, 172.

[38] Siehe ebd. Anm. 30, 43, 123, 126, 180.

[39] So schon Cicero, fam. II 1,1; VI 6(5),1; XVI 25(27). Symmachus hat diese
Pflicht immer wieder eingeschärft: epist. I 1,1; 22; 26 und passim.

[40] Siehe in den Erläuterungen Anm. 29, 68.

[41] Siehe ebd. Anm. 27.

sind: der Brief als Gespräch zwischen Getrennten (Briefe IV, VI), die Anwesenheit des Abwesenden im bzw. durch den Brief (Brief IV) und die Sehnsucht nach Beisammensein (Briefe I, III, IV, V).[42]

Gerade ein so völlig inhaltsloses Billett wie Brief IV erklärt sich auf dem Hintergrund dieser epistolographischen Motivik: „Jedesmal, wenn ich einen Brief von Dir höre (d.h. laut lese)", schreibt Pseudo-Paulus an Pseudo-Seneca, „bist Du in Gedanken bei mir und denke ich nichts anderes, als dass Du immer bei uns bist. Sobald Du also gekommen sein wirst, werden wir uns einander auch aus nächster Nähe sehen. Ich wünsche Dir, dass es Dir gut geht." In dieser regelrechten Postkarte, um diesen anachronistischen, aber nicht unpassenden Ausdruck zu verwenden, sind die drei Grundmotive des Gesprächs, der Anwesenheit und der Sehnsucht versammelt. Der Brief benutzt diese Topoi, um Beziehung zu stiften – nicht mehr, aber auch nicht weniger. Eine enge Parallele aus den Briefen des Symmachus zeigt, dass der Austausch solcher inhaltlich belangloser Billets zu dieser Zeit verbreitet war: „Ich liebe Deinen Brief", schreibt Symmachus an einen nicht genannten Adressaten, „warte aber darauf, dass Du kommst. Denn der ‹Fes›tagskalender verspricht mir, ‹dass Du rasch hier sein wirst›. Mehr lässt mich das Hoffen auf Dein Kommen nicht schreiben, doch was wir jetzt dem Brief abziehen, werden wir im Gespräch nachholen, wenn Du da bist" (epist. IX 98).[43] Auch dieser Brief variiert lediglich gängige Topik, um enge Verbundenheit zum Ausdruck zu bringen.[44] Als christliches Pendant kann der (etwas längere) Brief dienen, den Hieronymus um 374/75 von Syrien aus an seinen Freund Niceas nach Aquileja in Norditalien schrieb und in dem er die brieftypischen Motive einsetzte, um diesen zum Schreiben eines Briefes zu drängen: „Wo der Komödiendichter Turpilius vom Briefwechsel spricht, da bezeichnet er ihn als das einzige Mittel, das Abwesende zu Anwesenden macht. Mag es auch genaugenommen nicht so sein, ist der Ausspruch doch nicht falsch. In der Tat, wenn man mit denjenigen, die man liebt, in seinen Briefen spricht oder wenn man sie aus ihren Briefen hört, werden sie einem da nicht, obwohl sie fern weilen, gegenwärtig? ... Auf, auf! Erhebe

---

[42] Siehe ebd. Anm. 10, 40, 45, 46, 47, 52, 55, 65.

[43] Die Ergänzungen der Textlücke folgen dem Hinweis auf eine ähnliche Wendung in epist. VI 60 bei O. SEECK, Q. Aurelii Symmachi quae supersunt (Monumenta Germaniae Historica. Auctores antiquissimi 6/1), Berlin 1883 (Nachdruck 1961), 263.

[44] Für das erste Buch der Symmachusbriefe hat das PH. BRUGGISSER, Symmaque ou le rituel épistolaire de l'amitié littéraire. Recherches sur le premier livre de la correspondance (Paradosis 35), Freiburg i.d.Schw. 1993 untersucht.

Dich vom Schlafe und schenke der Liebe ein einziges Blättchen Papier ... Wenn Du mich noch liebst, dann schreibe zurück! Bist Du zornig auf mich, dann sei es, aber schreibe! Bei meiner Sehnsucht wird es mir schon ein großer Trost sein, wenn ich überhaupt einen Brief von einem Freund erhalte, sei es auch von einem erbosten" (epist. 8). Der Briefwechsel zwischen Seneca und Paulus steht literarisch weit unter dem Niveau solch ausgefeilter Epistolographie, präsentiert aber bei aller Unbeholfenheit doch ein Muster seiner Gattung.[45]

Aufschlussreich für diese Art von Briefen sind schließlich noch die zwei Schreiben des jüdischen Königs Agrippa II. (50–94 n.Chr.), die Josephus Flavius zitiert: „König Agrippa grüßt seinen lieben Freund Josephus. Mit Freude habe ich Dein Buch gelesen, und ich habe den Eindruck, dass Du mit sehr viel mehr Sorgfalt gearbeitet hast als diejenigen, die über diese Dinge geschrieben haben. Schicke mir auch die Fortsetzungen! Leb wohl" (vit. 365). Und: „König Agrippa grüßt seinen lieben Freund Josephus. Nach dem, was Du geschrieben hast, scheinst Du keiner weiteren Belehrung zu bedürfen, damit wir alle von Anfang an diese Dinge erfahren. Wenn wir uns denn einmal wieder begegnen, werde ich meinerseits Dich über vieles informieren können, was Dir unbekannt ist" (vit. 366).[46] Agrippa lobt Josephus für sein Geschichtswerk über den jüdischen Aufstand gegen Rom *(De bello Judaico)*. Josephus zitiert diese Briefe, um sein gutes Einvernehmen mit Agrippa zu demonstrieren – und keinen anderen Zweck verfolgt der Autor von Brief III, wenn er sein Produkt analog zu durchaus realen Gepflogenheiten stilisiert,[47] um die Eintracht zwischen Seneca und Paulus zu erweisen.

---

[45] Hinzuweisen wäre beispielsweise auch auf die fünf kurzen Briefe, die unter dem Namen Dions von Prusa überliefert sind und wie Übungsstücke wirken (ediert bei R. HERCHER, Epistolographi Graeci, Paris 1873 [Nachdruck Amsterdam 1965], 259). Der dritte dieser Briefe besteht aus einem einzigen Satz und bietet nichts anderes als den Topos vom Brief als Ersatz für persönliche Anwesenheit: Παρόντα σε βλέπειν οἴομαι ταῖς ἐπιστολαῖς ἐντυγχάνων αἷς ἐπιστέλλεις, ὥστ᾽ εἰ γράφοις μοι συνεχέστερον ἥκιστ᾽ ἂν ἐπὶ τῇ ἀπουσίᾳ δυσχεραίνοιμι (in lateinischer Übersetzung ebd.: *Praesentem te conspicere mihi videor, cum in literas* (sic) *quas scribis incido, ita ut si mihi saepius scribas, ex absentia tua minus doloris percipiam*). Vgl. Dion von Prusa, Olympische Rede oder Über die erste Erkenntnis Gottes, eingeleitet, übersetzt und interpretiert von H.-J. KLAUCK, mit einem archäologischen Beitrag von B. BÄBLER (SAPERE 2), Darmstadt 2000, 19f.

[46] Vgl. Flavius Josephus, Aus meinem Leben *(Vita)*. Kritische Ausgabe, Übersetzung und Kommentar von F. SIEGERT/H. SCHRECKENBERG/M. VOGEL, Tübingen 2001, 139.

[47] Zu den dort gemeinten Schriften siehe in den Erläuterungen Anm. 37.

Die auf diese Weise hergestellte Beziehung heißt antik „Freundschaft" *(amicitia)*, im christlichen Freundschaftsbrief „Liebe" *(caritas)*.[48]
Seneca sei mit Paulus befreundet gewesen – diesen Eindruck erweckt
ihr angeblicher Briefwechsel. Für die Annahme, dass dies die zentrale
Intention der Fälschung ist, gibt es einige Indizien. Von „Liebe"
(amor, diligere) zwischen Seneca und Paulus ist in Brief VIII die Rede;[49]
Seneca bezeichnet Paulus mehrmals als „lieber" bzw. „liebster", *carissimus* (Briefe III, IX, XI, XII), einmal gebraucht Paulus diesen Begriff
für Seneca (Brief XIV).[50] Die höchste Intensität erreicht diese Semantik in Brief XII, wo neben der zweifachen Anrede „mein lieber Paulus" Seneca sich „Dein Seneca" nennt und schließlich die intimste
Form von Freundschaft proklamiert, indem er sich mit einem uralten
Motiv antiker Freundschaftstopik als „zweites Ich" des Paulus bezeichnet.[51] Ausgerechnet in den Briefen, in denen der Fälscher einen
seiner seltsamsten, hoffnungslos anachronistischen Einfälle breittritt,
nämlich die Probleme, die er Paulus mit der spätantiken Form des
Präskripts haben lässt (Briefe X und XII), wird somit ein zentraler
Gedanke dieser Korrespondenz präsentiert: die enge Freundschaft
zwischen Seneca und Paulus.[52] Briefe, deren Banalität und Obskurität
die Ausleger immer wieder ratlos zurückließen, erweisen sich, aus dieser Perspektive gelesen, als zwar erbärmlich ausgeführte, an sich aber
durchaus sinnvolle Produkte einer angeblich freundschaftlichen
Kommunikation. Hat Hieronymus das intuitiv erfasst, als er gerade
auf die (von ihm freilich missverstandene) Aussage Senecas in Brief
XII rekurrierte, „er würde gerne bei den Seinen den Platz einnehmen,
den Paulus bei den Christen innehabe" (vir. ill. 12; siehe Testimonium
I)? Auch die offenherzige Kritik, die Seneca und Paulus aneinander
üben (Briefe VIII, IX),[53] erklärt sich im Rahmen von Freundschafts-
briefen. Kritikfähigkeit galt in der Antike als Zeichen einer guten
Freundschaft.[54] Auch mit diesem Kunstgriff vermochte der Fälscher
zu suggerieren, Seneca und Paulus seien enge Freunde gewesen.

---

[48] Siehe H. KOSKENNIEMI, Studien zur Idee und Phraseologie des griechischen
Briefes bis 400 n.Chr. (Annales Academiae Scientiarum Fennicae Ser. B 102/2), Helsinki 1956, 35–37. 115–127; K. THRAEDE, Grundzüge griechisch-römischer Brieftopik (Zetemata 48), München 1970, 24f. 125–146.
[49] Siehe in den Erläuterungen Anm. 99.
[50] Siehe ebd. Anm. 44, 233.
[51] Siehe ebd. Anm. 177, 181.
[52] Siehe ebd. Anm. 26, 119, 126, 174 und bes. 180.
[53] Siehe ebd. Anm. 96, 115.
[54] Siehe A. FÜRST, Streit unter Freunden. Ideal und Realität in der Freundschaftslehre der Antike (Beiträge zur Altertumskunde 85), Stuttgart/Leipzig 1996.

Der Briefwechsel zwischen Seneca und Paulus ist hinsichtlich seiner Form und Gattung im Kontext spätantiker Freundschaftsbilletts zu verstehen. Lediglich Brief XI fällt aus dem Rahmen, so dass sich daraus ein weiteres Argument für seine eventuelle Sonderstellung gewinnen ließe.[55] Ansonsten freilich bietet diese Deutung den methodisch entscheidenden Vorteil, alle Briefe zu berücksichtigen. Gerade die inhaltlich belanglosen oder besonders skurrilen Schreiben erweisen sich als Träger der eigentlichen Absicht. Die Themen, die in einzelne Briefe eingeflochten sind, sind nebensächlich. Sie verleihen der Fälschung Farbe und lassen sie etwas interessanter aussehen, tragen aber zu ihrer Intention nichts bei. Der Autor proklamiert Freundschaft zwischen Seneca und Paulus. Als Vehikel dafür dienen ihm nicht philosophische oder theologische Fragen, über die er beide hätte diskutieren lassen können, sondern Topoi und Motive antiker Brieftheorie, wie sie für Freundschaftsbriefe typisch sind.

Diese Idee erwies sich als überaus erfolgreich und ist in der Folgezeit durchaus richtig verstanden worden. Kaum einmal wird in den Testimonien der folgenden Jahrhunderte und in der modernen Forschung die Bemerkung vergessen, in diesem Briefwechsel erscheine Seneca als Freund des Paulus.[56] Zum ersten Mal geschah dies in der lateinischen Bearbeitung des Schlusses der Paulusakten, die in das 5. bis 7. Jahrhundert zu datieren ist (pass. Paul. [lat.] 1 [p. 1, 24 LIPSIUS]; siehe Testimonium III). Frechulf von Lisieux fügte im 9. Jahrhundert eine entsprechende, von Hieronymus abhängige Notiz in seine Weltchronik ein: Seneca „ist ein Freund des Paulus gewesen. Das zeigen jene Briefe, die von sehr vielen gelesen werden, nämlich des Paulus an Seneca und des Seneca an Paulus" (chron. II 1,16 [Patrologia Latina 106, 1132]). Ein Prediger im 12. Jahrhundert charakterisierte „jenen Heiden" Seneca als „liebsten Freund des heiligsten Apostels" (Pseudo-Augustinus, serm. 17 [Patrologia Latina 40, 1263]: *paganus ille sanctissimi apostoli amicus charissimus*).

Während sich diese Deutung des Briefwechsels zwischen Seneca und Paulus als weitgehend inhaltsleere Freundschaftsbriefe auf methodisch sicherem Terrain bewegt, führt die weitergehende Frage danach, was der Anonymus mit dieser Fiktion bezweckt haben könnte, in das Reich der Hypothesen. So überrascht es nicht, dass die bislang darauf gegebenen Antworten stark voneinander abweichen und sich zum Teil diametral widersprechen. Da eine angemessene Diskussion

---

[55] Siehe oben S. 9f.
[56] Vgl. MARA 2000, 41f. 46.

der einzelnen Vorschläge an dieser Stelle zu weit führen würde, begnüge ich mich mit der Nennung der wichtigsten Überlegungen.[57] Eine auf Theodor Zahn und Adolf von Harnack zurückgehende, in Handbüchern und Lexika verbreitete – und so die *opinio communis* prägende – Strömung in der modernen Forschung sieht die Intention des Briefwechsels darin, Paulus und seine Schriften bzw. allgemein die Bibel frisch zum Christentum bekehrten Leuten aus der Bildungsschicht zur Lektüre zu empfehlen und als Vermittler Seneca zu bemühen, weil dieser im spätantiken Heidentum in hohem Ansehen gestanden habe.[58] Diese Auffassung ist nicht auszuschließen, allerdings dem Einwand ausgesetzt, dass Seneca im spätantiken Heidentum weder das Ansehen noch die Bedeutung hatte, dass er das hätte leisten können. Während Seneca zu Lebzeiten und im 1. Jahrhundert als Stilist und Gelehrter in hohem Ansehen stand, gewannen seit dem 2. Jahrhundert die kritischen Stimmen die Oberhand; im 4. Jahrhundert hatte Seneca als Stilist, als Mensch und als Politiker so gut wie jede Reputation eingebüßt,[59] seine Philosophie spielte in der neuplatonischen Geisteswelt der Spätantike keine Rolle.[60] Zudem fragt man sich, wie ein derart miserables Machwerk wie dieser Briefwechsel ausgerechnet unter Gebildeten als Empfehlung hätte wirksam sein können.

So kommt die gegenteilige These in den Blick, dass nämlich Paulus hier nicht empfohlen, sondern diskreditiert werden soll, indem man ihn mit dem schlecht beleumundeten Seneca und, noch weiter, mit dem Christenverfolger Nero und seiner berüchtigten zweiten Frau Poppaea Sabina in Verbindung bringt. Paulus gerate auf diese Weise in denkbar schlechte Gesellschaft. Ein solchermaßen negatives Paulusbild weist in eine bestimmte Richtung, nämlich in die judenchristliche, ebionitische Tradition, in der Paulus als Verräter des jüdischen Gesetzes generell abgelehnt wurde. Diesem Antipaulinismus sei auch der Briefwechsel zwischen Seneca und Paulus zuzuordnen. Diese Auffassung von Eugen Westerburg[61] beruht auf einer Teilung der Korrespondenz in zwei Gruppen. Da die Argumente hierfür sich als

---

[57] Ausführlich dazu FÜRST 1998, 94–111.
[58] ZAHN 1892, 621; VON HARNACK 1893, 765; DERS. 1904, 458f.; BARDENHEWER ²1913, 609; VOUAUX 1913, 345f.; DIBELIUS 1931, 431; SPEYER 1971, 258 (weitere Literaturhinweise ebd. Anm. 5); BOCCIOLINI PALAGI 1985, 15f.; DIVJAK 1989, 405; WISCHMEYER 1990, 84f.; MALHERBE 1991, 417f. 421.
[59] Siehe in den Erläuterungen Anm. 34.
[60] Die Zeugnisse hierfür sind gesammelt und ausgewertet bei TRILLITZSCH 1971.
[61] WESTERBURG 1881, bes. ebd. 30. 37.

unhaltbar erwiesen haben,[62] hat diese These zu Recht keine Anhänger gefunden. Sie weist allerdings auf eine Frage, die bislang noch nicht eigens untersucht worden ist (und angesichts der ungemein schwierigen Quellenlage möglicherweise nicht wirklich untersuchbar ist), nämlich nach eventuellen Zusammenhängen zwischen dieser Korrespondenz und der weit verzweigten, äußerst komplexen Überlieferung der apokryphen Apostelakten.[63] Immerhin wird der Briefwechsel nach den Bemerkungen bei Hieronymus und Augustinus zum dritten Mal in einer späten Version der *Passio Pauli* bezeugt, die Linus, dem angeblichen Nachfolger des Petrus als Bischof von Rom, zugeschrieben ist (pass. Paul. [lat.] 1 [p. 1, 24 LIPSIUS]; siehe Testimonium III).

Damit kommt eine dritte Option in den Blick. Es könnte sein, dass es in diesem Briefwechsel nicht so sehr um Paulus und die paulinischen Briefe geht, sondern vielmehr um Seneca. Diese Ansicht hat die handschriftliche Überlieferung auf ihrer Seite. In vielen Handschriften ist der Briefwechsel nämlich Senecas Werken vorangestellt, und da das Senecakapitel in Hieronymus' *De viris illustribus*, in dem er erwähnt wird (vir. ill. 12; siehe Testimonium I), seinerseits gern an den Anfang der Korrespondenz gestellt wurde, hat das sicherlich dazu beigetragen, christlichen Lesern die Schriften Senecas ans Herz zu legen.[64] Ob das die ursprüngliche Absicht der Fälschung war, ist damit allerdings noch nicht ausgemacht, denn um Senecas Schriften und seine Philosophie geht es in diesen Briefen ja nicht, sondern um seine persönliche Beziehung zu Paulus.

Bei der Klärung dieser Eigenheit kommt man weiter, wenn man den Briefwechsel zwischen Seneca und Paulus im Rahmen der Wirkungsgeschichte Senecas im Christentum interpretiert.[65] Entgegen einer verbreiteten Überschätzung war der Einfluss der senecanischen Philosophie auf die christliche Theologie gering.[66] Im Kontrast dazu und im Gegensatz zur heidnischen Kritik an seiner Person erfreute sich Seneca bei den lateinischen Kirchenvätern – in den griechischen oder orientalischen Kirchen spielte er keine Rolle – gleichwohl einer erstaunlich hohen Wertschätzung. *Seneca saepe noster* – Seneca vertrete oft christliche Überzeugungen, meinte Tertullian (an. 20,1), der philo-

---

[62] Siehe oben S. 8–10, ferner ausführlich FÜRST 1998, 96–103.

[63] Einige Hinweise dazu bei BOCCIOLINI PALAGI 1985, 18f. 40. 98. 108. 113.

[64] So KRAUS 1867, 608.

[65] So ansatzweise SCHNEEMELCHER ⁶1997, Bd. 2, 29f.; WILSON 1978, 349, bes. aber FÜRST 1998, 103–111. Das Material hierfür bei TRILLITZSCH 1971, Bd. 1, 120–221; Bd. 2, 362–419.

[66] So m.E. zutreffend ROSS 1974; FUHRMANN 1998, 329–340.

sophisch bekanntlich ein Stoiker war.[67] Laktanz rückte ihn so nah an
das Christentum, wie das mit einem Nichtchristen nur möglich ist:
„Wie oft spendet er dem höchsten Gott das ihm gebührende Lob! ...
Wie viel anderes noch, das unseren Lehren gleicht, hat er von Gott
gesagt!" (div. inst. I 5,26.28). „Hätte es ihm jemand gezeigt, er hätte
ein wahrer Verehrer Gottes sein können! Hätte er einen Führer zur
wahren Weisheit gefunden, er hätte Zenon und seinen Lehrer Sotion
gewiss nicht weiter beachtet!" (ebd. VI 24,14).[68]

Liest man den Briefwechsel zwischen Seneca und Paulus auf diesem Hintergrund, dann spiegelt er in vergröberter Form die Grund-
gegebenheiten der Wirkungsgeschichte Senecas im lateinischen Christentum wider. Senecas Philosophie spielte kaum eine Rolle – der
Fälscher blendet sie aus; Senecas Ansehen war enorm – der Fälscher
bringt es in eine literarisch entsprechende Form, indem er Seneca in
einem inhaltsarmen, aber beziehungsreichen Briefwechsel zum
Freund des Paulus stilisiert. Diese Deutung hat, über den Status einer
bloßen Hypothese hinaus, das methodische Argument für sich, sowohl dem literarischen Charakter der Fälschung zu entsprechen als
auch den geistes- und sozialgeschichtlichen Kontext zu berücksichtigen.

Wenn der Autor Paulus sagen lässt, Seneca sei zur „unanfechtba-
ren Weisheit ... schon fast gelangt" (Brief XIV), dann rückt er Seneca
in so enge Nähe zum Christentum, wie das Laktanz an der zitierten
Stelle tat.[69] Von einer Bekehrung Senecas zum Christentum ist im
Briefwechsel freilich nicht die Rede.[70] Erst im Frühhumanismus ist
die bis in das 19. Jahrhundert überaus erfolgreiche Legende nachzuweisen, Seneca sei (heimlich) Christ gewesen, erstmals im frühen 14.

---

[67] Hieronymus, in Es. IV 11,6–9 formulierte allgemein: „Die Stoiker ... stimmen
mit unserer Lehre in sehr vielen Punkten überein." Im 12. Jahrhundert rekurrierte
Johannes von Salisbury, Policr. VIII 13, 763a (p. 2, 318 WEBB) im Stile Tertullians
auf *Seneca noster* als philosophische Autorität.

[68] Siehe dazu unten die Essays von Alfons Fürst und Therese Fuhrer.

[69] Siehe in den Erläuterungen Anm. 203, 218, 232.

[70] So MOMIGLIANO 1950, 328; TRILLITZSCH 1971, Bd. 1, 180f.; ROSS 1974, 127f.;
WISCHMEYER 1990, 83f.; NATALI 1995, 61; MARA 2000, 45f. 48. – Fälschlich anders
Erasmus, epist. 2092 (p. 8, 40 ALLEN; siehe Testimonium XI); BAUMGARTEN 1895,
2. 25; FAIDER 1921, 128f.; LIÉNARD 1932, 6f.; BARLOW 1938, 93; LECLERCQ 1950,
1195; BICKEL 1959, 91; ABBOTT 1978, 130 mit Anm. 20; COLISH 1985, Bd. 1, 16; Bd.
2, 5; GUYOT/KLEIN 1994, 350. – In Richtung dieser Einschätzung weist die Bemerkung Ottos von Freising im 12. Jahrhundert, „Lucius Seneca sei nicht so sehr als
Philosoph als vielmehr beinahe (dieses *pene* fehlt bezeichnenderweise in einem Teil
der handschriftlichen Überlieferung) als Christ zu bezeichnen" (chron. II 40 [p. 114
HOFMEISTER]).

Jahrhundert bei Albertino Mussato[71] und 1332 bei dem Dominikaner Giovanni Colonna, der den Briefwechsel in diesem Sinne missverstand: „Oft kam ich zu der Überzeugung, Seneca sei Christ gewesen, zumal der große Lehrer Hieronymus ihn dem Verzeichnis der Heiligen hinzufügt ... Am meisten aber bringen mich die dem ganzen Erdkreis bekannten Briefe des Paulus an Seneca zu der Überzeugung, dieser sei Christ gewesen."[72] Eine Randglosse in einer Handschrift des 14. Jahrhunderts zeigt, dass Brief XIV dieser Legende Nahrung gegeben hat: „In diesem Brief bezeugt Paulus ganz offen, dass Seneca den christlichen Glauben angenommen hat."[73]

Gerade das steht aber nicht in Brief XIV, auch wenn Seneca darin „zu einem neuen Verkünder Christi Jesu" werden und Nero und dem ganzen Hofstaat das Evangelium verkünden soll. Es handelt sich um einen Appell zur Bekehrung, von dessen Vollzug, mag dieser auch suggeriert werden, nicht die Rede ist. Auch sonst werden die Weltanschauung Senecas und die Religion des Paulus im Briefwechsel deutlich auseinandergehalten. Wie Pseudo-Seneca von „Deiner Lebensform" spricht (Brief I), so Pseudo-Paulus von „meiner Religion" (Brief X), und wo Pseudo-Seneca von den Christen redet, schließt er sich nicht ein (Brief XI: „eure Unschuld", „euch", „ihr"). Die Anrede des Paulus als „Bruder" (Briefe I, VII, XI) steht dem nicht entgegen, da auch Nichtchristen damit einen guten, freundschaftlichen Kontakt zum Ausdruck brachten.[74] Seneca ist „von uns geliebter Seneca", wie es in Brief XIV zum Abschluss heißt (während zuvor nur Paulus von Seneca *carissimus* genannt wird: Briefe III, IX, XI und XII).[75] Beim Wort genommen, ist diese briefliche Floskel die Kurzformel für Senecas Ansehen im spätantiken lateinischen Christentum.

Der Anonymus personalisierte Senecas Nähe zum Christentum, indem er Seneca in die Nähe eines Christen rückte, und zwar nicht irgendeines Christen, sondern des Apostels Paulus. Mochte seine Ausführung dieser Idee an Stümperhaftigkeit nicht zu übertreffen sein, hat er die Bedeutung Senecas im lateinischen Christentum der Spätantike damit doch in eine nicht mehr überbietbare Höhe gehoben und, noch wichtiger, apostolisch sanktioniert. Nach einer altkirchlich gängigen Denkfigur musste das, was in der gegenwärtigen

---

[71] SOTTILI 2004, 676–678. Siehe dazu unten S. 129f.
[72] Übersetzt nach dem lateinischen Text bei MOMIGLIANO 1950, 336.
[73] *Codex Bodleianus* 292 fol. 154ᵛ, übersetzt aus der lateinischen Fassung bei MOMIGLIANO 1950, 336.
[74] Siehe in den Erläuterungen Anm. 24.
[75] Siehe ebd. Anm. 44, 232, 233 und oben S. 15.

Kirche wichtig ist, von Anfang an wichtig gewesen sein. Konkret bedeutete das, apostolische Herkunft zu behaupten und nachzuweisen. Der Briefwechsel zwischen Seneca und Paulus kann als Anwendung dieses Denkmusters auf das Thema „Seneca und das Christentum" gelesen werden. Seneca war ein Philosoph, der den lateinischen Kirchenvätern nahestand – also, so die altkirchliche Logik, war das schon immer so, auch schon zu Lebzeiten Senecas. Was lag näher, als ihn mit Paulus in Verbindung zu bringen? Angesichts der eingangs skizzierten Kreuzung ihrer Lebenswege in Rom um das Jahr 60 herum konnte der Autor eines Briefwechsels zwischen diesen beiden berühmten Gestalten auf Resonanz rechnen. Die erstaunliche Rezeptionsgeschichte seiner Fiktion zeigt, dass sie ihre Wirkung nicht verfehlt hat – bis in die Gegenwart.

Überlieferung und Reihung

Gegen Ende des 8. Jahrhunderts publizierte Alkuin eine Ausgabe des Briefwechsels zwischen Seneca und Paulus zusammen mit dem fiktiven Briefwechsel zwischen Alexander dem Großen und dem Brahmanenkönig Dindimus, die er in einem poetischen Vorwort Karl dem Großen widmete (carm. 81; siehe Testimonium V). Deren Text beeinflusste einen nicht geringen Teil der weiteren handschriftlichen Überlieferung.[76] Claude W. Barlow hat für seine kritische Ausgabe 25 Handschriften aus dem 9. bis 12. Jahrhundert herangezogen; 20 davon gehen auf zwei verlorene Abschriften einer ebenfalls verlorenen älteren Handschrift zurück, vier stellen Mischungen aus diesen beiden Gruppen dar, eine Handschrift repräsentiert einen eigenständigen Überlieferungsstrang.[77] Ezio Franceschini entdeckte dazu eine Handschrift aus dem 8. Jahrhundert, die von demselben alten Manuskript abhängt, auf das die beiden von Barlow identifizierten Hauptgruppen der Überlieferung zurückgehen.[78]

Zwischen 1200 und 1500 ist der Briefwechsel in nahezu sämtlichen Handschriften der Werke Senecas enthalten und auf diese Weise in etwa 300 Handschriften bezeugt, von denen sich die meisten in französischen Bibliotheken befinden. Die ersten Drucke erfolgten 1475 in Neapel im Rahmen einer Seneca-Gesamtausgabe und ebenfalls 1475 in Rom zusammen mit Senecas Briefen an Lucilius, ferner 1490 und

---

[76] Details bei BARLOW 1938, 94–104.

[77] Siehe ebd. 8–26 und das Stemma im ersten Faltblatt des Anhangs, in einer vereinfachten Version übernommen von BOCCIOLINI PALAGI 1985, 46.

[78] FRANCESCHINI 1951.

1492 in Venedig und 1499 zweimal in Köln, davon die erste zum ersten Mal separat.[79]

Ein spezielles Problem bietet die Ordnung der letzten vier Briefe.[80] Brief XI stört die Abfolge, denn Brief XII ist eindeutig die Antwort auf Brief X. In zahlreichen Handschriften und Ausgaben ist die Position der Briefe XI und XII daher vertauscht. Doch damit sind die Schwierigkeiten noch nicht behoben, denn was die Datierung der letzten fünf Briefe angeht, müssten die beiden letzten Briefe (XIII und XIV) zwischen die Briefe X und XII gestellt werden. Aus den Datumsangaben ergäbe sich folgende Reihung:

Brief X	27. Juni 58	Paulus an Seneca
Brief XIII	6. Juli 58	Seneca an Paulus
Brief XIV	1. August 58	Paulus an Seneca
Brief XII	23. März 59	Seneca an Paulus
Brief XI	28. März 64[81]	Seneca an Paulus

Diese Reihenfolge beachtet die Datierungen und den regelmäßigen Wechsel von Absender und Adressat, zerreißt aber den Zusammenhang der Briefe X und XII. Laura Bocciolini Palagi zieht deshalb folgende Ordnung in Erwägung: X – XII (als dann XI) – XIV (als dann XII) – XIII und schließlich XI (als dann XIV) als von zweiter Hand hinzugefügt.[82] Da diese Reihung wiederum die Sequenz der Datierungen missachtet, scheint eine Ordnung, die sowohl den chronologischen Angaben als auch der Logik des Textes gerecht wird, nicht möglich. Es dürfte kaum zu entscheiden sein, ob hier verschiedene Hände herumgepfuscht haben, ob das Durcheinander erst im Laufe der Überlieferung entstanden ist oder ob dieses Problem lediglich ein weiteres Indiz für die miserable Qualität dieser Fälschung ist.

---

[79] Vgl. L. Hain, Repertorium Bibliographicum II/2, Stuttgart 1838, Nr. 14590 und 14601, 14593 und 14594, 14607 und 14628.

[80] Siehe die Übersicht bei Natali 1995, 20–24; vgl. Abbott 1978, 130f.

[81] Zum Problem dieses Datums siehe in den Erläuterungen Anm. 168.

[82] Bocciolini Palagi 1978, 46f.; zur Abtrennung von Brief XI siehe oben S. 9 mit Anm. 22. – Dieser Ordnungsvorschlag kommt unten in Text und Übersetzung in den in Klammern beigefügten Ordnungszahlen zum Ausdruck.

Text und Übersetzung

(Alfons Fürst)

Incipiunt Epistolae Senecae ad Paulum
et Pauli ad Senecam

I. Seneca Paulo salutem.

Credo tibi, Paule, nuntiatum quid heri cum Lucilio nostro de apocrifis et aliis rebus habuerimus. Erant enim quidam disciplinarum tuarum comites mecum. Nam in hortos Sallustianos secesseramus, quo loco occasione nostri alio tendentes hi de quibus dixi visis nobis adiuncti sunt. Certe quod tui praesentiam optavimus, et hoc scias volo: libello tuo lecto, id est de pluribus aliquas litteras quas ad aliquam civitatem seu caput provinciae direxisti mira exhortatione vitam moralem continentes, usquequaque refecti sumus. Quos sensus non puto ex te dictos, sed per te, certe aliquando ex te et per te. Tanta enim maiestas earum est rerum tantaque generositate clarent, ut vix suffecturas putem aetates hominum quae his institui perficique possint. Bene te valere, frater, cupio.

II. Annaeo Senecae Paulus salutem.

Litteras tuas hilaris heri accepi, ad quas rescribere statim potui, si praesentiam iuvenis, quem ad te eram missurus, habuissem. Scis enim quando et per quem et quo tempore et cui quid dari committique debeat. Rogo ergo non putes neglectum, dum personae qualitatem respicio. Sed quod litteris meis vos bene acceptos alicubi scribis, felicem me arbitror tanti viri iudicio. Nec enim hoc diceres, censor sophista, magister tanti principis, etiam omnium, nisi quia vere dicis. Opto te diu bene valere.

Die Briefe des Seneca an Paulus
und des Paulus an Seneca

I. Seneca grüßt Paulus!

Ich glaube, Paulus, Dir ist mitgeteilt worden, zu welchen Einsichten in die geheimen Wahrheiten[1] und in andere Dinge wir gestern zusammen mit unserem[2] Lucilius[3] gelangt sind.[4] Es waren nämlich einige Anhänger Deiner[5] Lebensform[6] bei mir. Wir (sc. Seneca und Lucilius) hatten uns nämlich in die Gärten des Sallust[7] zurückgezogen. Als die eben genannten Leute, die in eine andere Richtung gingen, uns dort erblickten,[8] nutzten sie die Gelegenheit, mit uns[9] beisammen zu sein, und schlossen sich uns an. Natürlich hätten wir Dich gerne dabei gehabt,[10] doch[11] möchte ich, dass Du weißt:[12] Nachdem wir aus einer Sammlung[13] von mehreren Deiner Briefe einen[14] gelesen hatten, den Du an eine Stadt, genauer gesagt[15] an die Hauptstadt[16] einer Provinz,[17] gerichtet hast und der eine wunderbare Anleitung zu einer moralisch einwandfreien Lebensführung enthält,[18] fühlten wir uns rundum[19] gestärkt. Diese Gedanken sind, meine ich, nicht von Dir, sondern durch Dich (von Gott) gesprochen,[20] gewiss aber einmal ebenso von Dir wie durch Dich.[21] Sie sind nämlich so erhaben,[22] so brillant und großartig,[23] dass nach meiner Einschätzung die Lebensspanne von Menschen kaum ausreichen dürfte, um in ihnen vollkommen unterwiesen werden zu können. Ich wünsche Dir, Bruder,[24] dass es Dir gut geht.[25]

II. Den Annaeus Seneca grüßt Paulus![26]

Voller Freude[27] habe ich gestern Deinen Brief erhalten. Hätte ich einen jungen Mann da gehabt,[28] den ich zu Dir hätte schicken können, hätte ich ihn sogleich beantworten können. Du weißt ja, wann, durch wen, unter welchen Umständen und wem etwas ausgehändigt und anvertraut werden darf.[29] Ich bitte Dich also, Dich nicht vernachlässigt zu fühlen, wo ich doch auf den Status Deiner Person achte.[30] Wenn Du aber irgendwo schreibst, mein Brief habe Euch gut getan,[31] fühle ich mich beglückt durch das Urteil eines so bedeutenden Mannes.[32] Denn Du, der Sitten- und Redelehrer,[33] der Lehrer eines so mächtigen Herrschers,[34] ja aller (Menschen), würdest das nicht sagen,

III. Seneca Paulo salutem.

Quaedam volumina ordinavi et divisionibus suis statum eis dedi. Ea quoque Caesari legere sum destinatus. Si modo fors prospere annuerit, ut novas aures adferat, eris forsitan et tu praesens; sin, alias reddam tibi diem, ut hoc opus invicem inspiciamus. Et possem non [prius] edere ei eam scripturam, nisi prius tecum conferrem, si modo impune hoc fieri potuisset; hoc ut scires, non te praeteriri. Vale, Paule carissime.

IV. Annaeo Senecae Paulus salutem.

Quotienscumque litteras tuas audio, praesentiam tui cogito nec aliud existimo quam omni tempore te nobiscum esse. Cum primum itaque venire coeperis, invicem nos et de proximo videbimus. Bene te valere opto.

V. Seneca Paulo salutem.

Nimio tuo secessu angimur. Quid est? Quae te res remotum faciunt? Si indignatio dominae, quod a ritu et secta veteri recesseris et aliorsum converteris, erit postulandi locus, ut ratione factum, non levitate hoc existimet. Bene vale.

VI. Senecae et Lucilio Paulus salutem.

De his quae mihi scripsistis non licet harundine et atramento eloqui, quarum altera res notat et designat aliquid, altera evidenter ostendit, praecipue cum sciam inter vos esse, hoc est apud vos et in vobis, qui

wenn Du es nicht aufrichtig so meintest.[35] Ich wünsche Dir, dass es
Dir lange gut geht.[36]

III. Seneca grüßt Paulus!

Ich habe einige Bücher[37] verfasst und sie nach ihren jeweiligen Inhalten gegliedert. Ich bin entschlossen, sie auch dem Kaiser vorzulesen.
Wenn nur das Schicksal[38] es wohlgesonnen fügt, dass er unverhofftes
Interesse[39] zeigt, wirst vielleicht auch Du zugegen sein;[40] andernfalls
werde ich Dir ein andermal einen Termin vorschlagen, um dieses
Werk gemeinsam[41] durchzusehen.[42] Und ich könnte ihm diese Schrift
nicht [eher] vorlegen, ehe ich mich mit Dir besprochen habe, wenn
das nur gefahrlos möglich wäre. Soviel, damit Du weißt, dass Du
nicht übergangen wirst.[43] Leb wohl, lieber[44] Paulus!

IV. Den Annaeus Seneca grüßt Paulus!

Jedesmal, wenn ich einen Brief[45] von Dir lese,[46] bist Du in Gedanken
bei mir[47] und denke ich nichts anderes, als dass Du immer bei uns[48]
bist. Sobald Du also gekommen sein wirst,[49] werden wir uns einander[50] auch aus nächster Nähe[51] sehen.[52] Ich wünsche Dir, dass es Dir
gut geht.[53]

V. Seneca grüßt Paulus!

Dein allzu langes Fernbleiben macht uns[54] Sorgen.[55] Was ist los? Was
hält Dich fern?[56] Ist es die Empörung der Kaiserin,[57] weil Du Dich
von den Bräuchen Deiner alten Religion[58] abgewandt und zu etwas
anderem bekehrt hast,[59] so wird sich eine Gelegenheit finden, ihr
klarzumachen, dass das wohlbegründet, nicht leichtfertig[60] geschehen
ist.[61] Leb wohl!

VI. Den Seneca und Lucilius[62] grüßt Paulus!

Über das, was Ihr mir schreibt,[63] darf man sich nicht mit Schreibrohr
und Tinte[64] äußern[65] – das eine gibt den (Schrift-)Zeichen ihre Form,
die andere macht sie sichtbar[66] –, zumal ich weiß, dass es unter Euch,
das heißt bei Euch und um Euch herum,[67] Leute gibt, die mich verste-

me intellegant. Honor omnibus habendus est, tanto magis quanto in-
dignandi occasionem captant. Quibus si patientiam demus, omni modo eos et quaqua parte vincemus, si modo hi sunt qui paenitentiam
sui gerant. Bene valete.

VII. Annaeus Seneca Paulo et Theophilo salutem.

Profiteor bene me acceptum lectione litterarum tuarum quas Galatis
Corinthiis Achaeis misisti, et ita invicem vivamus, ut etiam cum honore divino eas exhibes. Spiritus enim sanctus in te et super excelsos
sublimi ore satis venerabiles sensus exprimit. Vellem itaque, cum res
eximias proferas, ut maiestati earum cultus sermonis non desit. Et ne
quid tibi, frater, subripiam aut conscientiae meae debeam, confiteor
Augustum sensibus tuis motum. Cui perlecto virtutis in te exordio,
ista vox fuit: mirari eum posse ut qui non legitime imbutus sit taliter
sentiat. Cui ego respondi solere deos ore innocentium effari, haut
eorum qui praevaricare doctrina sua quid possint. Et dato ei exemplo
Vatieni hominis rusticuli, cui viri duo adparuerunt in agro Reatino,
qui postea Castor et Pollux sunt nominati, satis instructus videtur.
Valete.

VIII. Senecae Paulus salutem.

Licet non ignorem Caesarem nostrum rerum admirandarum, ‹ni›si
quando deficiet, amatorem esse, permittes tamen te non laedi, sed
admoneri. Puto enim te graviter fecisse, quod ei in notitiam perferre
voluisti quod ritui et disciplinae eius sit contrarium. Cum enim ille
gentium deos colat, quid tibi visum sit ut hoc scire eum velles non
video, nisi nimio amore meo facere te hoc existimo. Rogo de futuro
ne id agas. Cavendum est enim ne, dum me diligis, offensum dominae

hen können.[68] Man muss allen Ehre erweisen, um so mehr, als sie nach einer Gelegenheit suchen, sich zu empören.[69] Wenn wir nachsichtig mit ihnen umgehen, werden wir sie auf jeden Fall und in jeder Hinsicht besiegen, wenn sie nur zu denen gehören, die zur Umkehr fähig sind.[70] Lebt wohl!

VII. Annaeus Seneca grüßt Paulus und Theophilus![71]

Ich bekenne, dass die Lektüre Deiner Briefe, die Du an die Galater, Korinther und Achäer[72] geschickt hast, mir gut getan hat,[73] und wir wollen so miteinander[74] leben, wie Du es in ihnen mit Ehrfurcht vor Gott auch darstellst.[75] Denn der Heilige Geist, der in Dir wohnt und die höchsten Fähigkeiten (des Menschen) übertrifft,[76] bringt mit erhabenem Mund wahrhaft[77] ehrwürdige Gedanken zum Ausdruck.[78] Ich möchte[79] daher, wenn Du außergewöhnliche Dinge vorträgst, dass ihrer Erhabenheit[80] die Sorgfalt der Sprache entspricht.[81] Und um Dir, Bruder,[82] nicht etwas vorzuenthalten oder mein Gewissen zu belasten, gestehe ich: Der Kaiser[83] war von Deinen Gedanken beeindruckt.[84] Als ich ihm den Beginn der Kraft[85] in Dir vorgelesen hatte, waren dies seine Worte: Er staune darüber, wie einer, der die reguläre Schulbildung nicht besitzt, solche Gedanken haben könne.[86] Ich gab ihm zur Antwort, die Götter pflegten durch den Mund einfacher Leute zu sprechen,[87] nicht derer, die mit ihrer Gelehrsamkeit etwas verfälschen könnten. Als Beispiel[88] nannte ich ihm Vatienus,[89] einen ungebildeten Bauern,[90] dem auf einem Feld bei Reate zwei Männer erschienen, die später Castor und Pollux genannt wurden; damit dürfte er ausreichend informiert sein. Lebt wohl![91]

VIII. Den Seneca grüßt Paulus!

Obgleich ich wohl weiß, dass unser[92] Kaiser,[93] wenn er ‹nicht› ab und zu davon genug hat,[94] ein Liebhaber Staunen erregender Dinge ist,[95] wirst Du doch erlauben, nicht, Dich zu verletzen, aber doch, Dich zu ermahnen.[96] Ich meine nämlich, es war ein Fehler,[97] dass Du ihm hast zur Kenntnis bringen wollen, was seiner Religion und seiner Lebensweise[98] widerspricht. Da er nämlich die Götter der Heiden verehrt, sehe ich nicht, was Dich dazu gebracht hat, ihn dies wissen lassen zu wollen, wenn ich nicht annehme, Du tust das aus allzu großer Liebe zu mir.[99] In Zukunft[100] tu das bitte nicht mehr![101] Man muss sich nämlich davor hüten, während Du mir Deine Liebe beweist, den Groll

facias, cuius quidem offensa neque oberit, si perseveraverit, neque, si non sit, proderit; si est regina, non indignabitur, si mulier est, offendetur. Bene vale.

IX. Seneca Paulo salutem.

Scio te non tam tui causa commotum litteris quas ad te de editione epistolarum tuarum Caesari feci quam natura rerum, quae ita mentes hominum ab omnibus artibus et moribus rectis revocat, ut non hodie admirer, quippe ut is qui multis documentis hoc iam notissimum habeam. Igitur nove agamus, et si quid facile in praeteritum factum est, veniam inrogabis. Misi tibi librum de verborum copia. Vale, Paule carissime.

X. Senecae Paulus salutem.

Quotienscumque tibi scribo et nomen meum subsecundo, gravem sectae meae et incongruentem rem facio. Debeo enim, ut saepe professus sum, cum omnibus omnia esse et id observare in tua persona quod lex Romana honori senatus concessit, perfecta epistola ultimum locum eligere, ne cum aporia et dedecore cupiam efficere quod mei arbitrii fuerit. Vale, devotissime magister.
Data V Kal. Iul. Nerone III et Messalla consulibus.

XI (XIV?). Seneca Paulo salutem.

Ave, mi Paule carissime. Putasne me haut contristari et non luctuosum esse quod de innocentia vestra subinde supplicium sumatur? Dehinc quod tam duros tamque obnoxios vos reatui omnis populus iudicet, putans a vobis effici quicquid in urbe contrarium fit? Sed fera-

der Kaiserin[102] zu erregen,[103] deren Groll freilich weder schaden wird, wenn er anhält, noch nützen, wenn das nicht der Fall ist;[104] wenn sie eine Kaiserin[105] ist, wird sie nicht empört sein, wenn sie eine Frau ist, wird sie grollen.[106] Leb wohl!

IX. Seneca grüßt Paulus!

Ich weiß, dass Du Dich über den Brief,[107] in dem ich Dir mitgeteilt habe, dass ich Deine Briefe dem Kaiser[108] zur Kenntnis gebracht habe, nicht so sehr um Deinetwillen[109] aufgeregt hast[110] als vielmehr wegen der natürlichen Veranlagung,[111] die die Menschen von allen rechten Taten und Sitten in einem Maße abhält, dass ich mich heute darüber nicht mehr wundere, da ich aufgrund vieler Beweise nunmehr genauestens darüber Bescheid weiß.[112] Machen wir es also anders,[113] und wenn in der Vergangenheit etwas leichtfertig[114] geschehen ist, wirst Du mir Verzeihung gewähren.[115] Ich schicke[116] Dir ein Buch „Über den reichen Wortschatz".[117] Leb wohl, lieber Paulus![118]

X. Den Seneca grüßt Paulus!

Jedes Mal, wenn ich Dir schreibe und meinen Namen an die zweite Stelle setze,[119] begehe ich einen schweren Fehler, der zu meiner[120] Religion[121] nicht passt. Ich müsste nämlich, wie ich oft erklärt habe, mit allen alles sein[122] und bei Deiner Person[123] das beachten, was ein römisches Gesetz[124] der Ehrenstellung des Senats[125] zugebilligt hat, nämlich am Schluss des Briefes die letzte Stelle einnehmen,[126] um nicht aus Verlegenheit[127] und in ungehöriger Weise das erreichen zu wollen, was meiner Ansicht nach richtig ist.[128] Leb wohl,[129] ergebenster[130] Lehrer![131]
Am 27. Juni, als Nero zum dritten Mal und Messalla Konsuln waren.[132]

XI (XIV?).[133] Seneca grüßt Paulus!

Sei gegrüßt, mein lieber[134] Paulus![135] Glaubst Du, es betrübt mich nicht und erfüllt mich nicht mit Trauer, dass eure Unschuld[136] zum wiederholten Male bestraft wird? Dass alle Leute euch zudem für dermaßen verbohrt halten und ihr euch derart Vorwürfe gefallen lassen müsst, weil man meint, ihr wäret schuld an allem Schädlichen,

mus aequo animo et utamur foro quod sors concessit, donec invicta felicitas finem malis imponat. Tulit et priscorum aetas Macedonem, Philippi filium, Cyros Darium Dionysium, nostra quoque Gaium Caesarem, quibus quicquid libuit licuit. Incendium urbs Romana manifeste saepe unde patiatur constat. Sed si effari humilitas humana potuisset quid causae sit et impune in his tenebris loqui liceret, iam omnes omnia viderent. Christiani et Iudaei quasi machinatores incendii – pro! – supplicio adfecti fieri solent. Grassator iste quisquis est, cui voluptas carnificina est et mendacium velamentum, tempori suo destinatus est, et ut optimus quisque unum pro multis datum est caput, ita et hic devotus pro omnibus igni cremabitur. Centum triginta duae domus, insulae quattuor milia sex diebus arsere; septimus pausam dedit. Bene te valere, frater, opto.

Data V Kal. Apr. Frugi et Basso consulibus.

XII (XI). Seneca Paulo salutem.

Ave, mi Paule carissime. Si mihi nominique meo vir tantus et a Deo dilectus omnibus modis, non dico fueris iunctus, sed necessario mixtus, ‹optume› actum erit de Seneca tuo. Cum sis igitur vertex et altissimorum omnium montium cacumen, non ergo vis laeter, si ita sim tibi proximus ut alter similis tui deputer? Haut itaque te indignum prima facie epistolarum nominandum censeas, ne temptare me quam laudare videaris, quippe cum scias te civem esse Romanum. Nam qui meus tuus apud te locus, qui tuus velim ut meus. Vale, mi Paule carissime.

Data X Kal. Apr. Aproniano et Capitone consulibus.

das in der Stadt geschieht?[137] Aber wir wollen mit Gleichmut ertragen und hinnehmen,[138] was das Schicksal zuteilt, bis die unbesiegbare Glückseligkeit[139] den Übeln ein Ende bereitet.[140] Auch frühere Zeiten[141] haben den Makedonen, den Sohn Philipps (sc. Alexander), ertragen, die beiden Cyrus, einen Darius, einen Dionysius, und unsere den Gaius Caesar (sc. Caligula),[142] die sich erlaubten, was sie wollten.[143] Wer für die Brandkatastrophe,[144] die die Stadt Rom oft[145] heimsucht, verantwortlich ist,[146] ist völlig klar.[147] Doch wenn der einfache Mann[148] laut sagen könnte,[149] was die Ursache ist, und wenn es möglich wäre, in diesen finsteren Zeiten[150] ungestraft zu reden, dann würden ja alle alles durchschauen.[151] Wie üblich – ach![152] – werden Christen und Juden[153] bestraft,[154] als wären sie die Brandstifter.[155] Wer auch immer dieser Wüterich[156] ist, dem das Abschlachten[157] Vergnügen bereitet und die Lüge[158] als Deckmantel[159] dient, der Zeitpunkt (seiner Bestrafung) ist ihm bestimmt,[160] und wie gerade der Beste als einziger sein Leben für viele hingegeben hat,[161] so wird auch dieser für alle verflucht werden[162] und im Feuer verbrennen.[163] 132 Paläste, 4000 Wohnblöcke verbrannten in sechs Tagen;[164] der siebte brachte eine Pause.[165] Ich wünsche Dir, Bruder,[166] dass es Dir gut geht.[167]
Am 28. März, als Frugi und Bassus Konsuln waren.[168]

XII (XI).[169] Seneca grüßt Paulus!

Sei gegrüßt, mein lieber[170] Paulus![171] Wenn Du, ein so bedeutender[172] und von Gott in jeder Hinsicht geliebter[173] Mann, mit mir und meinem Namen[174] ich sage nicht verbunden, sondern engstens verwoben bist, dann steht es ‹bestens› um[175] Deinen Seneca. Da Du nun Gipfel und Spitze aller sehr hohen Berge bist,[176] soll ich mich also nicht freuen, wenn ich Dir so sehr nahe bin, dass ich für Dein zweites Ich[177] gehalten werde? Halte Dich daher nicht für unwürdig, Deinen Namen am Anfang der Briefe[178] zu nennen, um nicht den Eindruck zu erwecken, mich eher auf die Probe zu stellen als zu loben, zumal Du ja weißt, dass Du das römische Bürgerrecht besitzt.[179] Denn ich wünschte, mein Platz sei der Deine bei Dir und Deiner der meine.[180] Leb wohl, mein[181] lieber[182] Paulus!
Am 23. März, als Apronianus und Capito Konsuln waren.[183]

XIII. Seneca Paulo salutem.

Allegorice et aenigmatice multa a te usquequaque [opera] colliguntur
et ideo rerum tanta vis et muneris tibi tributa non ornamento verborum, sed cultu quodam decoranda est. Nec vereare, quod saepius
dixisse retineo, multos qui talia adfectent sensus corrumpere, rerum
virtutes evirare. Certum mihi velim concedas Latinitati morem gerere,
honestis vocibus et speciem adhibere, ut generosi muneris concessio
digne a te possit expediri. Bene vale.
Data pridie Non. Iul. Luꝏcone et Sabino consulibus.

XIV (XII?). Senecae Paulus salutem.

Perpendenti tibi ea sunt revelata quae paucis divinitas concessit. Cer-
tus igitur ego in agro iam fertili semen fortissimum sero, non quidem
materiam quae corrumpi videtur, sed verbum stabile Dei, derivamentum crescentis et manentis in aeternum. Quod prudentia tua adsecuta
indeficiens fore debebit Ethnicorum Israhelitarumque observationes
censere vitandas novumque te auctorem feceris Christi Iesu, praeco-
niis ostendendo rhetoricis inreprehensibilem sophiam, quam prope-
modum adeptus regi temporali eiusque domesticis atque fidis amicis
insinuabis, quibus aspera et incapabilis erit persuasio, cum plerique
illorum minime flectuntur insinuationibus tuis. Quibus vitale com-
modum sermo Dei instillatus novum hominem sine corruptela perpetuum animal parit ad Deum istinc properantem. Vale, Seneca carissime nobis.
Data Kal. Aug. Luꝏcone et Sabino consulibus.

In übertragener und rätselhafter Weise[184] fügst Du überall[185] viele Argumente aneinander,[186] und deswegen muss die Dir geschenkte, überaus große Wucht der eingegebenen Inhalte[187] zwar nicht mit erlesenen Worten,[188] aber doch mit einer gewissen stilistischen Sorgfalt[189] geschmückt werden. Und mach Dir keine Sorgen über das, was ich, wie ich mir bewusst bin, öfter gesagt habe,[190] dass nämlich viele, die sich um solches bemühen,[191] die Gedanken verderben[192] und die inhaltliche Qualität beeinträchtigen.[193] Ich sähe es wirklich gern, wenn Du mir den Gefallen tätest, auf korrektes Latein[194] zu achten[195] und edlen[196] Worten auch ein schönes Äußeres zu geben,[197] damit die hehre Gabe, die Dir geschenkt ist,[198] von Dir in angemessener Weise dargestellt werden kann. Leb wohl!

Am 6. Juli, als Luco und Sabinus Konsuln waren.[199]

XIV (XII?).[200] Den Seneca grüßt Paulus![201]

Bei Deinen Erwägungen[202] sind Dir Dinge offenbart worden,[203] die die Gottheit (nur) wenigen[204] gewährt hat. Mit Sicherheit also säe ich in einen schon fruchtbaren Acker unvergänglichen[205] Samen,[206] freilich nicht einen materiellen, der, wie man sieht, zugrundegeht, sondern das beständige Wort Gottes,[207] Ausfluss[208] dessen, der wächst und bleibt in Ewigkeit.[209] Hat Deine Klugheit[210] es[211] sich angeeignet, soll ohne Abschwächung die Einschätzung[212] bestehen bleiben, dass die Riten der Heiden[213] und der Israeliten[214] zu meiden sind, und sollst[215] Du zu einem neuen Verkünder[216] Christi Jesu werden, indem Du in beredten Predigten die unanfechtbare Weisheit[217] anpreist, zu der Du schon fast gelangt bist.[218] Du sollst[219] sie dem irdischen König, den Leuten an seinem Hof[220] und seinen getreuen Freunden[221] ans Herz legen,[222] für die Deine Überzeugung[223] (freilich) mühsam und unannehmbar sein wird, zumal die meisten von ihnen sich von Deinen eindringlichen Worten[224] keineswegs beeinflussen lassen.[225] Ist ihnen das Leben spendende Gut,[226] das Wort Gottes, eingeträufelt,[227] zeugt es einen neuen Menschen,[228] frei von Vergänglichkeit[229] ein dauerhaftes Lebewesen,[230] der[231] von hier zu Gott strebt. Leb wohl, von uns[232] geliebter[233] Seneca!

Am 1. August, als Luco und Sabinus Konsuln waren.[234]

Erläuterungen

(Alfons Fürst)

Die textkritischen Probleme und die sprachlich-stilistischen Eigentümlichkeiten des apokryphen Briefwechsels zwischen Seneca und Paulus sind von
Claude W. Barlow und Laura Bocciolini Palagi in ihren Editionen ausführlich erörtert und in den meisten Fällen ebenso begründet wie befriedigend
erklärt worden. Viele ältere Hypothesen und Korrekturen am Text, desglei-
chen eine Reihe von Einzelinterpretationen sind dadurch obsolet geworden
und müssen nicht noch einmal diskutiert werden. In dieser Ausgabe ist der
von Bocciolini Palagi im Anschluss an Barlow erstellte Text abgedruckt und
neu in das Deutsche übersetzt. In den folgenden Erläuterungen ist festgehal-
ten, was eineinhalb Jahrhunderte Forschung Wissenswertes zusammenge-
bracht haben und was zum Verstehen dieses rätselhaften Pseudepigraphon
beitragen kann.

Brief I

1 Sollten unter *apocrifa* „Apokryphen" im Sinne nicht-kanonischer Schriften zu verstehen sein, hätte der Verfasser sich einen Anachronismus zu-
schulden kommen lassen, denn im 1. Jahrhundert unterschied man
christlich noch nicht zwischen kanonischen und apokryphen Schriften.
Da der Verfasser sich derartige Fehler andernorts leistet (siehe unten
Anm. 194), ist diese Bedeutung nicht gänzlich auszuschließen. Dennoch
wird man *apocrifa* als „geheime Wahrheiten" übersetzen und den Terminus in gnostisierendem Sinn auffassen. Auch der erste Satz von Brief
XIV enthält nämlich eine gnostische Tendenz: unten Anm. 204, 206
und 208.

2 Dazu unten Anm. 62.

3 Lucilius ist der Adressat von Senecas *Epistulae morales*. Ob er als literarische Figur oder als echter Freund Senecas anzusehen ist, ist in der Sene-
caforschung umstritten. Sicher ist freilich, dass die Briefe an ihn nicht
'echt', sondern ein literarisches Kunstprodukt sind.

4 Die Übersetzung von *quid ... habuerimus* mit „zu welchen Einsichten wir
gelangt sind" folgt dem Sprachgebrauch, der bei dem wohl in das 4.
Jahrhundert zu setzenden Rhetor C. Chirius Fortunatianus, rhet. III 4
(p. 144 CALBOLI MONTEFUSCO) anzutreffen ist: *habeo de verborum copia*;
III 6 (p. 147 C. M.): *habeo de coniunctis verbis*.

5 Dazu oben S. 20.

6 *Disciplina* ist ein Begriff mit einer umfangreichen Semantik (das Material
im ThLL 5/1, 1316,82–1326,74). Im klassischen Latein dient er zunächst als Übersetzung des griechischen παιδεία und meint die „Erziehung", „Ausbildung" als Vorgang und deren Inhalt bzw. Produkt, das
„Wissen", die „Bildung" (Cicero, rep. IV 3; Tacitus, dial. 28,3; 34,1; Sue-

ton, Nero 7,1). Damit eignet dem Wort eine intellektuelle Konnotation, die es im Sinn von „Unterricht" in die Nähe von *doctrina*, „Lehre", rückt (Varro, ling. Lat. VI 62). Doch überwiegt der ethisch-moralische Aspekt im Sinn von „Lebensregel", „Lebensweisheit" („Erziehung" als „Zucht" – ein typisch römischer Wortgehalt). Auch im christlichen Latein behält der Begriff die Konnotation von „Lehre" bei (Tertullian, an. 9,2; praescr. haer. 6,4; 7,4; dazu: R. BRAUN, Deus Christianorum. Recherches sur le vocabulaire doctrinal de Tertullien, Paris ²1977, 423–425), doch tritt unter dem Einfluss des Mönchtums der moralische Sinn immer stärker in den Vordergrund und dominiert schließlich, ohne dass freilich der lehrhafte Aspekt verloren geht: *Disciplina* wird „Gesetz", „Sittenlehre", oder allgemeiner: die „Glaubenspraxis" (im Unterschied zur *doctrina*, der „Glaubenslehre"), also umfassend die Ordnung des gemeindlichen, kirchlichen Lebens wie des Lebens des einzelnen Christen (Tertullian, praescr. haer. 43,2; Augustinus, epist. 11,4: *disciplina vivendi*; dazu: W. GEERLINGS, Christus Exemplum. Studien zur Christologie und Christusverkündigung Augustins [Tübinger Theologische Studien 13], Mainz 1978, 87–91). Der hier in Brief I verwendete Plural *disciplinae* meint die Lehren, Normen und Anweisungen, nach denen die Christen leben sollen, die „zu praktizierende Lehre", kurz: die christliche „Lebensform" oder hier konkret die paulinische Ethik. Eine weitere Begründung für diese Bedeutung ist aus Tertullian, pudic. 14,27 zu gewinnen: unten Anm. 33. Über Geschichte und Semantik des Wortes kann man sich informieren bei H.-I. MARROU, „Doctrina" et „disciplina" dans la langue des Pères de l'église, in: Archivum Latinitatis Medii Aevi 9 (1934) 5–25; W. DÜRIG, Disciplina. Eine Studie zum Bedeutungsumfang des Wortes in der Sprache der Liturgie und der Väter, in: Sacris Erudiri 4 (1952) 245–279; V. MOREL, Disciplina, in: Reallexikon für Antike und Christentum 3 (1957) 1213–1229.

7   Die *horti Sallustiani* sind eine von Roms ausgedehnten Parkanlagen, an den Abhängen und im Tal zwischen Pincius und Quirinal, die wahrscheinlich Caesar anlegen und der Historiker Sallust erweitern ließ und die gegen Ende von Tiberius' Prinzipat (14–37 n.Chr.) in kaiserlichen Besitz überging.

8   Der Verfasser lokalisiert die Begegnung in den Gärten des Sallust. Daraus darf wohl nicht der Schluss gezogen werden, diese Anlage sei öffentlich zugänglich gewesen. Vielmehr ahmt der Anonymus die literarische Tradition nach, in der Gespräche gern in Gärten oder ähnlichen Landschaften angesiedelt werden, etwa Ciceros *Tusculanae disputationes*, die in einem Landhaus geführt werden (Tusc. I 7).

9   An Stelle des Possessivums den Genitiv des Personalpronomens zu setzen ist spätantiker Usus, dem der Verfasser dieser Briefe durchweg folgt, außer an dieser Stelle in *tui praesentiam* im folgenden Satz und in Brief IV, *paenitentiam sui* in Brief VI und *tui causa* in Brief IX. Möglicherweise liegt insofern ein Einfluss der biblischen Sprache vor, als ἐν τῇ παρουσίᾳ μου in Phil. 2,12 lateinisch noch in der *Vulgata* mit *in praesentia mei* wiedergegeben ist.

10   Zum epistolographischen Topos der Sehnsucht (πόθος) nach Beisammensein siehe unten Anm. 52.

11 Der adversative Sinn dieses *et* ergibt sich aus dem Gegensatz, dass der nicht anwesende Paulus 'in' seinen Briefen in gewissem Sinn doch 'da' ist.

12 Die Junktur *scias volo* (mit Elipse von *ut*) ist der altlateinischen Übersetzung der paulinischen Briefe entlehnt: Phil. 1,12: *scire … vos volo* (*Vetus Latina* p. 3, 814 SABATIER); Kol. 2,1; ferner 2 Kor. 1,8.

13 *Libellus* wird seit Cicero, fam. XI 11(12),1 synonym zu *epistula* verwendet. In der spätantiken lateinischen Briefliteratur werden, bedingt durch die gattungsgeschichtliche Vermischung von Brief und Traktat, die Begriffe *libellus* bzw. *liber* und *epistula* bzw. *litterae* promiscue gebraucht, wie unter zahllosen Stellen beispielsweise aus Hieronymus, epist. 112,1 und 134,1 und insbesondere Augustinus, epist. 214,2f. zu ersehen ist. Aus dem Kontext der hier vorliegenden Stelle geht jedoch zweifelsfrei hervor, dass der Anonymus an eine Sammlung paulinischer Briefe in einem Buch denkt. Zu Lebzeiten des Paulus ist das ein Anachronismus.

14 Der Akkusativ *aliquas litteras* statt korrekt eines Ablativs ist wohl als Kasusattraktion an das folgende Relativum *quas* zu erklären, wofür schon Plautus, Men. 311 ein Beispiel liefert, wo statt *nummo illo quem* steht: *nummum illum quem*.

15 *Seu* dient der Präzisierung.

16 Klassisch selten – bell. Hisp. 3,1 wird Corduba *caput* genannt –, ist die Verwendung von *caput* im Sinn von „Hauptstadt" nachklassisch verbreitet: Frontinus, strat. I 8,12; Apuleius, met. X 18; Justinus, epit. XI 14,10; Augustinus, civ. dei XVI 17; Claudian 20,571; Ulpian, dig. I 16,7.

17 Diese Adressierung trifft für Thessaloniki zu, die Hauptstadt der römischen Provinz Makedonien, und für Korinth, die Hauptstadt von Achaia, wie die Römer das griechische Kernland nannten.

18 Als handschriftliche Variante zu *vitam moralem continentes* ist *vitam mortalem contemnentes* erwägenswert. Doch ist die sonst nicht belegte Junktur *vita moralis* als *lectio difficilior* textkritisch vorzuziehen. Zudem wird damit erneut ein Bezug zu Lebensführung und Ethik hergestellt, auf die schon der Terminus *disciplinae* hinweist (oben Anm. 6).

19 Ob man *usque* schreibt oder das gleichfalls überlieferte *usquequaque*, das der Autor auch in Brief XIII benutzt, ändert am Sinn nichts. In der *Vetus Latina* p. 230 RÖNSCH ist in Ps. 37,9 ἕως σφόδρα der *Septuaginta* mit *usquequaque*, in der *Vulgata* mit *nimis* übersetzt.

20 In Brief VII heißt es, der Heilige Geist bzw. die Götter redeten aus Paulus' Mund. Dazu unten Anm. 78.

21 *Aliquando* weist in die Gegenwart des Verfassers, in der Paulus längst apostolische Autorität ist und als solche 'selbst' spricht.

22 Diese Bemerkung wird in Brief VII aufgegriffen und weitergeführt.

23 Im Ausdruck *generositas* verschränkt sich die pagane literarische Bedeutung „Brillanz", die etwa bei Cicero, Brut. 261 begegnet (*oratio dicendi … generosa*), mit der christlichen Semantik der „Größe", des „Adels", der dem Menschen als Ebenbild Gottes eignet: Novatian, trin. 143; Cyprian, zel. et liv. 15; Augustinus, Gen. ad litt. XI 32,42.

24 Die Anrede *frater*, die außer hier nur noch in Brief VII und XI steht, ist auch in der nichtchristlichen Antike verwendet worden, um eine enge Beziehung zum Ausdruck zu bringen: K. H. SCHELKLE, Bruder, in: Reallexikon für Antike und Christentum 2 (1954) 631–641.

25 Die konventionell gestaltete *formula valetudinis* – eine ganz ähnliche bei
   Cyprian, epist. 1,2; 2,2; 3,3 – beschließt, leicht variiert, auch Brief XI,
   ferner die Briefe II und IV, die von Paulus stammen sollen. Der Verfasser hat den Stil dieser Briefe nicht prosopopoietisch angepasst. Die for-
   male Stilisierung antiker Briefe ist eingehend untersucht bei H. KOS-
   KENNIEMI, Studien zur Idee und Phraseologie des griechischen Briefes
   bis 400 n.Chr. (Annales Academiae Scientiarum Fennicae Ser. B 102/2),
   Helsinki 1956.

Brief II

26 Gegenüber der alten, von den antiken Briefstellern empfohlenen Form
   des Präskripts: ὁ δεῖνα τῷ δεῖνι χαίρειν wird es ab dem 2. Jahrhundert
   n.Chr. üblich, den Adressaten vor dem Absender zu nennen. Plinius der
   Jüngere folgt noch der alten Sitte, der ansonsten archaisierende Fronto
   schon der neuen. Der Anonymus lässt Seneca sich an die traditionelle
   Form halten, Paulus hingegen der neuen folgen (in manchen Handschriften ist allerdings auch die Reihenfolge *Paulus Senecae* bezeugt) und
   leistet sich so einen weiteren Anachronismus. Seneca erscheint als Heide, der sich an die paganen Gepflogenheiten hält, Paulus als Christ, der
   aus Bescheidenheit und Demut seinen Namen erst hinter dem des Adressaten nennt. Weiteres zu diesem Thema bei A. DIHLE, Antike Höflichkeit und christliche Demut, in: Studi Italiani di Filologia classica 26
   (1952) 169–190.
27 Zu Beginn eines Antwortschreibens Freude über den Erhalt eines Briefes zu bekunden ist konventioneller Briefstil: Symmachus, epist. IV 16;
   20,1; VIII 5; 31.
28 Die unbeholfene Formulierung *si praesentiam iuvenis ... habuissem* statt
   klassisch etwa *si iuvenis adfuisset* ist nachklassisch und singulär.
29 In den ersten beiden Sätzen dieses Billetts wird die sogenannte ἀφορμή-
   Formel breitgetreten. Angesichts der Schwierigkeiten privaten Postverkehrs in der Antike war man stets bemüht, die Zustellung sicherzustel-
   len, indem man seine Briefe möglichst nur zuverlässigen Leuten mitgab:
   Cicero, Att. I 13,1; IV 15(18),3; 17(19),1. Normalerweise notierte man in
   einem Brief die günstige Gelegenheit zum Schreiben, die man gerade in
   Gestalt eines geeigneten Boten habe: Augustinus, epist. 17*,1; 19*,3.4;
   23*,1; 28*,4; 67,1; 71,1; 145,1; 149,1; 166,2; 179,7; 191,1; 192,1; 193,1;
   224,1. Hier ist der umgekehrte Fall fingiert, der real beispielsweise Hieronymus, epist. 143,1 vorkommt (vgl. auch Symmachus, epist. I 92; III
   4; VIII 34): Mangels eines Boten habe Paulus nicht früher schreiben
   können. Pedantisch wirkt die Aufzählung dessen, was beim Absenden
   eines Briefes und bei der Wahl des Boten alles zu beachten sei. Sie erinnert an den Schulbetrieb und ist vielleicht einem Lehrbuch der Rhetorik
   entlehnt: Augustinus, rhet. 7 (p. 141 HALM): *quis, quid, quando, ubi, cur,
   quem ad modum, quibus adminiculis*; Fortunatianus, rhet. III 20 (p. 163 CAL-
   BOLI MONTEFUSCO). – Die Probleme privaten Postverkehrs in der Antike, die mit den allgemeinen Schwierigkeiten des Reisens gegeben sind,
   sind ausführlich dargestellt bei D. GORCE, Les voyages, l'hospitalité et le
   port des lettres dans le monde chrétien des IVᵉ et Vᵉ siècles, Paris 1925;
   R. CHEVALLIER, Voyages et déplacements dans l'Empire romain, Paris

1988; E. J. EPP, New Testament papyrus manuscripts and letter carrying in Greco-Roman times, in: B. A. PEARSON U.A. (Hg.), The future of early Christianity. Festschrift H. Koester, Minneapolis 1991, 35–56, bes. 43–56; S. MRATSCHEK, Der Briefwechsel des Paulinus von Nola. Kommunikation und soziale Kontakte zwischen christlichen Intellektuellen (Hypomnemata 134), Göttingen 2002, 274–324.

30 Für gewöhnlich wird dieser Satz noch der ἀφορμή-Formel zugerechnet und die Junktur *personae qualitas* auf die Zuverlässigkeit des Briefboten bezogen. Da Paulus nicht zurückschreibt, kann Seneca sich vernachlässigt fühlen; Paulus erklärt daher die Verzögerung mit der sorgfältigen Suche nach einem zuverlässigen Boten. Diese Auffassung ist nicht unmöglich. Gleichwohl dürfte eine andere richtiger sein. *Personae qualitas* ist nämlich ein rhetorischer Terminus technicus für den sozialen Status oder Rang einer Person, gegenüber der bestimmte Umgangsformen zu beachten sind: Fortunatianus, rhet. III 20 (p. 163 CALBOLI MONTEFU-SCO); Augustinus, rhet. 8 (p. 141 HALM). Brieftheoretisch kreuzen sich dabei zwei Motive: die Versicherung, dem Briefpartner mit der ihm gebührenden Achtung und Wertschätzung zu begegnen – dieser Topos etwa bei Cicero, fam. II 1,1 und Symmachus, epist. III 16 –, und die vor allem stilistisch gemeinte Regel der *accommodatio*, der Anpassung der eigenen Ausdrucksweise an Niveau und Bildung des Adressaten: Fortunatianus, rhet. II 1 (p. 107f. CALBOLI MONTEFUSCO); Sulpicius Victor, inst. orat. 15 (p. 321 HALM): *custodite ergo faciendum est, ut rebus personisque accommodentur verba quae decent*; Augustinus, rhet. 8 (p. 141 HALM). Mit *ergo* leitet der Anonymus den neuen Topos ein, Rang bzw. Status *(qualitas)* des Briefpartners nicht zu missachten *(neglegere)*, sondern zu achten *(respicere)*, den er in den folgenden lobenden Epitheta *tantus vir, censor, sophista, magister tanti principis etiam omnium* einlöst und auf den er in Brief X erneut anspielt: unten Anm. 123. Vielleicht kann man auch an eine Verschränkung der ἀφορμή-Formel mit diesem Topos denken *(ergo* hat dann nicht nur gliedernde Funktion, sondern leitet eine tatsächliche Schlussfolgerung ein): Auch einen Brief nicht zu beantworten bedeutet eine Missachtung des Briefpartners. Mit der Sorgfalt, mit der Paulus einen Boten sucht, wodurch sich die Antwort verzögert, dokumentiert er also *(ergo)* ebenfalls seine Achtung vor Seneca.

31 Die mediale Bedeutung von *accipere*, die in gleicher Verwendung in Brief VII begegnet, liegt auch vor bei Cicero, Att. XVI 3(5),1; Fronto, epist. M. Caes. IV 13,2 VAN DEN HOUT; Arnobius, adv. nat. VII 29. Paulus bezieht sich auf Senecas Bemerkung in Brief I, von der Lektüre eines seiner Briefe hätten sie sich „gestärkt gefühlt" *(refecti sumus)*. *Vos* sind Seneca, Lucilius und die „Anhänger" des Paulus, die sich nach der Fiktion von Brief I in den Gärten des Sallust getroffen haben.

32 Auch diese Bemerkung ist topisch. Eine enge Parallele ist Symmachus, epist. III 10: *delector iudicio tuo*.

33 *Censor sophista*: Der Begriff *censor* erklärt sich vom juristischen *censor morum* her, vom „Sittenrichter": Pseudo-Hegesipp I 23,1 (in der lateinischen Übersetzung des „Jüdischen Krieges" von Josephus Flavius). Er meint den Moralisten Seneca, den Quintilian, inst. X 1,129 als *egregius vitiorum insectator* lobt, ein Titel, den Laktanz, div. inst. V 9,19 aufgreift *(morum vitiorumque publicorum et descriptor verissimus et insectator acerrimus)*. Wie

an Paulus' Theologie interessiert den Anonymus an Senecas Philosophie nur die Ethik. – Die Termini, mit denen er das zum Ausdruck bringt, und zwar mehr andeutend als erklärend, *disciplinae* in Brief I (siehe oben Anm. 6) und *censor* in Brief II, hat Tertullian, pudic. 14,27 gekoppelt: Er apostrophiert Paulus als *censor disciplinarum*. Während die Theologie des Paulus in dieser Optik indes auf ihren kleineren und nicht zentralen Teil reduziert wird, ist die Beschreibung Senecas als „Sittenlehrer" durchaus richtig. Seneca hat nicht nur, wie nahezu alle hellenistischen Philosophen, die Ethik in das Zentrum theoretischer Reflexion gerückt und die anderen Disziplinen (Metaphysik, Physik, Logik, Dialektik, Erkenntnistheorie), sofern er sie überhaupt behandelte, darauf zugeschnitten, sondern, im Gefolge der psychagogischen Tradition der Antike, seine philosophische Schriftstellerei als praktische Anleitung zum richtigen, glücklichen Leben, dem obersten Ziel antiker Ethik, betrieben. – Das griechische Lehnwort *sophista* (σοφιστής) ist, beeinflusst von Sokrates' Kritik an den „Sophisten", meist negativ konnotiert. Christliche Autoren verwenden es gern als abwertende Bezeichnung für die Subtilität und den Formalismus der paganen Philosophie, etwa Prudentius, perist. 10,608. An der vorliegenden Stelle hat der Begriff jedoch einen positiven Sinn. In einer von Isokrates begründeten und von Cicero aufgegriffenen Tradition ist der „Sophist" der philosophisch gebildete Redner und als solcher ein weithin geltendes Bildungsideal. Im 4. Jahrhundert n.Chr. wurde die philosophische Komponente ausgeschieden und nur die der Redekunst beibehalten: Marius Victorinus, rhet. I 1 (p. 156 HALM): *sophista est, apud quem dicendi exercitium discitur*. Hieronymus, chron. a. Abr. 2379 (= 363 n.Chr.) nennt den Athener Rhetoriklehrer Prohaeresius *sophista*. – Während der Ausdruck *censor* also den Philosophen Seneca meint, geht *sophista* auf den Rhetor Seneca. Nun könnte man meinen, Paulus lobe hier den Philosophen und den Stilisten Seneca, der auch als Redner einen Namen hatte, so wie Quintilian, inst. X 1,129 empfiehlt, Senecas Schriften wegen vieler *clarae sententiae* und *morum gratia* zu lesen. Doch dürfte etwas anderes vorliegen: die Vermischung des „Redelehrers" Seneca, nämlich Senecas Vater, mit dem „Sittenlehrer", dem Philosophen Seneca (so überzeugend BOCCIOLINI PALAGI 1985, 12f. 86–90). Die Gleichsetzung von Seneca *rhetor* und Seneca *philosophus* (und dessen Unterscheidung vom Tragödiendichter Seneca) verfälschte das Senecabild das ganze Mittelalter hindurch, ehe Justus Lipsius, der 1605 eine große Senecaausgabe vorlegte, den Irrtum aufklärte: NOTHDURFT 1963, 35f.; L. BOCCIOLINI PALAGI, Genesi e sviluppo della questione dei due Seneca nella tarda latinità, in: Studi Italiani di Filologia Classica NS 50 (1978) 215–231. Siehe unten S. 127–129.

34 Gemeint ist Nero, der in diesem Briefwechsel noch öfter eine Rolle spielt: Briefe III, VII, VIII, IX und XI. In der paganen Spätantike kritisiert Cassius Dio LXI 10,2 Seneca als τυραννοδιδάσκαλος, der Nero alle seine Laster beigebracht habe; Ausonius, grat. act. 31 wiederholt Ende des 4. Jahrhunderts diese Kritik. In ihrer Umwertung zu einem Lob Senecas *(magister tanti principis)* spiegelt sich die Wertschätzung, deren sich Seneca bei den Christen weithin erfreute.

35 Paulus erwidert damit das Lob, mit dem ihn Seneca in Brief I bedenkt (dazu auch unten Anm. 172). Die Vorzüge des Briefpartners zu loben

gehört konventionell zu den Erfordernissen gepflegter Epistolographie. Als Beispiel sei das Lob genannt, mit dem Augustinus Hieronymus überhäuft: epist. 28,1.3; 40,1; 71,6; 82,2.33.35; 166,15; 167,4.10.21.

36 Zur Konvention dieser Schlussformel siehe oben Anm. 25.

Brief III

37 Da Seneca Paulus schwerlich um eine kritische Durchsicht dieser *volumina* bitten würde (dazu unten Anm. 42), wenn es sich um eine Schrift von Paulus handelte, denkt der Anonymus offenbar an ein in mehrere Bücher *(volumina)* eingeteiltes Werk Senecas, dessen nähere Identität gewiss absichtlich im Unklaren gelassen ist. Zudem ist in Brief VII die Szenerie fingiert, dass Seneca Nero Briefe des Paulus vorgelesen habe, ohne diesen vorher um Erlaubnis gefragt zu haben. In Brief III kann das also nicht gemeint sein.

38 Den Begriff *fors* im Sinne von „Schicksal" gebraucht Seneca, brev. vit. 15,3; clem. 4,3. Das ist eine der dünnen Spuren stoischer bzw. senecanischer Philosophie in diesen Briefen: siehe unten Anm. 139.

39 Diese Bedeutung von *aures* ist weit verbreitet: ThLL 2, 1510,6–1511,16.

40 Zum hier anklingenden πόθος-Topos siehe unten Anm. 52.

41 Wie in Brief VII *(invicem vivamus)* hat *invicem* hier die im späten Latein aufkommende Bedeutung „gemeinsam" (ThLL 7/2, 178,52–65), während in Brief IV der klassische reziproke Sinn vorliegt.

42 Auch hinter dieser Absichtserklärung steckt ein Topos, der allerdings nicht aus der Epistolographie stammt, sondern zur Proömientechnik gehört (dazu generell T. JANSON, Latin Prose Prefaces. Studies in Literary Conventions [Acta Universitatis Stockholmiensis. Studia Latina Stockholmiensia 13], Stockholm 1964): In Vorreden zu Büchern bittet der Autor die Leser um eine kritische Lektüre, beispielsweise Augustinus, trin. III 2. Bezogen auf ein soeben verfasstes Werk formuliert der Anonymus den Topos hier als Bitte in einem Brief, wozu sich als Parallelen beispielsweise Augustinus, epist. 28,6; 67,2 anführen lassen.

43 Das ist das oben in Anm. 30 besprochene Motiv, dem Briefpartner mit der ihm gebührenden Wertschätzung zu begegnen.

44 Das Epitheton *carissimus* gebraucht Seneca für Paulus außer an dieser Stelle auch am Schluss von Brief IX, zu Beginn des XI. und an Anfang und Schluss des XII. Briefes. Am Ende von Brief XIV nennt Paulus Seneca *carissimus* (dazu unten Anm. 233). *Carissimus* gehört zu den Adjektiven, mit denen in spätantiken Briefen die Briefpartner konventionell angeredet werden, beispielsweise Hieronymus von Augustinus, epist. 67 im Präskript; 67,3; 71,1; 73,2; 82,33. Da im Kontext freundschaftlicher Briefe Vokabeln wie *caritas* und *carissimus* im Sinne von Freundschaft zu lesen sind – *charta caritatis* bzw. *scripta caritatis* sagt Hieronymus, epist. 4,1 bzw. 115 für „Freundschaftsbrief" –, lässt der Anonymus mit dieser ganz üblichen Anredefloskel Paulus und Seneca sich gegenseitig als „Freunde" bezeichnen.

Brief IV

45 *Litterae* kann auch „Schriften" heißen, wie aus zahlreichen Stellen hervorgeht, etwa Augustinus, epist. 19*,3; 40,1.9; 71,5; 73,6; 82,3.6.22.36; 167,14; c. Iul. I 23; IV 60.77; V 2.6. Dann hätte der Anonymus das παρουσία-Motiv (zu diesem unten Anm. 47) variiert: Nicht 'in' einem Brief, sondern 'in' seinen Schriften ist Seneca geistig bei Paulus. Eher freilich dürfte doch die Grundform des Motivs gemeint sein, *litterae* also „Brief" heißen.

46 Eigentlich: „höre". Hinter diesem Sprachgebrauch steht die antike Gewohnheit, laut zu lesen. So „hört" Philippus den Eunuchen der Kandake den Propheten Jesaja lesen (Apg. 8,30), und Augustinus, conf. VI 3 denkt eigens über die unübliche Gepflogenheit des Ambrosius nach, leise zu lesen. Subtiler gedeutet, könnte man an eine Verschränkung von παρουσία- und ὁμιλία-Topos denken: Paulus stellt sich Seneca derart präsent vor, dass er nicht bloß liest, was dieser schreibt, sondern gleichsam hört, was er sagt; so etwa Cicero, Quint. fr. I 1,45; Seneca, epist. 55,11; 67,2; Pseudo-Cyprian, spect. 1; Paulinus von Nola, epist. 13,2; Augustinus, epist. 230,4. Dass ein Brief die eine Hälfte eines Gesprächs darstelle, gehört zu den spätantiken Definitionen des Briefes, wie sie beispielsweise bei Pseudo-Demetrius, eloc. 223 steht: Ein Brief sei τὸ ἕτερον μέρος τοῦ διαλόγου. Sie findet ihren Ausdruck insbesondere darin, dass die Vokabeln für Lesen bzw. Schreiben und Hören bzw. Sprechen semantisch ineinander übergehen – paradigmatisch etwa bei Augustinus, epist. 82,30: *dicis: haec scribo*; ferner Plinius, epist. III 20,10; Hieronymus, epist. 72,5; Augustinus, epist. 58,1; ein weiteres Beispiel steht in Brief VI: unten Anm. 65 –, und begegnet seit Cicero, Phil. II 7 verschränkt mit dem Motiv der παρουσία; ein Brief gilt als Gespräch zwischen Getrennten *(conloquia absentium)* und stiftet so Beisammensein: Hieronymus, epist. 44,1; 76,1; Augustinus, epist. 71,6; 187,41; 200,3; 267.

47 Das ist der klassische παρουσία-Topos: Der körperlich Abwesende ist 'im' Brief geistig anwesend; so zum Beispiel Seneca, epist. 40,1; Hieronymus, epist. 5,1; in Gal. comm. III 6,11; Augustinus, epist. 31,1; 58,2; 71,6; 179,1; 231,5. In den paulinischen Briefen begegnet dieses Motiv in 1 Thess. 2,17; 1 Kor. 5,3; Kol. 2,5. Eine enge Parallele zum vorliegenden Satz ist Symmachus, epist. I 84: *quotiens tua sumo conloquia, quaedam mihi ante oculos praesentiae tuae imago versatur.* – Zur Junktur *praesentiam tui* siehe oben Anm. 9.

48 Der *pluralis maiestatis* ist ab dem 2. Jahrhundert n.Chr. nachgerade modisch und wechselt völlig regellos mit dem Singular, wie beispielhaft Augustinus, epist. 71,3 zeigt: *hoc addo, quod postea didicimus.* Siehe auch unten Anm. 232.

49 Die Konstruktion *incipere* bzw. *coepisse* mit Infinitiv entstammt der Umgangssprache und steht spätlateinisch ohne Unterschied zum einfachen Verbum *(venire coeperis = veneris)*: Cyprian, epist. 59,18.

50 Zur reziproken Bedeutung von *invicem* an dieser Stelle siehe oben Anm. 41.

44 *Alfons Fürst*

51 Solche Wendungen mit *de* sind umgangssprachlich und im späten Latein verbreitet, etwa Symmachus, epist. IV 36,1; V 86; vgl. schon Tertullian, apol. 27,6.

52 Dieser Gedanke formuliert nicht mehr den παρουσία-Topos des ersten Satzes. Dieser lautet ja so, dass der Abwesende 'in' seinem Brief präsent ist. Hier aber ist an eine künftige leibhaftige Anwesenheit Senecas gedacht. Das ist ein weiteres Motiv, das des πόθος, der Sehnsucht nach Beisammensein mit dem Briefpartner (als Beispiele Hieronymus, epist. 7,6; 102,2; Augustinus, epist. 67,3). Auch in der zweiten Hälfte des ersten Satzes klingt dieser Topos bereits an, ferner schon in den Briefen I und III. Brief IV, neben Brief V der kürzeste der Sammlung, vereint in sich also die drei für Freundschaftsbriefe typischen Motive der παρουσία, der ὁμιλία und des πόθος, die in der gesamten Briefliteratur der ausgehenden Antike verbreitet sind. Das grundlegende Werk zur Topik und Motivik antiker Briefe ist K. THRAEDE, Grundzüge griechisch-römischer Brieftopik (Zetemata 48), München 1970, das Wesentliche ist zusammengefasst bei P. CUGUSI, L'epistolografia. Modelli e tipologie di communicazione, in: G. CAVALLO/P. FEDELI/A. GIARDINA (Hg.), Lo spazio letterario di Roma antica II. La circolazione del testo, Rom 1989, 379–419.

53 Zu dieser Fassung des Schlussgrußes siehe oben Anm. 25.

Brief V

54 Zum *pluralis maiestatis* siehe oben Anm. 48.

55 Der Anonymus führt das πόθος-Motiv von Brief IV (dazu oben Anm. 52) weiter, jetzt in der Variante, dass die allzu lang dauernde Abwesenheit des Freundes Anlass zur Sorge gibt. Das ist reine Brieftopik, die keinerlei Rückschlüsse auf den gedachten Aufenthaltsort des Paulus ermöglicht.

56 Die Umschreibung des Verbums mit *facere (remotum faciunt = removent)* kommt schon bei Plautus, Amph. 1145 vor und ist im späten Latein gang und gäbe. Ein Beispiel im Passiv steht in Brief XI: unten Anm. 154.

57 *Domina* im Sinn von „Kaiserin" wie bei Sueton, Claud. 39,1; Dom. 13,1 ist besser bezeugt als *dominus*, worunter Nero zu verstehen wäre, der aber in Brief VIII als Anhänger der heidnischen Götter bezeichnet wird. Judenfreundliche Aktionen berichtet Josephus Flavius, ant. Iud. XX 195 (8,11); vit. 16 von Poppaea Sabina (gest. 65 n.Chr.), der zweiten Frau Neros (seit 62 n.Chr.). Umstritten ist, ob aus dem von Josephus verwendeten Begriff θεοσεβής zu schließen ist, Poppaea habe Sympathien für das Judentum gehegt oder sei eine „Gottesfürchtige" oder gar „Proselytin" gewesen. Siehe E. M. SMALLWOOD, The alleged Jewish tendencies of Poppaea Sabina, in: Journal of Theological Studies NS 10 (1959) 329–335; M. H. WILLIAMS, 'Θεοσεβὴς γὰρ ἦν' – The Jewish tendencies of Poppaea Sabina, in: Journal of Theological Studies NS 39 (1988) 97–111; B. WANDER, Gottesfürchtige und Sympathisanten. Studien zum heidnischen Umfeld von Diasporasynagogen (Wissenschaftliche Untersuchungen zum Neuen Testament 104), Tübingen 1998, 66–68. Weitere

Literatur bei L. H. FELDMAN, Josephus and Modern Scholarship (1937–1980), Berlin/New York 1984, 732–734.

58 *Secta*, griechisch αἵρεσις, bedeutet eigentlich die philosophische Richtung, der man folgt, hier aber die Religion, der man angehört, so wie Paulus in Brief X die christliche Religion *secta mea* nennt.

59 *Convertere* hat hier medialen Sinn: „sich bekehren". Wegen der aktiven Verbform bevorzugen manche Editoren die Lesart *alios rursum converteris,* „Du bekehrst wiederum andere", die aber weniger gut bezeugt ist. Die Empörung der Kaiserin soll also durch Paulus' „Bekehrung" *(conversio)* vom Judentum zum Christentum verursacht sein. Gut römisch denkt der Autor dabei insofern, als in der gesamten Antike und besonders in der römischen Kultur das Verlassen des Althergebrachten als Verstoß gegen die traditionell geltende Ordnung aufgefasst wird und die Abkehr davon als solche – egal, wohin man sich statt dessen wendet (daher das unbestimmte *aliorsum*) – als unseriös gilt; statt vieler Stellenhinweise je ein prägnanter Satz von Plotin, enn. II 9,6 (33,53): „Was die Alten ... gelehrt haben, das steht um vieles höher und ist im Sinne wahrer Bildung gesprochen", und Macrobius, sat. III 14,2: „Immer müssen wir, wenn wir klug sind, dem hohen Alter unsere Verehrung bezeigen." Ein lesenswertes Buch zum Thema der Bekehrung in der Spätantike ist G. BARDY, La conversion au Christianisme durant les premiers siècles, Paris 1949; deutsche Ausgabe, übersetzt und hg. v. J. BLANK: Menschen werden Christen. Das Drama der Bekehrung in den ersten Jahrhunderten, Freiburg u. a. 1988.

60 Durch das Stichwort *levitas* steckt in diesem Gedanken möglicherweise ein Anklang an 2 Kor. 1,17 Vulg.: *numquid levitate usus sum? (Vetus Latina* p. 3, 729 SABATIER: *nunquid levitatem usus sum?).*

61 Diese Absicht setzt frühere Beziehungen zwischen dem Juden Paulus und der judenfreundlichen Kaiserin Poppaea voraus. Sie gehört damit in die Geschichte der Legende, die sich um Paulus' Kontakte zu Christen „aus dem Haus des Kaisers" (Phil. 4,22) rankte: siehe unten Anm. 220.

Brief VI

62 Wie in diesem Brief Paulus an Seneca und dessen Freund Lucilius, den Adressaten der *Epistulae morales* (dazu oben Anm. 3), schreibt, so im nächsten Seneca an Paulus und dessen (angeblichen) Freund Theophilus (dazu unten Anm. 71). Einen Brief an zwei oder mehrere Personen zu adressieren oder ihn zu zweit an einen gemeinsamen (so ist *Lucilius noster* in Brief I zu verstehen) Freund zu schreiben, ist in der antiken Briefliteratur nicht ungewöhnlich. Beispielsweise antwortet Hieronymus, epist. 143 auf einen nicht erhalten gebliebenen Brief von Augustinus und Alypius mit einem, den er seinerseits an beide adressiert. Der Anonymus suggeriert damit, es habe nicht nur zwischen Seneca und Paulus, sondern auch zwischen ihrer jeweiligen Entourage freundschaftliche Beziehungen gegeben.

63 *Scripsistis* ist Brieftempus. Der Plural gibt zu verstehen, dass Paulus auf einen Brief antwortet, den Seneca und Lucilius gemeinsam geschrieben haben (dazu die vorige Anmerkung). Da die inhaltlich nicht näher bestimmten Aussagen des Paulus sich jedoch wohl auf Brief V beziehen

(dazu unten Anm. 68), der von Seneca allein geschrieben ist, ist dem Anonymus ein Fehler in der Fiktion unterlaufen.

64 Der Ausdruck „Schreibrohr und Tinte" klingt an 2 Joh. 12 und 3 Joh. 13 an, doch handelt es sich um eine klassische Formel antiker Epistolographie: Cicero, Quint. fr. II 14(15),1. Eventuell liegt auch eine Anspielung auf 2 Kor. 3,3 vor.

65 *Eloqui*: Das ist ein weiteres Beispiel für die Synonymität von Sprechen und Schreiben im Briefstil, die sich aus der Definition des Briefes als Gespräch zwischen Abwesenden erklärt: oben Anm. 46.

66 „... macht sie sichtbar", und zwar auch für andere und Unbefugte, was unangenehm oder riskant sein könnte (siehe unten Anm. 68). Das dürfte der Sinn dieser hölzernen Erklärung sein.

67 Die pedantische Unterscheidung zwischen Leuten in der weiteren *(apud vos)* und engeren *(in vobis)* Umgebung Senecas und Lucilius' dürfte der Anonymus vor allem deshalb vorgenommen haben, um die von ihm geliebte Figur des Polyptoton anwenden zu können *(inter vos – apud vos – in vobis*; Brief I: *ex te – per te – ex te et per te)*.

68 Paulus will die ihm von Seneca in Brief V empfohlene Rechtfertigung seiner Bekehrung vom Judentum zum Christentum vor der Kaiserin nicht schriftlich vorbringen. Brieftopisch steht dahinter die Aussage, es sei gefährlich, heikle Themen brieflich zu erörtern, weil der Brief in falsche Hände geraten könnte: Seneca, amic. frg. 1 STUDEMUND; Origenes, in Matth. ser. 16; Augustinus, epist. 40,5; 162,1; 220,2. Angesichts der Unsicherheiten des privaten Postverkehrs (dazu oben Anm. 29) formuliert dieser Topos ein immer gegebenes Risiko.

69 Das ist ein Verweis auf die Empörung der Kaiserin, von der in Brief V die Rede ist. Allgemeiner könnte man an die Anweisung in 1 Petr. 2,17 denken, alle Menschen zu ehren, zumal deren Kontext – analog zur in Brief VI angesprochenen „Empörung" – die Verleumdung der Christen durch Heiden thematisiert (vgl. 1 Petr. 2,12).

70 *Patientiam dare* ist eine singuläre Junktur, das folgende *paenitentiam gerere* eine nur in christlichen Texten, etwa im Zitat von Offb. 2,22 bei Cyprian, epist. 55,22 belegte Version des klassischen *paenitentiam agere*. Im Wort *patientia* steckt wohl eine Anspielung auf diesen wichtigen Begriff in den paulinischen Briefen. Er meint dort entweder die Geduld Gottes mit den sündigen Menschen (Röm. 2,4; 3,26; 9,22: ἀνοχή und μακροθυμία) oder die Geduld des Menschen in Bedrängnis und Leid beziehungsweise sein geduldiges Ausharren im Diesseits (ὑπομονή: Röm. 2,7; 5,3f.; 8,25; 15,4f.; 2 Kor. 1,6; 6,4; 12,12; 1 Thess. 1,3). In Röm. 2,4 begegnet die Folge: Geduld (Gottes) – Umkehr (des Menschen), wie hier *patientia – paenitentia*. Die Reue gehört christlich zur Bekehrung und meint in diesem Zusammenhang die Abkehr vom bisherigen falschen Leben. Doch verglichen mit der eschatologischen Valenz dieser Terminologie in Paulus' Theologie erscheint die Geduld (nicht Gottes, sondern) des Missionars hier verflacht zu taktischer Rücksichtnahme, die beinahe zu höfischer Unterwürfigkeit verkommt, um nicht Empörung auszulösen und den Missionserfolg zu gefährden. Entgegen der Siegeszuversicht formuliert der Bedingungssatz einen kleinmütigen Vorbehalt gegenüber den Erfolgsaussichten dieser Taktik (ähnlich in Brief XIV:

unten Anm. 225). Das ist ein Beispiel für die Banalität der winzigen Spuren paulinischer Theologie, die in diesen Briefen auszumachen sind.

Brief VII

71 Zum Sinn der doppelten Adresse siehe oben Anm. 62. Von einer Beziehung zwischen Paulus und Theophilus ist nichts bekannt. Im Neuen Testament ist ein Theophilus der Adressat von Lukas' Evangelium und Apostelgeschichte: Lk. 1,3; Apg. 1,1. Vielleicht hat der Anonymus Theophilus mit dem Paulusmitarbeiter Timotheus verwechselt, von dem 1 Thess. 1,1; 3,2.6; Phil. 1,1; 2,19; Röm. 16,21; 1 Kor. 4,17; 16,10; 2 Kor. 1,1.19; Philem. 1,1; ferner Kol. 1,1; 2 Thess. 1,1 und generell 1 und 2 Tim. die Rede ist. Möglicherweise ist er aber auch von dem sogenannten Dritten Korintherbrief 1,1 beeinflusst, wo ein Theophilus genannt ist.

72 Gemeint ist (neben dem Galater- und Ersten Korintherbrief) wohl der Zweite Korintherbrief, der an die Gemeinde von Korinth und an „alle Heiligen in ganz Achaia" adressiert ist: 2 Kor. 1,1. Zu Achaia siehe oben Anm. 17.

73 Diese mediale Bedeutung von *accipere* begegnet auch in Brief II: oben Anm. 31.

74 *Invicem* heißt hier, wie in Brief III, „gemeinsam", „miteinander": oben Anm. 41.

75 Der zweite Teil des ersten Satzes ist in der Überlieferung stark verderbt. Eine zufriedenstellende Lösung gibt es bislang nicht. BOCCIOLINI PALAGI folgt mit einer Abweichung – sie schreibt *honore* statt *horrore*, weil *horror divinus* eine heidnische Vorstellung ist, die etwa bei Lukrez III 28f. und Statius, Theb. X 160 begegnet, zu den Paulusbriefen aber nicht recht passen will – der Textrekonstruktion von BARLOW. Die Übersetzung „Ehrfurcht" versucht die Semantik sowohl von *honos* als auch von *horror* zum Ausdruck zu bringen.

76 Die Lesart *et super excelsos* und ihre in der Übersetzung zum Ausdruck gebrachte Bedeutung erklärt sich von Stellen wie Seneca, tranqu. an. 17,11 und Plinius, epist. VII 13,2 her.

77 *Satis* dient im Sinne eines *valde* der Verstärkung und begegnet häufig im gegen Ende des 4. Jahrhunderts geschriebenen *Itinerarium Egeriae*: 2,7; 3,3; 7,8; 21,4 und passim.

78 Dass Paulus inspiriert sei, hat der Anonymus bereits in Brief I angedeutet: oben Anm. 20. Biblische Anknüpfungspunkte für diese Vorstellung sind Mt. 10,20; Lk. 12,12; 2 Petr. 1,21. Zu denken wäre auch an die Aussage des Paulus über den „Geist Gottes", der „in euch wohnt" (1 Kor. 3,16: τὸ πνεῦμα τοῦ θεοῦ οἰκεῖ ἐν ὑμῖν; vgl. ebd. 6,19), vom pantheistischen *sacer spiritus* („heiliger Odem") der Stoiker, der laut Seneca, epist. 41,2 „in uns wohnt", ist der *spiritus sanctus* in Brief VII jedoch trotz der vordergründigen Ähnlichkeit der Formulierungen konzeptionell zu unterscheiden (siehe unten S. 89f.). Erneut bleibt unklar, ob dem Anonymus solche Differenzierungen klar waren oder nicht.

79 Auf *vellem* folgt *desit* (statt *deesset*). Der Autor hält sich nicht an die *consecutio temporum*, wie in Brief VIII *(sit – velles)* und XI *(potuisset – sit – liceret – videret)*.

80 Die *maiestas* von Paulus' Gedanken hat Seneca schon in Brief I hervorgehoben.

81 Das hier beginnende Thema des Stils der paulinischen Briefe wird in den Briefen IX und XIII weitergeführt. Eine Parallele zu diesem Satz in Brief VII, die inhaltlich freilich das Gegenteil zum Ausdruck bringt, steht bei Hieronymus, epist. 120,11: Paulus *divinorum sensuum maiestatem digno non poterat Graeci eloquii explicare sermone.*

82 Zu dieser Anrede siehe oben Anm. 24.

83 Der Kaiser (Nero) wird mit seinen Titeln wie hier als *Augustus* oder wie in den Briefen III, VIII, IX und XI als *Caesar* bezeichnet, in letzterem *Gaius Caesar,* also Caligula.

84 Der Einfall des Anonymus, Seneca habe Nero aus den Briefen des Paulus vorgelesen, ist das Hauptthema der Briefe VII, VIII und IX.

85 *Virtus* ist die lateinische Vokabel für die biblische δύναμις, „Kraft", „Macht" (vgl. Apg. 1,8; 3,12 Vulg.). *Exordium* meint den „Beginn" von Paulus' „Kraft", also seine Bekehrung, die er im ersten Kapitel des Galaterbriefs erzählt. Ähnliche Bedeutungen von *exordium* liegen vor bei Firmicus Maternus, err. prof. relig. 2,9: *exordium lucis*; Hilarius, trin. V 26: *exordium prudentiae*; Hieronymus, hom. Orig. in Ez. 8,2: *exordium fidei.*

86 Diese Reaktion hat ein Vorbild in Apg. 4,13. Vgl. auch pass. Petr. et Paul. (lat.) 39 (p. 1, 153 LIPSIUS).

87 Biblischer Anknüpfungspunkt hierfür ist Mt. 11,25 bzw. Lk. 10,21, wohl nicht jedoch Ps. 8,3, weil nicht an Kinder gedacht ist, sondern an Ungebildete. Aus demselben Grund scheidet auch der Verweis auf den Knaben bei Cicero, divin. II 86 aus.

88 Als Argument Beispiele bzw. Vorbilder *(exempla)* aus der altehrwürdigen (darüber oben in Anm. 59) Vergangenheit anzuführen gehört zu den Charakteristika der antiken Literatur. Möglicherweise spielt der Anonymus auch auf die bekannte Ansicht Senecas an, Vorbilder seien überzeugender als Vorschriften: epist. 6,5; 83,13.

89 Dem Bauer Publius Vatienus (oder Vatinius) aus Reate erscheinen in der Nacht nach der Schlacht von Pydna (168 v.Chr.) im Traum die Dioskuren Castor und Pollux auf weißen Pferden und berichten ihm vom Sieg des Aemilius Paulus über Perseus von Makedonien. Das älteste Zeugnis für diese Legende steht bei Cicero, nat. deor. II 6; III 11.13. Sie hat weite Verbreitung gefunden: Valerius Maximus I 8,1; Florus, epit. I 28 (II 12,14f.); Plutarch, Aem. Paul. 24,4–6; Coriol. 3,5f.; Minucius Felix, Oct. 7,3; Laktanz, div. inst. II 7,10; Pacatus, paneg. Lat. 2(12),39,4.

90 Mit den Begriffen *innocens* und *rusticulus* wird Paulus als „ungebildet" hingestellt, ein Eindruck, dem Hieronymus, epist. 49,13 an einer auf Brief VII vielleicht Bezug nehmenden Stelle ausdrücklich widerspricht: *Videntur quidem verba simplicia et quasi innocentis hominis ac rusticani ..., sed, quocumque respexeris, fulmina sunt.*

91 Das ist die alte, schlichte Form des Schlussgrußes, die in den Briefen V, VI, VIII und XIII um ein *bene,* in III, IX, X, XII und XIV um die Anrede erweitert ist. In den Briefen I, II, IV und XI ist hingegen die in der Spätantike gängige Formel gebraucht: oben Anm. 25.

Brief VIII

92 Paulus nennt Nero wohl deshalb *noster*, weil dieser sich laut Brief VII von Paulus' Briefen beeindruckt zeigte, während die Kaiserin über ihn empört ist (Brief V). Aber vielleicht steckt im Ausdruck „unser Kaiser" einfach nur die Tatsache, dass Nero der Kaiser der römischen Bürger Seneca und Paulus ist.

93 Zur Anrede *Caesar* oben Anm. 83.

94 Text und Bedeutung dieses Einschubs sind umstritten und ungeklärt. Die Konjektur – *nisi* an Stelle des von BARLOW akzeptierten, überlieferten *si* – und die Übersetzung von BOCCIOLINI PALAGI, denen meine deutsche Wiedergabe folgt, haben den Vorteil, einen plausiblen Sinn zu ergeben.

95 Zu den „Staunen erregenden Dingen" gehört wegen des Anklangs an *mirari* in Brief VII offenbar auch die christliche Theologie des Paulus. Neros Interesse an Neuem und Kuriosem wird auch von paganen Autoren bezeugt: Seneca, nat. quaest. VI 8,3; Plinius, nat. hist. XIX 39; XXX 15; XXXVII 45.

96 Seneca wird ermahnt, nicht Nero, wie auch überliefert ist *(permittit … se)*. Das ergibt sich zum einen eindeutig aus dem Kontext, denn im Folgenden kritisiert Paulus Seneca, nicht Nero. Zum anderen rekurriert der Anonymus auf einen Topos der antiken Freundschaftslehre: Man darf und soll einen Freund kritisieren, falls dies nötig ist, ihn dabei aber nicht verletzen. Solche Kritik ist ein Freundschaftsbeweis: Plinius, epist. VIII 24,1. Mehr dazu oben S. 15.

97 *Graviter* muss hier negativen Sinn haben, etwa wie *moleste*. Das Pendant ist *facile* in Brief IX: unten Anm. 114.

98 Zur Bedeutung von *disciplina* siehe oben Anm. 6 und 33.

99 Es gehört zur Topik des Freundschaftsbriefes, die Freundschaft der Briefpartner ausdrücklich anzusprechen, und zwar mit Begriffen aus dem Wortfeld von „Liebe", wie hier in Brief VIII *amor* und *diligere*: oben Anm. 44.

100 Zu solchen Junkturen mit *de* siehe oben Anm. 51. *De futuro* gebraucht schon Seneca, epist. 100,4.

101 Eine Parallele zu diesem Satz ist Symmachus, epist. VI 22.

102 Poppaea Sabina: oben Anm. 57.

103 Schon in Brief VI hat Paulus Seneca (und Lucilius) ermahnt, nicht die Empörung der Kaiserin zu erregen, von der in Brief V die Rede ist.

104 RÖMER z.St. schlägt an Stelle dieser sinnlosen Alternative, die der Unfähigkeit des Anonymus zuzuschreiben ist, folgende Version vor, die jedoch in der Überlieferung keinen Anhalt hat und auch keinen brauchbaren Sinn ergibt: „… deren Unwille zwar nur schaden wird, wenn er andauert, aber auch nicht nützen wird, wenn das nicht der Fall ist."

105 Auch Plinius, nat. hist. XXIX 20 gebraucht *regina* im Sinne von „Kaiserin".

106 Unter Rekurs auf die apokryphen Apostelakten (mart. Petr. 4 bzw. act. Petr. 33 [p. 1, 84f. LIPSIUS]; act. Paul. et Thecl. 5 [p. 1, 238f. LIPSIUS]) könnte man diesen merkwürdigen Gedanken so erklären, dass Neros eventuelle Bekehrung zum Christentum durch Seneca bzw. Paulus eine solche zur Keuschheit einschließe, was eine zügellose Frau wie Poppaea

nur erzürnen könne. Im Rahmen des Briefwechsels lässt sich die Aussage freilich einfacher so verstehen, dass die angeblich dem Judentum zugetane Poppaea, die über Paulus' Bekehrung zum Christentum empört sei (Brief V), gewiss nicht erfreut sein wird, wenn Paulus im Verein mit Seneca auch noch Nero für das Christentum gewinnen sollte. Die Opposition zwischen *regina* und *mulier* soll dann wohl nur besagen, dass Poppaea sich nicht würdevoll wie eine Kaiserin benimmt, wenn sie empört reagiert, sondern wie eine gewöhnliche Frau. Diese Deutung würde der biederen, skurrilen Denkweise des Anonymus entsprechen.

Brief IX

107 Brief VII.

108 Dazu oben Anm. 83.

109 Zu dieser Konstruktion siehe oben Anm. 9.

110 In Brief VIII.

111 *Natura rerum* meint allgemein die „Natur", das „Wesen", hier des Menschen (nicht „der Dinge"), so wie der griechische Titel Περὶ φύσεως lateinisch mit *De rerum natura* wiedergegeben wird (etwa im so betitelten Lehrgedicht des Lukrez).

112 Da Tacitus, ann. XIV 52,1 und Sueton, Nero 7,1; 26,1 die hier beklagte „natürliche Veranlagung" zum Schlechten von Nero berichten, lässt der Anonymus Seneca hier wohl konkret an seine schlechten Erfahrungen mit Nero denken.

113 Diese Bedeutung von *nove* etwa auch bei Tertullian, apol. 6,9.

114 Negativ konnotiertes *facile* ist im nachklassischen Latein häufig.

115 Das kann sich sinnvollerweise nur darauf beziehen, dass Seneca Nero aus Paulus' Briefen vorgelesen hat (Brief VII), wofür ihn Paulus besonders deswegen kritisierte, weil das den Groll der Kaiserin hervorrufen könnte (Brief VIII). Hier in Brief IX räumt Seneca ein, dass er vielleicht unvorsichtig vorgegangen sei, und bittet für diesen Fall um Nachsicht. Während Paulus jedoch in Brief VIII unzweideutig fordert, Seneca solle solches in Zukunft unterlassen *(ne id agas)*, heißt *nove agamus* in Brief IX in diesem Zusammenhang wohl, dass Seneca zwar „anders", das heißt vorsichtiger, aber entgegen der Bitte des Paulus eben doch noch einmal versuchen werde, Nero aus den paulinischen Briefen vorzulesen.

116 *Misi* ist Brieftempus.

117 Seit Cicero, de orat. III 125; Brut. 216; Tusc. II 30, ferner Quintilian, inst. X 1,5–15, gehört zu einem guten Stilisten ein reicher Wortschatz; Quintilian, inst. XII 10,11 rühmt einen solchen an Seneca. Da Seneca in Brief VII die Meinung äußert, Paulus mangele es an stilistischer Eleganz, schickt er ihm jetzt ein Buch, das Paulus helfen soll, diesen Mangel zu beheben. Von einem solchen Buch ist sonst nichts bekannt, weder von Seneca noch von einem anderen Autor; dass es sich um ein Buch Senecas handelt, wie oft selbstredend angenommen wird, ist nicht gesagt. Möglicherweise hat der Anonymus es frei erfunden. Die Annahme von BERRY 1999, 77–82 und DEMS. 2002, 46f., es handle sich um Varros *De lingua Latina*, ist völlig aus der Luft gegriffen. – Im Mittelalter wurden unter dem Titel *De verborum copia* (oder: *De quattuor virtutibus*) und Senecas Namen Sentenzen aus seinen Werken (besonders den *Epistulae mora-*

les) samt verschieden stark überarbeiteten Teilen von Martin von Bragas *Formula vitae honestae* überliefert, und dieser enorm weit verbreitete Text avancierte zum beliebtesten Werk Senecas: BICKEL 1905; C. W. BAR-LOW, Seneca in the Middle Ages, in: The Classical Weekly 34 (1940/41) 257f.; deutsch: Seneca im Mittelalter, in: G. MAURACH (Hg.), Seneca als Philosoph (Wege der Forschung 414), Darmstadt ²1987, 361–363. Alle über die Registrierung dieser Daten hinausgehenden Kombinationen bleiben mehr oder weniger unsichere Hypothesen, so die aus der Luft gegriffene Idee von B. HAURÉAU, Notices et extraits de quelques manuscrits latins de la Bibliothèque Nationale, Bd. 2, Paris 1891, 195f., der Fälscher dieser Schrift sei derselbe wie der des Briefwechsels zwischen Seneca und Paulus. Ausführlich untersuchte die handschriftlichen Traditionen und Rezensionen J. FOHLEN, Un apocryphe de Sénèque mal connu: le *De verborum copia*, in: Mediaeval Studies 42 (1980) 139–211 in ihrer Edition der am weitesten verbreiteten Rezension.

118 Dazu oben Anm. 44.

Brief X

119 Es geht um die im 2. Jahrhundert n.Chr. aufkommende, für die Zeit des Paulus und Seneca anachronistische Gewohnheit, im Briefkopf den Namen des Absenders hinter den des Adressaten zu setzen: oben Anm. 26.

120 Dieses *mea* entspricht *tua* in Brief I: darüber oben S. 20.

121 Zu dieser Bedeutung von *secta*, die auch in Brief V vorliegt, siehe oben Anm. 58.

122 Der Anonymus greift eine Aussage des Paulus auf: 1 Kor. 9,22; 10,33. Angesichts von nur zwei Stellen ist *saepe* eine Übertreibung.

123 Mit diesem Begriff spielt der Autor auf die epistolographische Regel an, in Stil und Ausdrucksweise Status und Rang (vgl. das folgende *honos*) des Adressaten *(personae qualitas)* zu respektieren, die er in Brief II ausdrücklich genannt hat: oben Anm. 30.

124 Von einem solchen Gesetz ist sonst nichts bekannt. Vielleicht denkt der Anonymus aber auch nur an eine nicht juristisch definierte, feste Gepflogenheit und heißt *lex* unscharf so viel wie *consuetudo* (zu dieser Bedeutung von *lex* im Sinne von *vitae condiciones, mores vel operae* siehe ThLL 7/2, 1246,29–1252,36).

125 Seneca ist noch vor seiner Verbannung Quästor geworden (cons. ad Helv. 19,2) und so in den Senat gelangt.

126 Hier wird klar, worin Paulus „einen schweren Fehler" sieht: Indem er seinen Namen nicht ordnungsgemäß an den Schluss des Briefes und damit an die letzte Stelle setzt, sondern an die zweite gleich hinter den Senecas, missachtet er, was Senecas Rang als Senator gebührt. Es handelt sich um einen Verstoß gegen die epistolographische Regel der Höflichkeit und gegen die christliche Demut (siehe oben Anm. 26). Wenn der Anonymus hierfür freilich auf Paulus' Maxime rekurriert, „allen alles zu werden" (1 Kor. 9,22; 10,33: oben Anm. 122), verflacht er paulinische Theologie auf ein ähnlich banales Niveau, wie das bei der Anspielung auf die paulinische *patientia* in Brief VI zu beobachten ist (darüber oben Anm. 70). Das missionarische und pastorale Verhalten des Paulus,

das der Vermittlung von Heil dient, wird umgebogen zu der Anstands-
regel, einem römischen Senator die gebührende Reverenz zu erweisen,
indem man den eigenen Namen in einem Brief an die richtige, das heißt
an die letzte Stelle setzt. – Im Ersten Korintherbrief hat Paulus übrigens
seinen Namen tatsächlich außer an den Anfang auch an den Schluss gesetzt: 1 Kor. 16,21; die Floskel ist aufgegriffen in Kol. 4,18 und 2 Thess.
3,17. Dabei geht es aber weder um Höflichkeit noch um Demut, sondern um die antike Gepflogenheit, durch ein handschriftliches Subskript
die Echtheit eines Briefes zu garantieren (siehe dazu auch Gal. 6,11 und
Philem. 19). Beispiele sind Hieronymus, epist. 75,5; 105,1.3; 153; in Gal.
comm. III 6,11; Augustinus, epist. 19*,4; 95,9; 128,4; 129,7; 131; 146;
238,29; 239,3; 241,2. Zur formalen Gestaltung der Briefe des Paulus im
Rahmen der antiken Briefliteratur siehe O. ROLLER, Das Formular der
paulinischen Briefe. Ein Beitrag zur Lehre vom antiken Briefe, Stuttgart
1933; J. L. WHITE, New Testament Epistolary Literature in the Frame-
work of Ancient Epistolography, in: Aufstieg und Niedergang der Römischen Welt II.25.2, Berlin/New York 1984, 1730–1756; H.-J.
KLAUCK, Die antike Briefliteratur und das Neue Testament. Ein Lehr-
und Arbeitsbuch, Paderborn u.a. 1998.

127 *Aporia*, dazu *sophia* in Brief XIV: Sparsam und an der passenden Stelle
griechische Wörter einzustreuen, die in besserem Briefstil auch griechisch geschrieben sind, gehört zu den Feinheiten der lateinischen Epistolographie, wie Julius Victor, rhet. p. 106 GIOMINI/CELENTANO sagt:
Graece aliquid addere litteris suave est, si id neque intempestive neque crebro facias.
Der Anonymus suggeriert ein gehobenes Bildungsniveau. – Die Aus-
drücke *apocrifa* in Brief I, *sophista* in Brief II, *allegorice* und *aenigmatice* in
Brief XIII sowie *ethnici* und *rhetoricus* in Brief XIV sind Lehnwörter aus
dem Griechischen, wie sie im Lateinischen gang und gäbe sind.

128 Der Sinn dieses Satzes in diesem insgesamt merkwürdigen Brief bleibt
rätselhaft.

129 Dazu oben Anm. 91.

130 *Devotus* gehört zu den in der Spätantike üblichen Epitheta, mit denen die
Anrede ausgeschmückt wird, das hier allerdings unpassend ist: ThLL
5/1, 884,21–29, wozu die Notiz ebd. 9f. gestellt werden sollte.

131 Während Paulus Seneca in das Christentum einführen will, lässt er ihn
den Lehrer sein, als der er als *censor* („Sittenlehrer") allgemein gilt und
auch hier gelobt wird (Brief II: oben Anm. 33). In Kombination mit
dem Rekurs auf 1 Kor. 9,22 und 10,33 (dazu oben Anm. 122 und 126)
in vorliegendem Billett eine raffiniert eingesetzte Demut zu sehen, um
Seneca für das Christentum zu gewinnen, hieße freilich, diesem Elaborat
zu viel Ehre anzutun.

132 Die Briefe X bis XIV sind datiert, dieser in das Jahr 58. Dafür muss
jedoch mit BARLOW 1938, 132. 145f. Anm. 1 und BOCCIOLINI PALAGI
1985, 62. 121 die überlieferte Zahl IIII in III korrigiert werden, denn
zum vierten Mal Konsul war Nero im Jahr 60 zusammen mit Cornelius
Lentulus, während er mit M. Valerius Messalla Corvinus im Jahr 58 zum
dritten Mal Konsul war.

Brief XI (XIV?)

133 Zum Problem der Reihung dieser Briefe siehe oben S. 22.

134 Dazu oben Anm. 44.

135 Dieser Briefanfang leitet auch Brief XII ein. Er ist ungeschickt, weil er eine Doppelung zum bereits vorhandenen Präskript bildet.

136 Zu den Eigenheiten des spätantiken Briefstils gehören Abstrakta, die als Anrede verwendet werden. Statt mit einem einfachen „ihr" tituliert Seneca die Christen hier mit „eure Unschuld", weiter unten gebraucht er das Abstraktum *humilitas humana* (dazu unten Anm. 148), und in Brief XIV redet Paulus Seneca als „Deine Klugheit" an (dazu unten Anm. 210). Nicht immer sind solche Anreden bloße Phrasen. Bisweilen ist der eigentliche Sinn der verwendeten Abstrakta durchaus noch vorhanden. An der vorliegenden Stelle überwiegt er sogar: Es soll tatsächlich gesagt werden, dass Unschuldige bestraft werden. Statt eines konkreten *de vobis innocentibus* formuliert der Anonymus jedoch in der spätantik üblichen Abstraktheit. Ähnlich sagt zum Beispiel Hieronymus, epist. 143,2 *fraternitas* statt *fratres* und spricht Augustinus, epist. 82,33 konkret von *carissimi nostri*, während er epist. 40,9; 82,1 abstrakt *fraterna caritas* und epist. 82,36 *fraterna dilectio* bevorzugt. – Diesen Sprachgebrauch untersuchte J. SVEN-NUNG, Anredeformen. Vergleichende Forschungen zur indirekten Anrede in der dritten Person und zum Nominativ für den Vokativ, Uppsala/Wiesbaden 1958. Einen Überblick bietet H. ZILLIACUS, Anredeformen, in: Reallexikon für Antike und Christentum. Supplementum Lieferung 3/4 (1985/86) 465–497.

137 Im Jahre 383 gab es Missernten und Hungersnot im Mittelmeerraum, im darauffolgenden Jahr Versorgungsschwierigkeiten in Rom. Der römische Senator Symmachus, rel. 3,15–17 sah die Ursache dafür darin, dass die christlichen Kaiser die alten römischen Kulte nicht mehr förderten. Diese Ereignisse und ihre Bewertung durch Symmachus liefern eine zeitgenössische Illustration für diesen Satz in Brief XI. – Der schlechte Ruf der Christen wird auch von anderen paganen Autoren bezeugt, so erstmals von Plinius, epist. X 96,4.8 und Sueton, Nero 16,2 (*genus hominum superstitionis novae ac maleficae*). Für Tacitus, ann. XV 44,2–5 ist das Christentum verderblicher Aberglaube, die Christen seien wegen ihrer Schandtaten verhasst und zeichneten sich ihrerseits durch „Hass auf das Menschengeschlecht" *(odium humani generis)* aus. Texte hierzu sind gesammelt in GUYOT/KLEIN 1994 und erörtert von A. HAMMAN, Chrétiens et Christianisme vus et jugés par Suetone, Tacite et Pline le jeune, in: Forma Futuri. Studi in onore di M. Pellegrino, Turin 1975, 91–109 und D. LÜHRMANN, Superstitio – die Beurteilung des frühen Christentums durch die Römer, in: Theologische Zeitschrift 42 (1986) 193–213.

138 *Uti foro* ist seit Terenz, Phorm. 79 ein römisches Sprichwort (p. 145f. OTTO), das nach Donats Erklärung im Terenzkommentar 1,2,29 *(intellexisti, quid te oporteat facere)* heißt, „die Umstände für sich zu nutzen wissen". Im Kontext dieser Stelle erhält es den medialen Sinn von „sich den Umständen bzw. dem Schicksal fügen".

139 Der Satz ist einer der wenigen in diesem Briefwechsel, in denen Senecas Philosophie anklingt. Gleichmut *(aequus animus)*, Schicksal (normalerweise *fortuna* oder *fatum*, hier *sors*, in Brief III *fors*: dazu oben Anm. 38) und

Glück *(felicitas)* sind zentrale Begriffe stoischer Ethik und in Senecas Schriften allenthalben präsent; von vielen Stellen (verzeichnet bei A. PITTET, Vocabulaire philosophique de Sénèque, Paris 1937, 65) sei nur epist. 76,23 genannt, wo *aequus animus* neben *sors* und *fatum* steht. Der christlichen Hoffnung am nächsten kommt Senecas Streben nach *felicitas aeterna* (vit. beat. 2,2), zumal der Begriff *felicitas* von christlichen Autoren zur Beschreibung der „Glückseligkeit" benutzt wird: Tertullian, adv. Hermog. 7,3; Minucius Felix, Oct. 38,4; Augustinus, civ. dei VII 1; XXII 30. Trotz solcher Berührungen, die der Anonymus wohl bewusst evoziert, ist der Unterschied in den Konzeptionen fundamental: SEVEN-STER 1961, 219–239; L. BOCCIOLINI PALAGI, Seneca e il sogno escato-logico, in: Studi Italiani di Filologia Classica NS 51 (1979) 155–168.

140 Diese Junktur ist Seneca, epist. 61,1 entnommen *(inponere veteribus malis finem)* und geht auf eine Wendung bei Vergil, Aen. IV 639 zurück: *finem-que imponere curis.* Zusammen mit dem in der vorigen Anmerkung Erklärten handelt es sich um den 'senecanischsten' Satz des ganzen Briefwechsels.

141 Dass die Gerechten zu allen Zeiten unter grausamen Tyrannen zu leiden haben, ist ein kynisch-stoischer Topos, der sich literarisch in der Gattung der *Exitus illustrium virorum* niedergeschlagen hat, aus deren Motivik manches in die christlichen Märtyrerakten eingegangen ist: A. RONCONI, Exitus illustrium virorum, in: Studi Italiani di Filologia classica NS 17 (1940) 3–32, erneut in: DERS., Da Omero a Dante. Scritti di varia filologia, Urbino 1981, 293–319; M. L. RICCI, Topica pagana e topica cristiana negli *Acta Martyrum,* in: Atti e Memorie dell'Accademia Toscana di Scienze e Lettere La Colombaria 28 (1963/64) 35–122.

142 Die hier genannten Herrscher werden alle von Seneca erwähnt: Alexander der Große benef. I 13; VII 2,5f.; ira III 17,1f.; 23,1; clem. 23,1; nat. quaest. III praef. 5; VI 23,2f.; epist. 59,12; 83,19; 94,62; 113,29; 119,7; die Perserkönige Cyrus (I.) und Darius (I.) benef. VII 3,1; ira III 21,1–4 bzw. 16,3; Dionysius (II.; als Tyrann gilt freilich eher der I.) von Syrakus cons. ad Marc. 17,5. Sehr häufig kommt Caligula vor: benef. II 21,5; IV 31,2; ira I 20,8f.; II 33,3–6; III 18,3; 19,1; 21,5; const. sap. 18,1f.; tranqu. an. 11,10; 14,4–6.9; brev. vit. 18,5; cons. ad Polyb. 13,4. Caligula kriti-sierte Senecas Stil bekanntlich als „Sand ohne Kalk" (Sueton, Calig. 53,2: *harena sine calce*) und habe ihn aus Neid auf seine Erfolge als Redner umbringen lassen wollen (Cassius Dio LIX 19,7f.); entsprechend pole-misch erwähnte Seneca ihn später in seinen Schriften. Auch Alexander der Große wurde von Seneca scharf verurteilt. Dem Anonymus war dies möglicherweise bekannt. Da er die genannten Herrscher aber in alpha-betischer Reihenfolge aufzählt (Alexander, Cyrus, Darius, Dionysius, Gaius Caesar), schöpfte er vielleicht nicht direkt aus Senecas Schriften, sondern aus einem Verzeichnis von Tyrannen oder einer ähnlichen Schrift (so BOCCIOLINI PALAGI 1985, 125). Auf jeden Fall aber kommt er auch mit diesem Satz Seneca näher als in den anderen Briefen. – Posi-tive wie negative Bewertungen Alexanders durch die Kirchenväter be-spricht R. KLEIN, Zur Beurteilung Alexanders des Großen in der patri-stischen Literatur, in: W. WILL/J. HEINRICHS (Hg.), Zu Alexander d.Gr. Festschrift G. Wirth, Amsterdam 1988, Bd. 2, 925–989: Während die griechischen Kirchenväter des 4. und 5. Jahrhunderts Persönlichkeit und

Herrschaft Alexanders positiv würdigten, galt er im Westen aus apologetischen Gründen wie in der vorkonstantinischen Zeit als Verbrecher und Tyrann. In diese Szene passt das Alexanderbild von Brief XI, das auch in den Rhetorenschulen verbreitet war und sich mit dem Alexanderbild Senecas deckt. Erst im späteren 4. Jahrhundert entstand auch im christlich-lateinischen Westen ein freundliches Alexanderbild, das seinen Niederschlag etwa in der aus fünf Briefen bestehenden Korrespondenz zwischen Alexander und dem Brahmanenkönig Dindimus gefunden hat, in der es um eine Absage an asketische Weltflucht geht und die Alkuin Ende des 8. Jahrhunderts zusammen mit dem Briefwechsel zwischen Seneca und Paulus ediert und Karl dem Großen gewidmet hat (siehe oben S. 21 und Testimonium V); Edition: T. PRITCHARD, The Collatio Alexandri et Dindimi. A Revised Text, in: Classica et Mediaevalia 46 (1995) 255–283; Lesetext mit Übersetzung: M. STEINMANN, Die *Collatio Alexandri et Dindimi*. Übersetzung und Kommentar (Göttinger Forum für Altertumswissenschaft. Beihefte 3), Göttingen 2000. Umfangreiche Literatur zu diesem Aspekt der Alexanderüberlieferung ist zu finden bei M. STEINMANN, Die *Collatio Alexandri et Dindimi* – eine annotierte Arbeitsbibliographie, in: Göttinger Forum für Altertumswissenschaft 4 (2001) 51–84 (zu finden unter: www.gfa.d-r.de/4-01/steinmann.pdf).

143 Das in Anm. 140 und 142 Festgestellte gilt auch für das Schlusskolon, ein römisches Sprichwort (p. 193 OTTO), das Seneca, Troad. 336 aufgreift: *minimum decet libere cui multum licet.*

144 Hier erst erfährt der Leser den angeblichen Anlass des Briefes: Es ist der Brand Roms 64 n.Chr.

145 Dass es in Rom öfter gebrannt hat (so 27 n.Chr. auf dem Caelius und 36 n.Chr. auf dem Aventin: Tacitus, ann. IV 64,1; VI 45,1), deuten auch Seneca, epist. 91,13; Plinius, nat. hist. XVII 5; Martial III 52,2; Tacitus, ann. XV 38,1 an.

146 Es kann nicht gemeint sein, dass Nero für alle Brände in Rom verantwortlich gemacht wird. Das ließe sich nur als polemische Übertreibung auffassen. Dieser Eindruck entsteht daraus, dass der Anonymus die Tradition, in Rom habe es oft *(saepe)* gebrannt, ungeschickt mit der Angabe darüber verbindet, wer als Anstifter *(unde)* des Brandes im Jahr 64 gilt.

147 Das Gerücht, Nero sei der Anstifter des Brandes, geht wahrscheinlich schon in das Jahr 64, eventuell sogar in die Tage des Brandes selbst zurück. Jedenfalls ist es früh und breit bezeugt: Pseudo-Seneca, Oct. 831; Plinius, nat. hist. XVII 5; Statius, silv. II 7,60f.; Tacitus, ann. XV 44,2; Sueton, Nero 38,1; Cassius Dio LXII 16,1f.

148 An Stelle eines konkreten *homo humilis* steht das abstrakte *humilitas humana* – ein bereits klassischer, in der Spätantike üblicher Sprachgebrauch: oben Anm. 136. *Humanitas* statt *homines* ist schon klassisch (ThLL 6/3, 3076,60–3077,7), und Cicero, Sex. Rosc. 136 verwendet als Gegensatz zu *dignitas* ein abstraktes *humilitas*, das dem hier vorliegenden Sinn entspricht. Da im christlichen Latein *humilitas humana* nahezu *terminus technicus* für die Niedrigkeit des Menschen vor Gott ist, etwa bei Augustinus, in Io. ev. 80,2, gebraucht der Anonymus eine typisch christliche Junktur in der ihr zugrundeliegenden paganen Bedeutung.

149 Dass der Autor sich nicht an die *consecutio temporum* hält, ist schon oben Anm. 79 zu Brief VII beobachtet worden.

150 Die metaphorische Bedeutung von *tenebrae* schon bei Cicero, Sex. Rosc. 91; p. red. in sen. 5.

151 Dieses Polyptoton hat eine Parallele bei Seneca, tranqu. an. 17,2: *omnia omnibus patent.*

152 Die Interjektion *pro!* hat eine Parallele bei Curtius Rufus IV 16,10.

153 Während in anderen Briefen (V, VIII und XIV) Juden und Christen in Konkurrenz zueinander stehen (siehe oben Anm. 57, 59 und 106), teilen sie hier dasselbe Schicksal. Die Behauptung, neben Christen seien auch Juden für den Brand des Jahres 64 verantwortlich gemacht worden, wird durch andere Nachrichten freilich nicht gestützt. Doch schob man Juden den Brand des Jahres 67 n.Chr. in Antiochien in die Schuhe (Josephus Flavius, bell. Iud. VII 3,4). Hat der Anonymus verschiedene Dinge miteinander vermischt? Er war nicht der Mann, in solchen Fragen klarer zu sehen.

154 *Adfecti fieri* statt *adfici* ist am besten als passives Analogon zu *remotum facere = removere* in Brief V aufzufassen (siehe oben Anm. 56). Die Lesart *quod fieri solet* und die Konjektur *ut fieri solet* erübrigen sich damit.

155 Die Vokabel *machinator* ist trefflich gewählt, weil sie negativ konnotiert ist: Laktanz, mort. pers. 7,1 nennt Diokletian *malorum machinator*, Petrus Chrysologus, serm. 150,9 den Teufel *callidus machinator.*

156 Die Grausamkeit des Tyrannen ist ein in der paganen wie christlichen Literatur verbreiteter Topos. Der Begriff *grassator* deutet aber in eine bestimmte Richtung, die durch das Folgende deutlicher wird (siehe unten Anm. 160).

157 *Carnificina* dient auch bei Cyprian, Demetr. 13 und Laktanz, div. inst. V 12,1 zur Charakterisierung des Tyrannen.

158 Die Lüge gehört in 2 Thess. 2,9.11 zu den Erkennungszeichen des Antichrist.

159 Der Begriff *velamentum* stammt aus Tacitus, ann. XIII 47,1.

160 Mit dieser Bemerkung, die auf 2 Thess. 2,6 zurückgeht (Vulg.: *reveletur in suo tempore*; ebenso in der *Vetus Latina* p. 3, 859 SABATIER), wird Nero zum Antichrist stilisiert, was in den Begriffen *grassator* (oben Anm. 156) und *mendacium* (Anm. 158) schon anklingt. Die Vorstellung eines *Nero redivivus*, und zwar als Antichrist, die auch in den *Sibyllinischen Orakeln* V 28–34.214–227.362–370; VIII 70f.153–159.176f. vorliegt, ist in christlichen Kreisen des 4. und 5. Jahrhunderts weit verbreitet: Laktanz, mort. pers. 2; Sulpicius Severus, chron. II 28f.; dial. II,14; Victorinus von Pettau, in Apoc. comm. 12,3b; 13,3; Hieronymus, in Dan. comm. [IV] 11,28b–30a; Commodian, instr. I 41,7.11; carm. apol. 823–830.933–936; Johannes Chrysostomus, in Rom. hom. 31,5; in 2 Thess. hom. 4,1; Literatur: A. HILGENFELD, Nero der Antichrist, in: Zeitschrift für wissenschaftliche Theologie 12 (1869) 421–445; J. ROUGÉ, Néron à la fin du IVe et au début du Ve siècle, in: Latomus 37 (1978) 73–87; W. JAKOB-SONNABEND, Untersuchungen zum Nero-Bild der Spätantike (Altertumswissenschaftliche Texte und Studien 18), Hildesheim/Zürich/New York 1990, 133–152. 190f. Die Züge, mit denen der Anonymus diese Legende ausstattet, sind versammelt in Augustins Kritik in civ. dei XX 19. Augustinus wendet sich gegen die Ansicht, Paulus habe im Zweiten Thessalonicherbrief „an Nero gedacht, dessen Taten schon damals wie die des Antichrist aussahen. Deshalb vermuten manche, er werde aufer-

stehen und der Antichrist sein. Andere hingegen meinen ..., er werde lebend verborgen gehalten ..., bis er zu seiner Zeit erscheinen (nach 2 Thess. 2,6) und wieder in seine Herrschaft eingesetzt wird." Nero erscheint im vorliegenden Brief also als Christenverfolger, Tyrann und Antichrist – das typische christliche Nerobild der Spätantike.

161 Die Zeile stammt aus Vergil, Aen. V 815: *unum pro multis dabitur caput.* Wegen des folgenden *pro omnibus* (dazu die folgende Anmerkung) liegt jedoch auch ein Anklang an 2 Kor. 5,14 Vulg. vor: *unus pro omnibus mortuus est* (ebenso in der *Vetus Latina* p. 3, 739 SABATIER). Diese eigenartige Kreuzung von paganer Tradition mit biblischem Gedankengut steht auch im *Cento Vergilianus* der Proba 598, wo der Vergilvers im selben Sinn 'christianisiert' wird.

162 Mittels des Anklangs an 2 Kor. 5,14 wird Nero als Antichrist zu Christus in Opposition gesetzt.

163 Der Tod des Tyrannen als Sühne für seine Verbrechen ist ein in paganer, jüdischer und christlicher Literatur verbreitetes Motiv. Einen Eindruck von der abscheulichen Unappetitlichkeit, mit der es auch von Christen ausgemalt zu werden pflegt, mag man sich durch eine Lektüre von Laktanz' *De mortibus persecutorum* verschaffen. Das *ius talionis*, das hier ungebrochen herrscht, kommt in Brief XI darin zum Ausdruck, dass Nero als Vergeltung dafür, dass er Christen verbrennen ließ (Tacitus, ann. XV 44,4f.), seinerseits im Feuer (sc. der Hölle) brennen werde.

164 So detaillierte Zahlen sind andernorts nicht überliefert (die Zahl 4000 ist handschriftlich besser bezeugt als die ebenfalls überlieferte Zahl vier: BÜCHELER 1872). Die Angaben bei Tacitus, ann. XV 40,2; 41,1; Sueton, Nero 38,2; Cassius Dio LXII 18,2 sind allgemeiner gehalten. Vermutlich hat der Anonymus die Zahlen erfunden. Wie der Mantel, den Paulus angeblich in Troas bei Karpus vergessen hat (2 Tim. 4,13), gehören solche Notizen zu den Techniken der Pseudepigraphie: Durch präzise, historisch klingende Details soll der Eindruck der Echtheit verstärkt werden. Die Informationen in diesem Brief können nicht als historische Nachrichten verwertet werden, wie das BARLOW 1938, 147 Anm. 1; J. BEAUJEU, L'incendie de Rome en 64 et les Chrétiens (Collection Latomus 49), Brüssel 1960, 10. 18f.; JAKOB-SONNABEND 1990 (wie oben Anm. 160), 105–107. 190 tun; J. ROUGÉ, L'incendie de Rome en 64 et l'incendie de Nicomédie en 303, in: Mélanges d'Histoire Ancienne offerts à W. Seston, Paris 1974, 433–441 hält Brief XI zu Recht für einen „roman historique" (ebd. 440). Über den methodisch sauberen Umgang mit solchen Notizen unterrichtet N. BROX, Zu den persönlichen Notizen der Pastoralbriefe, in: Biblische Zeitschrift NF 13 (1969) 76–94, erneut in: DERS. (Hg.), Pseudepigraphie in der heidnischen und jüdisch-christlichen Antike (Wege der Forschung 484), Darmstadt 1977, 272–294.

165 Die Zeitangabe wird von Tacitus, ann. XV 40,1 und Sueton, Nero 38,2 bestätigt.

166 Zu dieser Anrede siehe oben Anm. 24.

167 Dazu oben Anm. 25.

168 Während die Jahresangabe 64 n.Chr. durch die Nennung der Konsuln M. Licinius Crassus Frugi und C. Laecanius Bassus von Tacitus, ann. XV 33,1 bestätigt wird, kann der Anonymus den 19. Juli, den Tacitus, ann. XV 41,2 als Tag, an dem der Brand ausbrach, nennt, allerdings be-

reits seinerseits als von manchen konstruiertes Datum relativiert, nicht brauchen, weil er unter Ignorierung der unterschiedlichen Jahresangaben wohl auf das im 4. Jahrhundert schon traditionelle Datum von Paulus' Tod am 29. Juni (allerdings 67 n.Chr.) Rücksicht nehmen wollte und entsprechend früher datieren musste. Wie er auf den 28. März als Tag, an dem der Brand schon vorbei war, kam, bleibt unklar.

Brief XII (XI)

169 Dieser Brief ist offensichtlich die Antwort auf Brief X. Zum Problem der Reihung siehe oben S. 22.

170 Dazu oben Anm. 44.

171 Zur Ungeschicktheit dieses mit dem von Brief XI identischen Anfangs siehe oben Anm. 135.

172 In Brief II hat Paulus Seneca seinerseits als *vir tantus* gelobt, durch die Voranstellung des Adjektivs sogar mit besonderem Nachdruck. Höflich Lob auszutauschen gehört zum gepflegten Briefstil: oben Anm. 35.

173 Diese Wendung erinnert an 1 Thess. 1,4 und, entfernter, 2 Thess. 2,13.

174 In Brief X bekundet Paulus Schwierigkeiten mit der epistolographischen Sitte, im Präskript seinen Namen unmittelbar hinter den Senecas zu setzen (darüber oben Anm. 126). Der ausdrückliche Hinweis auf den Namen *(nomen)* knüpft daran an.

175 *De* ist im späten Latein eine sehr verbreitete Präposition (siehe auch oben Anm. 51). *Agi* mit Adverb wird normalerweise mit Dativ oder *cum* und Ablativ konstruiert. Die hier vorliegende Konstruktion mit *de* und Ablativ begegnet freilich schon bei Seneca, epist. 97,16: *male de nobis actum erat.*

176 Diese pleonastische Metapher ist möglicherweise angeregt von biblischen Stellen wie Jes. 2,2 oder Mich. 4,1: *in vertice montium* (Vulg.; *Vetus Latina* p. 2, 520 SABATIER: *super summitatem montium*; ebd. 947: *super verticem montium*).

177 Dieses Motiv ist das am weitesten verbreitete der antiken Freundschaftslehre. Es gibt zwei Varianten: Freunde seien ein Herz und eine Seele oder, wie hier, ein Freund sei ein zweites Ich. Wie so vieles, wenn es um Freundschaft geht, wird es, ohne das belegen zu können, auf Pythagoras zurückgeführt: Cicero, off. I 56; Porphyrius, vit. Pyth. 33, lateinisch überliefert bei Hieronymus, apol. c. Rufin. III 39; Jamblich, in Nic. arithm. intr. p. 35 PISTELLI; Stobaeus II 33,13 (p. 2, 257 WACHSMUTH). Zum ersten Mal bezeugt beide Versionen Aristoteles, eth. Nic. IX 4, 1166 a 31f.; IX 8, 1168 b 7. Aus den zahllosen späteren Belegen seien genannt Cicero, Lael. 80; fam. VII 5,1; Att. III 15,4 (von Cicero und Atticus); Horaz, carm. I 3,8 (von Horaz und Vergil). Biblisch liegt das Motiv Apg. 4,32 zugrunde. Von den christlichen Theologen benutzen es beispielsweise Minucius Felix, Oct. 1,3; Hieronymus, epist. 3,3; 105,2; in Mich. comm. II 7,5–7; Augustinus, conf. IV 11 (über seinen früh verstorbenen Jugendfreund); epist. 38,1; 110,4. Weitere Belege sind verzeichnet p. 25f. OTTO s.v. animus (1), ferner bei G. BOHNENBLUST, Beiträge zum Topos περὶ φιλίας, Berlin 1905, 39–41; F. LOSSMANN, Cicero und Caesar im Jahre 54. Studien zur Theorie und Praxis der römischen Freundschaft (Hermes Einzelschriften 17), Wiesbaden 1962, 33–

51. Die im vorliegenden Zusammenhang interessanteste Stelle ist Ausonius, praef. 1,2 GREEN: In der Widmung schreibt er Syagrius' Namen unmittelbar hinter seinen: *Ausonius Syagrio*. Diese optisch und akustisch hergestellte Nähe, die formal einem Briefpräskript alter Form entspricht, wertet er dann mit Hilfe des *alter-ego*-Motivs als Zeichen ihrer Freundschaft. Genau dasselbe tut der Anonymus in Brief XII. Um die Freundschaft zwischen Seneca und Paulus zu illustrieren, benutzt er einen Gedanken, der im 4. Jahrhundert auch andernorts begegnet, wenn es um Freundschaft geht. Indem er ihn in zwei Briefen (X und XII) ausbaut, mit den titularen Gepflogenheiten im spätantiken Briefstil verknüpft und Paulus damit recht sonderbare Schwierigkeiten haben lässt, wird freilich auch dieser Gedanke banalisiert.

178 Das heißt im Präskript. Die Bedeutung der singulären Junktur ergibt sich aus dem Zusammenhang der Briefe X und XII. Am nächsten steht Tertullian, an. 13,2, wo *facies operis* „Titelseite" heißt. Geläufiger ist allerdings *frons*, so bei Augustinus, c. Secund. 3 *(frons epistulae)* und Julian von Aeclanum, in Os. comm. 1,1 *(frons operis)*. Der Anonymus gebraucht *facies* im Sinn von *frons*, „Beginn", „Anfang".

179 Nach dem Bericht der Apostelgeschichte hat Paulus sich gegenüber den römischen Behörden mehrmals darauf berufen, dass er das römische Bürgerrecht von Geburt an (dazu Cicero, fam. X 32,3) besitzt: Apg. 16,37f.; 22,25–29; 25,11. In Brief XII ist der Hinweis wohl so gemeint, dass Paulus als römischer Bürger einem Senator durchaus ebenbürtig sei – ein missglückter Einfall, weil er nicht stimmt.

180 Wie das *alter-ego*-Motiv (siehe oben Anm. 177) hat auch das Spiel mit *meus* und *tuus* eine Parallele bei Ausonius, praef. 1,2 GREEN. Da Syagrius Ausonius' zweites Ich sei und als solcher in der *praefatio* auftauche, mache es keinen Unterschied, ob das Buch „deines sei oder meines" *(sit tuus anne meus)*. In Brief XII ist dieses Sprachspiel gedoppelt – wodurch es literarisch an Niveau verliert – und auf die Position *(locus)* der Namen von Absender und Adressat im Briefpräskript bezogen. Im Briefwechsel ist diese so geregelt, dass Seneca sich an die traditionelle Form hält, also erst seinen Namen, dann den des Adressaten Paulus nennt, während Paulus der seit dem 2. Jahrhundert üblichen umgekehrten Mode folgt (siehe oben Anm. 126). In Brief X beschreibt Paulus seine Probleme mit dieser Form des Präskripts. Er meint, in einem Schreiben an einen Senator dürfe er seinen Namen nicht schon an die zweite, sondern erst an die letzte Stelle, das heißt an den Schluss des Briefes, setzen (dazu oben Anm. 126). Demgegenüber versucht Seneca in Brief XII nicht nur, Paulus' Bedenken gegen die moderne Form zu zerstreuen, sondern ermuntert ihn darüber hinaus zur traditionellen: Er solle seinen Namen an die erste, den Senecas an die zweite Stelle setzen. Das ist der im Zusammenhang von Brief X und XII unmittelbare, in der Forschung meist verkannte Sinn dieses verspielten Satzes (die korrekte Erklärung bei ABBOTT 1978, 120f.). Da das Wort *locus* indes nicht nur die „Stelle" des Namens im Präskript, sondern auch die „Stellung" der Personen in der Welt anvisieren könnte, ist der Satz vielleicht auch in dem Sinn aufzufassen, in dem Hieronymus, vir. ill. 12 ihn gelesen hat. Er lässt Seneca sagen, „er würde gerne bei den Seinen den Platz einnehmen, den Paulus bei den Christen innehabe". Ohne gänzlich ausgeschlossen zu sein,

führt diese Deutung jedoch vom engeren Sinn des Satzes weg. Irreführend ist es, wie BARLOW 1938, 135 und BOCCIOLINI PALAGI 1985, 137 zur Erklärung dieses verschrobenen Satzes auf Gal. 4,12 zu verweisen.

181 *Meus Paulus* als Pendant zu *Seneca tuus*: Der Tonfall ist noch eine Nuance intimer als in den Briefen zuvor. Die Banalität des Inhalts wächst proportional zur Intensität der vorgestellten freundschaftlichen Beziehung.

182 Dazu oben Anm. 44.

183 Im Jahr 59 n.Chr., also ein Jahr bzw. etwa neun Monate nach Brief X. Die Konsuln sind C. Vipstanus Apronianus und C. Fonteius Capito.

Brief XIII

184 Zu diesen Lehnwörtern aus dem Griechischen siehe oben Anm. 127.

185 Zu diesem Wort siehe oben Anm. 19.

186 Schon der erste Kommentator der paulinischen Briefe, Origenes, beklagt im Blick auf den Römerbrief den konfusen und wenig klaren Stil des Apostels: in Rom. comm. praef. in der Übersetzung Rufins: *elocutionibus interdum confusis et minus explicitis utitur*. Hieronymus, epist. 120,11 folgt dieser Beurteilung (siehe oben Anm. 81).

187 *Rerum vis*, die „inhaltliche Wucht", gehört nach der klassischen rhetorischen Theorie, wie sie etwa bei Quintilian, inst. II 5,23 zu lesen ist, zu den Voraussetzungen, zu denen man Talent *(ingenium)* mitbringen muss, während ein gepflegter Stil *(cultus sermonis)* in die Domäne der *ars* gehört und somit erlernt werden kann und geübt werden muss. Der Anonymus christianisiert diese Tradition, indem er, sprachlich unbeholfen, *vis* als *tributa*, „geschenkt", und *res* als *munus*, „Gabe" („eingegeben"), qualifiziert; was klassisch als angeboren gilt, wertet er als Gabe Gottes. Die Stelle gehört zum Thema der Inspiriertheit des Paulus, das in Brief I anklingt und in Brief VII explizit angesprochen wird.

188 Auch die Junktur *ornamentum verborum* ist der rhetorischen Fachsprache entlehnt: Cicero, de orat. II 122; Brut. 261: *ornamenta dicendi*; Quintilian, inst. I 8,10: *ornamentum eloquentiae*; Victorinus, rhet. II 14 (p. 270 HALM): *ornamenta ..., quae aut verborum sunt aut sententiarum*; II 15 (p. 271 H.): *ornamenta elocutionis*.

189 Der Anonymus führt das Thema des *cultus sermonis*, des Stils der paulinischen Briefe weiter, das er in Brief VII begonnen und in Brief IX fortgesetzt hat.

190 In seinen Schriften, besonders in den *Epistulae morales*, sagt Seneca oft, der Inhalt sei wichtiger als der Stil: epist. 52,9–15; 75,1–7; 100; 114; 115,1: *quaere quid scribas, non quemadmodum*. Der Hinweis setzt voraus, dass Paulus Senecas Werke liest, und dieser Eindruck soll gewiss erweckt werden.

191 Nämlich um stilistische Qualität.

192 *Sensus corrumpere* erinnert an die Wendung *sententias corrumpere* bei Seneca, contr. IX 5,17. Der Anonymus verschmilzt Seneca den Rhetor mit Seneca dem Philosophen zu einer Person: oben Anm. 33. Die Identifizierung spiegelt sich hier darin, dass der zum Inhalt (Philosophie) passende Stil (Rhetorik) gefordert wird.

193 Während die *virtutes* der Rede zu den gängigen *termini technici* der Rhetorik gehören (zum Beispiel Cicero, Brut. 65; Quintilian, inst. II 15,34),

begegnet *evirare* in übertragenem Sinn erst im späten Latein: Scholia in Pers. sat. 1,95; Claudianus Mamertus, epist. 2.

194 *Latinitas* ist nach der Definition der Rhetorik an Herennius IV 17 korrektes, fehlerfreies Latein: *Latinitas est quae sermonem purum conservat ab omni vitio remotum* (ferner Sulpicius Victor, inst. 15 [p. 320f. HALM]). Paulus aufzufordern, korrektes Latein zu schreiben, ist unter allen Missgriffen des Anonymus der ärgste. Sollte der Briefwechsel ursprünglich in Griechisch verfasst worden sein – eine allerdings falsche Hypothese (siehe oben S. 10 mit Anm. 26) –, hätte der Übersetzer den griechischen *terminus technicus* Ἑλληνισμός gedankenlos mit *Latinitas* wiedergegeben. Doch wird die Ursache für den Fehler in anderen Richtungen zu suchen sein. Zum einen weiß der Anonymus offenbar nicht, dass Paulus seine Briefe griechisch geschrieben hat. Er las sie wohl in einer alten lateinischen Übersetzung (siehe dazu unten Anm. 229). So gesehen ist dieser Briefwechsel ein Zeugnis für den im 4. und 5. Jahrhundert rapide fortschreitenden Verfall der Beherrschung des Griechischen im lateinischen Westen. Zum anderen weisen die rhetorischen Fachausdrücke, deren der Anonymus sich bedient, darauf, dass er sein Wissen über Sprache und Stil aus lateinischen Rhetorikhandbüchern bezieht. Auch den Begriff *Latinitas* entnimmt er ihnen, obwohl er im vorliegenden Fall nicht passt. Mehrfach anachronistisch empfiehlt der Anonymus Paulus das Stilideal, das er in seiner lateinischen Rhetorikschule des 4. Jahrhunderts gelernt hat.

195 Die Junktur *morem gerere* verwendet Seneca, contr. exc. IV praef. 9 einmal im selben Zusammenhang sprachlicher Korrektheit.

196 Der Begriff *honestum*, „sittlich gut", „edel", deutet darauf, dass der Anonymus in Paulus' Schriften vor allem das Ethische im Blick hat. Siehe auch oben Anm. 6, 18 und 33.

197 *Speciem adhibere*: Noch einmal benutzt der Autor einen rhetorischen Fachausdruck: Cicero, de orat. II 294. Diese Forderung entspricht der Tendenz in der Blütezeit der patristischen Literatur, die Inhalte der Bibel in einer sprachlich hochwertigen Form darzustellen. Für die Zeit des Paulus ist das erneut ein Anachronismus.

198 *Muneris concessio* greift die Begriffe *munus* und *tributus* auf, die zu Beginn des Briefes zum Ausdruck bringen, dass Paulus seine Gedanken von Gott geschenkt erhält: siehe oben Anm. 187.

199 Der Brief ist, wie auch der folgende, nach den *consules suffecti* des Jahres 58 n.Chr. datiert, A. Petronius Lurco und A. Paconius Sabinus. Wollte der Anonymus verschiedene Weisen der Datierung üben?

Brief XIV (XII?)

200 Zum Problem der Reihenfolge siehe oben S. 22.

201 Entgegen den meisten Handschriften, denen BARLOW folgt, wird man mit BOCCIOLINI PALAGI auch im letzten Brief die in der Spätantike übliche Form des Präskripts für die richtige halten, die in allen anderen Paulusbriefen dieser Korrespondenz vorliegt: oben Anm. 26. Andernfalls würde Paulus der Ermunterung Senecas in Brief XII, die traditionelle Form zu benutzen (dazu oben Anm. 180), sozusagen Folge leisten.

Es kann nicht ausgeschlossen werden, dass der Anonymus dies andeuten will.

202 Der Anfang *perpendenti tibi* erinnert formal an die Art, in der Cicero des öfteren theoretische Erörterungen einleitet, etwa de orat. I 1: *cogitanti mihi* (ferner Lael. 26; divin. II 1). Einige Stellen, die den enormen Erfolg dieser Formel Ciceros zeigen, notiert P. D'HÉROUVILLE, Une formule cicéronienne qui a faît fortune, in: Revue de Philosophie 3. Reihe 1 (1927) 81–83; siehe auch die Hinweise bei M. Tullius Cicero, Laelius. Einleitung und Kommentar von K. A. NEUHAUSEN, Lfg. 1, Heidelberg 1981, 73f.

203 Seneca, so will es der Anonymus, empfängt bei seinen philosophischen Überlegungen göttliche Offenbarungen. Das gehört zu den Aussagen in diesem Briefwechsel, mit denen Seneca sehr nahe an das Christentum heran gerückt wird: oben S. 19–21. – Roger Bacon, op. m. VII/III 21 (The 'Opus Majus' of Roger Bacon, edited, with introduction and analytical table by J. H. BRIDGES, 2 Bde., Oxford 1897, Bd. 2, 363) rekurrierte auf diesen Satz in Brief XIV: *Seneca sapientissimus, cui sunt revelata quod paucis divinitas concessit, ut ait apostolus.*

204 Dass es Wahrheiten gebe, die für wenige reserviert seien, gehört zu den (nicht zahlreichen) gnostisierenden Aspekten dieser Briefe, die auch in Brief I durchscheinen: oben Anm. 1, ferner unten Anm. 206 und 208. Obwohl ähnliche Aussagen in der alexandrinischen Theologie bei Clemens von Alexandrien und Origenes und in der kappadokischen besonders von Basilius gemacht werden, hat das Christentum gegen Gnosis und Philosophie doch immer behauptet, es bringe eine Wahrheit und ein Heil, die allen zugänglich seien: Origenes, c. Cels. III 54. Über die altkirchliche Geschichte der damit gegebenen Spannungen zwischen gebildeter, anspruchsvoller Theologie und „bloßem Glauben" orientiert N. BROX, Der einfache Glaube und die Theologie. Zur altkirchlichen Geschichte eines Dauerproblems, in: Kairos 14 (1972) 161–187; jetzt in: DERS., Das Frühchristentum. Schriften zur Historischen Theologie, hg. v. F. DÜNZL/A. FÜRST/F. R. PROSTMEIER, Freiburg/Basel/Wien 2000, 305–336.

205 Zu dieser Übersetzung von *fortissimum* siehe unten Anm. 207.

206 Der Text lässt an das biblische Gleichnis vom Sämann denken: Mk. 4,3–9; Mt. 13,3–9; Lk. 8,5–8. Auch bei Seneca findet sich ein Text, der mit ähnlichen Bildern arbeitet: „Göttliche Samen sind ausgestreut in den Körpern der Menschen. Nimmt ein guter Pfleger sie auf, keimt dem Ursprung Ähnliches, und was wächst, gleicht dem, aus dem es hervorgegangen ist. Ein schlechter aber lässt sie absterben wie unfruchtbarer und sumpfiger Boden und dann statt der Früchte Unkraut wachsen" (epist. 73,16). Zu gnostischem Denken ließe sich ein Bezug herstellen, indem man auf den Schluss von Ptolemäus' Brief an Flora verweist: Was Ptolemäus schreibt, könne für Flora „sehr nützlich sein, wenn sie die fruchtbaren Samen aufnimmt wie schöner, guter Boden und so Frucht bringt" (Epiphanius, pan. XXX 7,10). Dieses Bild ist populäres Allgemeingut, so dass sich viele Bezüge herstellen lassen, eine genauere geistesgeschichtliche Verortung des Anonymus auf diesem Wege aber nicht gelingt.

207 Schon in den neutestamentlichen Evangelien wird der Same allegorisierend auf das Wort Gottes gedeutet: Mk. 4,13–20; Mt. 13,18–23; Lk. 8,11–15. Den Formulierungen in Brief XIV am nächsten steht indes 1 Petr. 1,23: *renati non ex semine corruptibili sed incorruptibili per verbum Dei vivum et permanens* (Vulg.). Dort sind zwar Same und Wort nicht miteinander identifiziert und ist der Same der Zeugung, nicht der Aussaat gemeint, doch steckt hinter *fortissimum* der biblische Terminus *incorruptibile*, weshalb man am besten „unvergänglich" übersetzt, und ist *corruptibile* mit *materia quae corrumpi videtur* umschrieben. Weiteres unten in Anm. 209.

208 *Derivamentum* ist Hapaxlegomenon (ThLL 5, 634,62f.). Die übliche Form lautet *derivatio*. Solange frühchristliche Theologen in der Trinitätslehre subordinatianisch dachten, also den Sohn dem Vater unterordneten, gebrauchten sie zur Bezeichnung ihres Verhältnisses zueinander unter anderem das Wort *derivatio*, so Tertullian, adv. Prax. 9,2: *pater ... tota substantia est, filius vero derivatio totius et portio*. Athenagoras, leg. 10,3 bezeichnet den in den Propheten wirksamen Heiligen Geist mit dem griechischen Äquivalent als ἀπόρροια Gottes: τὸ ἐνεργοῦν τοῖς ἐκφωνοῦσι προφητικῶς ἅγιον πνεῦμα ἀπόρροιαν εἶναί φαμεν τοῦ θεοῦ, ἀπορρέον καὶ ἐπαναφερόμενον ὡς ἀκτῖνα ἡλίου; hier dient der Begriff nicht zur Beschreibung innertrinitarischer Relationen, sondern als Bild, um die Kontaktaufnahme zwischen Gott und einem prophetisch Redenden zu veranschaulichen (vgl. F. DÜNZL, Pneuma. Funktionen des theologischen Begriffs in frühchristlicher Literatur [Jahrbuch für Antike und Christentum. Erg.-Bd. 30], Münster 2000, 16. 41. 164f.). Im Laufe der dogmengeschichtlichen Entwicklung des 4. Jahrhunderts wurde die Emanationsvorstellung aus der trinitätstheologischen Debatte ausgeschieden: Hilarius, trin. II 22; V 37; VI 35; VII 28. Im lateinischen Westen verlief dieser Prozess allerdings langsamer, woraus sich der Sprachgebrauch des Anonymus vielleicht erklärt. Ob Brief XIV allerdings überhaupt im Kontext der trinitarischen Debatten des 4. Jahrhunderts zu lesen ist, erscheint fraglich, weil jeglicher weiterer Hinweis darauf fehlt. Nach M. DÖRRIE, Emanation. Ein unphilosophisches Wort im spätantiken Denken, in: K. FLASCH (Hg.), Parusia. Studien zur Philosophie Platons und zur Problemgeschichte des Platonismus. Festschrift J. Hirschberger, Frankfurt a.M. 1965, 119–141, erneut in: DERS., Platonica Minora (Studia et Testimonia Antiqua 8), München 1976, 70–88 waren Emanationsvorstellungen in der Antike weit verbreitet. Man bediente sich ihrer als Erklärungsmodell für Sinneswahrnehmungen, für magische Beziehungen und für das Wirken der Götter. Erst die Gnosis hat diesen philosophisch nicht fest umrissenen Terminus aufgegriffen und populär gemacht; beispielsweise hat ihn um die Mitte des 2. Jahrhunderts der Gnostiker Basilides verwendet, vom lateinischen Irenäus-Übersetzer Ende des 4. Jahrhunderts wiedergegeben mit *dirivatio*: Irenäus, adv. haer. I 24,3. Möglicherweise bedient der Anonymus sich dieses sachlich unspezifischen „Modeworts" (so DÖRRIE, ebd. 81. 87) der Spätantike (in einer eigenwilligen lateinischen Form), ohne seine trinitätstheologische Brauchbarkeit oder Zulässigkeit im Blick zu haben. Erneut erhält sein Text dadurch einen gnostisierenden Touch (siehe auch oben Anm. 1,

204 und 206). Der Anonymus erweist sich nicht gerade als geschickt, sobald er in die Nähe von Philosophie und Theologie gerät.

209 Dass es Gott sein soll, der in Ewigkeit bleibt, mag man akzeptieren. Das „Wachsen" passt aber nicht auf Gott, sondern nur auf den Samen, der mit dem Wort identifiziert wird. Das Bild ist schief konstruiert. Der Fehler ist freilich erklärbar, und zwar aus der Bibelstelle 1 Petr. 1,23, von der der Text abhängig ist (oben Anm. 207). Der griechische Text: διὰ λόγου ζῶντος θεοῦ καὶ μένοντος, ist an sich doppeldeutig, weil die Partizipien sich grammatikalisch auf Gott wie auf das Wort beziehen lassen. Eindeutig wird die Aussage durch das Zitat von Jes. 40,8 in 1 Petr. 1,25, wo davon die Rede ist, dass das Wort in Ewigkeit bleibt. Auch an vergleichbaren Stellen im Neuen Testament ist es das Wort Gottes, das wächst (Apg. 6,7; 12,24; 19,20) und bleibt (1 Joh. 2,14). Lateinisch muss es also heißen: *per verbum Dei vivum et permanens*. Der Anonymus hat augenscheinlich einen lateinischen Bibeltext benutzt, in dem fälschlich so (oder so ähnlich) übersetzt war, wie es in einigen späteren *Vulgata*-Handschriften überliefert ist und wie es in der *Vetus Latina* (der wissenschaftliche Sammelbegriff für die altlateinischen Bibelübersetzungen vor der *Vulgata*) zu lesen war: *per verbum Dei vivi et permanentis* (p. 3, 947 SABATIER). Brief XIV folgt offensichtlich einer solchen Version und verdirbt den Gedanken vollends dadurch, dass *vivus*, das immerhin für Gott noch angeht, durch ein unpassendes *crescens* ersetzt wird, ohne das Kolon durch Abänderung der Konstruktion auf das Wort zu beziehen, auf das die Aussage ausschließlich passt, eben auf *verbum*. Auch im Umgang mit der Bibel erweist sich der Anonymus als ausgesprochener Dilettant. – Die Geschichte der Auslegung von 1 Petr. 1,23 erörtert knapp E. A. LAVERDIÈRE, A grammatical ambiguity in 1 Pet 1:23, in: Catholic biblical quarterly 36 (1974) 89–94, übernommen von N. BROX, Der erste Petrusbrief (Evangelisch-Katholischer Kommentar 21), Zürich/Braunschweig/Neukirchen-Vluyn ⁴1993, 87f.

210 *Prudentia tua* ist eine der abstrakten Anredeformen der Spätantike (darüber oben Anm. 136), verwendet etwa von Hieronymus, epist. 74,6 und Augustinus, epist. 57,1; 258,5. Der wörtliche Sinn schimmert an der vorliegenden Stelle noch einigermaßen durch. Auch Hieronymus, epist. 102,2; 112,3.4.20; 141 und Augustinus, epist. 40,9; 74; 82,2.6; 166,26 verwenden die Anrede so, dass der konkrete Sinn meist überwiegt.

211 *Quod* ist auf *verbum* zu beziehen.

212 Ausnahmsweise folge ich hier nicht dem Vorschlag von BOCCIOLINI PALAGI, nach *debebit* einen Punkt zu setzen und *censere* als medialen Infinitiv mit imperativischem Sinn aufzufassen. Ich beziehe zwar mit ihr *quod* auf *verbum* und akzeptiere die Hinzufügung von *-que* zu *novum*, verstehe dann aber so, dass mit *quod* ein neuer Satz beginnt, dessen erstes Verb *debebit* und dessen zweites *feceris* (Futur II mit der Valenz eines Futur I) ist (verbunden durch *-que*); *censere* ist Subjektsinfinitiv. Nach *debebit* ist also weder Punkt noch Komma zu setzen. Stilistisch gelungen ist dieser Satz nicht, doch gilt das für viele Sätze in diesen Briefen. Die so entstehende Gedankenfolge erscheint plausibel und passt zu den banalen Gedankengängen des Anonymus: Wenn Seneca sich Gottes Wort aneignet, soll (dazu unten Anm. 215) er sich von der Religion der Heiden

wie der Juden abwenden und „zu einem neuen Verkünder Christi Jesu" werden.

213 Eigentlich: „Völker", τὰ ἔϑνη bzw. οἱ ἐϑνικοί, womit in der Bibel alle nichtjüdischen Völker (und ihre Kulte) gemeint sind. Im christlichen Sprachgebrauch erhält der Begriff die negative Bedeutung, die im deutschen Wort „Heiden" zum Ausdruck kommt.

214 Hier würde man „der Juden" *(Iudaeorum)* erwarten (wie in Brief XI: dazu oben Anm. 153), da *Israhelitae* im Neuen Testament (Joh. 1,47; Apg. 13,16), auch bei Paulus (Röm. 9,4; 11,1; 2 Kor. 11,22), positiv konnotiert ist. Der Anonymus benutzt paulinische Terminologie, beherrscht sie aber nicht.

215 Von der Semantik von *debebit* her wird man das wie ein Futur I gebrauchte Futur II *feceris* im Sinne eines Imperativs auffassen. Dieser im späten Latein verbreitete Sprachgebrauch hat sowohl pagane Wurzeln (Apuleius, met. XI 6) als auch biblische: Die Anweisungen des Dekalogs etwa sind futurisch formuliert: Ex. 20,1–17; Dtn. 5,6–21.

216 *Auctor* zielt durchaus auch auf den „Autor" Seneca, der ja im Folgenden aufgefordert wird, seine sprachliche Kompetenz in den Dienst der christlichen Propaganda zu stellen. Er soll damit zum „Verkünder" Christi und regelrecht zu einer christlichen „Autorität" werden. Bedenkt man Senecas Ansehen bei den Christen, zu dem er im 4. Jahrhundert gelangt ist, gleicht diese Aufforderung einem *vaticinium ex eventu.*

217 Dazu oben Anm. 127.

218 Das ist die christliche Bewertung des heidnischen Philosophen Seneca, wie sie insbesondere Laktanz, div. inst. VI 24,13f. (ferner ebd. I 5,26.28; V 22,11) vorgenommen hat. Die vorliegende Stelle beweist, dass Seneca bei aller Wertschätzung, mit der er von einem christlichen Autor behandelt wird, nicht als Christ gilt, trotz aller Zuneigung zur Theologie des Paulus, die ihm unterstellt wird. Darüber oben S. 20.

219 Der imperativische Sinn der Futura dieses Satzes (siehe oben Anm. 215) gilt weiter.

220 Nach Phil. 4,22 hatte Paulus Kontakt zu Christen „aus dem Haus des Kaisers". Diese Notiz deutet nicht auf Rom, denn es dürften nicht Angehörige der kaiserlichen Familie gemeint sein, sondern Angestellte (Sklaven, Freigelassene) des Hofes, die in unterschiedlichen Stellungen im ganzen Reich zu finden waren, in diesem Fall in Philippi. In den Apostelakten ist diese Notiz aufgegriffen und ausgemalt: pass. Paul. (lat.) 1 (p. 1, 24 LIPSIUS; siehe Testimonium III); pass. Petr. et Paul. 10 (p. 1, 128f. LIPSIUS). Der Anonymus wendet die Tradition so, dass Paulus Seneca gleichsam zum Missionar für den Kaiser und seinen Hofstaat bestellt. Das ist eine variierende Fortführung des Themas der Briefe VII bis IX, allerdings mit der überraschenden Wendung, dass anders als in Brief VIII Paulus jetzt offenbar keine Bedenken mehr dagegen hegt, Nero mit christlichen Gedanken bekannt zu machen. Einmal mehr wird die Fiktion unstimmig.

221 *Amicus principis,* wie es meist heißt, ist ein Hoftitel, der seinen Ursprung im Alten Ägypten hat und über die hellenistischen Monarchien, begünstigt durch Anknüpfungspunkte im republikanischen Rom, etwa im militärischen Verband der *cohors amicorum,* in das römische Kaisertum gelangt ist, wo diese *amici* sich zu einer festen Institution, einer Art Hofrat,

entwickelten (Belege: ThLL 1, 1894,59–68; 1908, 67–1909,34). Die umfassendste Untersuchung hierzu ist J. CROOK, Consilium principis. Imperial Councils and Counsellors from Augustus to Diocletian, Cambridge 1955. Die Zweiwortverbindung *domestici atque amici* in Brief XIV soll wohl umfassend alle Leute am kaiserlichen Hof bezeichnen, von den Sklaven und Dienern bis hinauf zur engsten Umgebung des Kaisers.

222 *Insinuare*, dazu das folgende *insinuatio*, ist der rhetorische Terminus dafür, den Zuhörern bestimmte Gedanken zu 'insinuieren', ohne dass sie es merken: Cicero, inv. I 20. Der spätantike Sprachgebrauch wirkt deutlich abgegriffener. Siehe auch unten Anm. 227.

223 Im christlichen Latein ist *persuasio* im Sinn von „Überzeugung" negativ konnotiert: Cyprian, epist. 65,1: *sacrilega persuasione deceptus*. Der Anonymus bedient sich der beispielsweise bei Plinius, nat. hist. XXX 115; Quintilian, inst. I 1,8; Sueton, Tib. 69 bezeugten neutralen Bedeutung.

224 Dazu oben Anm. 222.

225 *Flectere* ist das, was der Redner durch Pathos erreichen will: Cicero, orat. 69. Ähnliche Vorbehalte gegen Senecas Erfolgsaussichten als Missionar sind in Brief VI angedeutet: oben Anm. 70.

226 Gemeint ist das ewige Leben, wie aus hymn. 62B,11 (p. 264 WALPOLE) hervorgeht: *vitae perennis commoda*.

227 *Instillare* im übertragenen Sinn zu verwenden ist klassischer Sprachgebrauch: Horaz, epist. I 8,16; Seneca, tranqu. an. 3,3; benef. VI 16,6; Hieronymus, epist. 73,5. Brief XIV nahe steht Pseudo-Athanasius, exhort. ad mon. 1 (Patrologia Latina 18, 71), wo ebenfalls die Verben *insinuare* und *instillare* nebeneinander gebraucht sind.

228 Die Opposition alter – neuer Mensch geht zurück auf Kol. 3,9f. und Eph. 4,22–24 (vgl. auch Röm. 6,6).

229 Mit *sine corruptela* dürfte in einer Version der *Vetus Latina* (p. 45f. RÖNSCH) ἐν ἀφθαρσίᾳ aus 1 Kor. 15,42 wiedergegeben worden sein, wie die Wiedergabe des Pendants ἐν φθορᾷ mit *in corruptela* bei Tertullian, adv. Marc. V 10,5f. nahelegt. Die *Vulgata* hat richtiger *in incorruptione* (ähnlich die *Vetus Latina* p. 3, 718 SABATIER: *in incorruptionem*).

230 Dieser merkwürdige Begriff erklärt sich aus verschiedenen Traditionen. *Animal* im Sinn von Lebewesen ist ein gängiger philosophischer Terminus, den auch Seneca kennt (Stellen bei PITTET 1937 [wie oben Anm. 139], 93f.). Zum Verständnis von *perpetuum* kann man auf die von Platon, Phaedr. 245 c 5, ausgehende platonische und neuplatonische Lehre verweisen, unsterblich sei, was stets bewegt sei (τὸ ἀεικίνητον ἀθάνατον). Da in Brief XIV von „Bewegung" aber nicht die Rede ist, sondern nur von „Dauerhaftigkeit", kommt eine Junktur aus einer nicht erhalten gebliebenen Version der Paulusakten am nächsten, die von Origenes, princ. I 2,3 in der lateinischen Übersetzung Rufins so zitiert wird: *hic est verbum, animal vivens*; vgl. in Jer. hom. 20,1. In Brief XIV ist sie nicht auf „Wort" bezogen, sondern auf den „neuen Menschen", doch ist davor von *sermo* die Rede, so dass hier ein weiterer Beleg für den Einfluss der apokryphen Apostelakten auf den Anonymus vorliegt.

231 *Properantem* ist auf *hominem* zu beziehen.

232 Es kann sich um einen *pluralis maiestatis* wie in den Briefen IV und V handeln: oben Anm. 48 und 54. Möglicherweise meint der Anonymus

aber „uns Christen" und deutet damit die Wertschätzung Senecas durch die Christen an (siehe oben S. 20).

233 *Carissimus* nennt sonst Seneca Paulus (Briefe III, IX, XI und XII). Hier zum einzigen Mal redet Paulus Seneca seinerseits so an. Die enge Freundschaft, die damit signalisiert ist (dazu oben Anm. 44), wird somit am Schluss der Korrespondenz von beiden Briefpartnern proklamiert.

234 Im Jahr 58 n.Chr. Die Datierungsform ist identisch mit der von Brief XIII: oben Anm. 199. Siehe auch oben S. 8.

Testimonia

I. Hieronymus, De viris illustribus 12

Lucius Annaeus Seneca Cordubensis, Sotionis Stoici discipulus et patruus Lucani poetae, continentissimae vitae fuit. Quem non ponerem in catalogo sanctorum, nisi me illae epistolae provocarent quae leguntur a plurimis, Pauli ad Senecam aut Senecae ad Paulum, in quibus, cum esset Neronis magister et illius temporis potentissimus, optare se dicit eius esse loci apud suos cuius sit Paulus apud Christianos. Hic ante biennium quam Petrus et Paulus martyrio coronarentur a Nerone interfectus est.

II. Augustinus, Epistula 153,14

Merito ait Seneca, qui temporibus apostolorum fuit, cuius etiam quaedam ad Paulum apostolum leguntur epistulae: „Omnes odit, qui malos odit."

III. Passio sancti Pauli apostoli 1 (p. 1, 24 Lipsius)

Concursus quoque multus de domo Caesaris fiebat ad eum (sc. Paulum) credentium in dominum Iesum Christum et augmentabatur cotidie fidelibus gaudium magnum et exultatio. Sed et institutor imperatoris adeo illi est amicitia copulatus, videns in eo divinam scientiam, ut se a colloquio illius temperare vix posset, quatinus si ore ad os illum alloqui non valeret, frequentibus datis et acceptis epistolis ipsius dulcedine et amicali colloquio atque consilio frueretur, et sic eius doctrina agente spiritu sancto multiplicabatur et amabatur, ut licite iam doceret et a multis libentissime audiretur. Disputabat siquidem cum ethnicorum philosophis et revincebat eos, unde et plurimi eius magisterio manus dabant. Nam et scripta illius quaedam magister

Testimonien[1]

I. Hieronymus, Berühmte Männer 12 (392/93)[2]

Lucius Annaeus Seneca aus Córdoba, der Schüler des Stoikers Sotion und Onkel des Dichters Lucan, lebte ausgesprochen enthaltsam. Ich würde ihn nicht in das Verzeichnis der Heiligen aufnehmen, wenn mich nicht jene Briefe dazu bewegten, die von sehr vielen gelesen werden, nämlich des Paulus an Seneca beziehungsweise des Seneca an Paulus. Obwohl er Neros Lehrer und der mächtigste Mann jener Zeit war, sagt er in ihnen, er würde gerne bei den Seinen den Platz einnehmen, den Paulus bei den Christen innehabe.[3] Zwei Jahre, bevor Petrus und Paulus die Krone des Martyriums erlangten, ist er von Nero umgebracht worden.[4]

II. Augustinus, Brief 153,14 (413/14)

Zu Recht sagt Seneca, der zur Zeit der Apostel lebte und von dem es auch einige Briefe an den Apostel Paulus zu lesen gibt: „Alle hasst, wer die Schlechten hasst."[5]

III. Martyrium des heiligen Apostels Paulus 1 (5./7. Jahrhundert)

Auch aus dem Haus des Kaisers[6] kamen viele zu ihm (sc. Paulus), die an den Herrn Jesus Christus glaubten, und täglich nahmen große Freude und Jubel unter den Gläubigen zu.[7] Aber auch der Erzieher des Herrschers (sc. Seneca) war ihm, da er göttliches Wissen in ihm erkannte,[8] in Freundschaft so eng verbunden,[9] dass er das Gespräch mit ihm kaum missen mochte. Sofern er nicht in der Lage war, sich persönlich mit ihm zu unterhalten, erfreute er sich seiner angenehmen Art und der freundschaftlichen Unterredung und Beratung, indem sie häufig Briefe austauschten. Gelenkt vom Heiligen Geist, wurde seine Lehre auf diese Weise bekannt und geschätzt, so dass er geradezu ungehindert lehrte und viele ihm sehr gern zuhörten. Er diskutierte nämlich mit den Philosophen der Heiden und widerlegte sie, woraufhin sehr viele sich seiner Lehrautorität unterwarfen. Denn auch manche seiner Schriften las der Lehrer des Kaisers (sc. Seneca)

Caesaris coram eo relegit et in cunctis admirabilem reddidit. Senatus etiam de illo alta non mediocriter sentiebat.

IV. Pseudo-Seneca, De moribus (BARLOW 1938, 112)

Seneca Paulo: „Tulit priscorum aetas Alexandrum, Philippi filium, et post Darium et Dionysium, nostra quoque Caium Julium Caesarem, quibus quicquid libuit licuit."

V. Alkuin, Carmen 81 (Monumenta Germaniae Historica. Poetae Latini Medii Aevi 1, 300)

Gens Bragmanna quidem miris quae moribus extat
  Hic legitur: lector mente fidem videat.
Hic Pauli et Senecae breviter responsa leguntur:
  Quaenam notavit nomine quisque suo.
Quae tibi, magne decus mundi et clarissime Caesar,
  Albinus misit munera parva tuus.

VI. Anonymus, Carmen 6,16–27 (Monumenta Germaniae Historica. Poetae Latini Medii Aevi 5, 496 unter „Verschiedenes")

Quam, postquam Paulus gentes instruxerat omnes,
Agrediens vero dat per miracula Christo.
Contigit interea: fama vulgante beata
Quidam philosophus, de nomine Seneca dictus,
Conpunctus verbis fit mox per cuncta fidelis.
Quod Paulus gaudens domino gratesque rependens
Dilexit semper verbis scriptisque libenter,
Qui, licet indignus fuerit baptismate Christi,
Scriptis mirandus vitaque fuit venerandus.
Hunc mentis voto, lector, complectere toto:
Est ut divinus quare per cuncta sequendus,
Quem perimit gladio Nero crudelis iniquo.

vor ihm vor[10] und beschrieb ihn (sc. Paulus) in allem als bewundernswert.[11] Sogar der Senat hatte von ihm eine beträchtlich hohe Meinung.

IV. Pseudo-Seneca, Über die Sitten (6. Jahrhundert)

Seneca an Paulus: „Frühere Zeiten haben Alexander, den Sohn Philipps, und danach Darius und Dionysius ertragen, und unsere Gaius Julius Caesar, die sich erlaubten, was sie wollten."[12]

V. Alkuin, Widmungsgedicht an Karl den Großen zur Ausgabe (um 795)

Von den Brahmanen, ausgezeichnet durch wunderbare Sitten,
  ist hier zu lesen: Der Leser mag im Geist ihren Glauben erseh'n.
Was Paulus und Seneca sich kurz schrieben, ist hier zu lesen:
  Jeder nämlich unterzeichnete es mit seinem Namen.
Dir, großer und ruhmvollster Kaiser, Zierde der Welt,
  schickt als geringe Gabe dies Dein Albinus.[13]

VI. Anonymus, Gedicht im Codex Metz 300 fol. 124ᵛ (11. Jahrhundert), der auch den Seneca-Paulus-Briefwechsel enthält

Nachdem Paulus alle Völker unterwiesen hatte, betrat er
diese Stadt (sc. Rom) und übergab sie durch Wunder an Christus.
Dabei geschah's: Durch glücklich schweifend Gerücht
wurde ein Philosoph, mit Namen Seneca geheißen,
betroffen von seinen Worten, bald in allem gläubig.
Dies freute Paulus, und dem Herrn Dank sagend
liebte er ihn immer gern in Wort und Schrift,
der, mag er der Taufe Christi nicht gewürdigt worden sein,
für seine Texte zu bewundern, für sein Leben zu verehren ist.
Aus ganzem Herzen, Leser, nimm ohne Vorbehalt ihn an:
Göttlich, wie er ist, sollte man sich in allem an ihn halten,
den Nero, der grausame, dahinraffte mit ungerechtem Schwert.

VII. Peter Abaelard, Sermo 24 (Patrologia Latina 178, 535f.)

Quantus autem et apud philosophos habitus sit (sc. Paulus) qui eius vel praedicationem audierant vel scripta viderant, insignis ille tam eloquentia quam moribus Seneca in epistolis quas ad eum dirigit his verbis protestatur: „Libello tuo lecto, de plurimis ad quosdam litteris, quas ad aliquam civitatem seu populum caput provinciae direxisti mira exhortatione vitam mortalem contemnentes, usquequaque refecti sumus. Quos sensus non puto ex te dictos, sed per te, certe aliquando et ex te et per te. Tanta etenim maiestas earum rerum est tantaque generositate clarent ut vix suffecturas putem hominum aetates quibus institui perficique possint." Meminit et Hieronymus huius laudis Senecae erga Paulum in libro De illustribus viris, cap. XII, ita scribens: ...

VIII. Peter Abaelard, Introductio ad theologiam I 24 (Patrologia Latina 178, 1033f.)

Seneca quoque inter universos philosophos, tam moralis doctrinae quam vitae gratiam adeptus, spiritum sanctum bonorum omnium distributorem patenter profitetur, ita de ipso ad Paulum apostolum in quarta scribens epistola: „Profiteor me bene acceptum lectionem litterarum tuarum quas Galatis Corinthiis Achiis misisti. Spiritus enim sanctus in te supra excelsos sublimior satis venerabiles sensus exprimit."

IX. Petrus Venerabilis, Contra Petrobrusianos hereticos 25 (Corpus Christianorum. Continuatio Mediaevalis 10, 23)

Nonne ipsi Paulo famosus ille philosophus Seneca dixit nullas se credere suffecturas etates ad litterarum illarum altitudinem capiendam? Nonne et illa crudelis bestia Nero hiis, eodem philosopho recitante, auditis mirari se dixit, unde homini, ut dicebat, indocto tanta scientia inesse potuit?

VII. Peter Abaelard, 24. Predigt (12. Jahrhundert)[14]

Wie viel er (sc. Paulus) aber auch bei den Philosophen galt, die entweder seine Verkündigung zu Gehör oder seine Schriften zu Gesicht
bekommen hatten, bezeugt jener für seine Beredsamkeit wie für seinen Lebenswandel berühmte Seneca[15] in den Briefen, die er an ihn
richtet, mit folgenden Worten: „Nach Lektüre Deines Buches, das
aus zahlreichen Briefen an verschiedene Adressaten besteht,[16] die Du
an eine Stadt, genauer gesagt an ein Volk,[17] an die Hauptstadt einer
Provinz, gerichtet hast und die wunderbar dazu anleiten, das sterbliche Leben zu verachten,[18] fühlten wir uns rundum gestärkt. Diese
Gedanken sind, meine ich, nicht von Dir, sondern durch Dich (von
Gott) gesprochen, gewiss aber einmal ebenso von Dir wie durch
Dich. Sie sind nämlich so erhaben, so brillant und großartig, dass
nach meiner Einschätzung die Lebensspanne von Menschen kaum
ausreichen dürfte, um in ihnen vollkommen unterwiesen werden zu
können."[19] Dieses Lob Senecas für Paulus erwähnt auch Hieronymus
im Buch Über berühmte Männer, Kapitel 12, wo er folgendes
schreibt: ...[20]

VIII. Peter Abaelard, Einführung in die Theologie I 24 (12. Jahrhundert)[21]

Unter allen Philosophen bekennt auch Seneca, dem die Gnade einer
moralisch einwandfreien Lehre wie eines ebensolchen Lebens zuteil
geworden ist, den Heiligen Geist offen als Spender aller Güter, wenn
er im vierten Brief an den Apostel Paulus folgendes über ihn schreibt:
„Ich bekenne, dass die Lektüre Deiner Briefe, die Du an die Galater,
Korinther und Achäer geschickt hast, mir gut gefallen hat.[22] Denn der
Heilige Geist in Dir, der über herausragende Menschen hinaus erhaben ist,[23] bringt wahrhaft ehrwürdige Gedanken zum Ausdruck."[24]

IX. Petrus Venerabilis, Gegen die häretischen Petrobrusianer (um
1140)

Hat nicht jener berühmte Philosoph Seneca zu Paulus selbst gesagt,[25]
er glaube, die Lebensspanne keines Menschen werde ausreichen, um
die Erhabenheit jener Briefe zu erfassen?[26] Hat nicht sogar Nero,
dieses grausame Untier, nachdem er sie (sc. die Briefe des Paulus)
gehört hatte, als derselbe Philosoph sie ihm vorlas, gesagt, er staune

X. Francesco Petrarca, Familiares res XXIV 5,25 (Le Familiari, edizione critica per cura di V. ROSSI, Bd. 4 per cura di U. BOSCO, Florenz 1942, 236).

Ego quidem de te ista non suspicor, eoque magis propositum tuum miror; nam et superiora illa frivola nimis ac vana sunt, et ultimum hoc nefarium etiam et immane; et ita tibi visum, una quidem epystolarum tuarum ad apostolum Paulum non modo innuit sed fatetur.

XI. Erasmus von Rotterdam, epist. 2092 (p. 8, 40f. ALLEN bzw. Lucii Annaei Senecae Opera, Basel 1515 [²1529], 679)

His epistolis non video quid fingi possit frigidius aut ineptius; et tamen quisquis fuit autor, hoc egit ut nobis persuaderet Senecam fuisse Christianum. Divus Hieronymus non ignarus fuci, abusus est simplicium credulitate, ut Senecae libros lectu cum primis dignos commendaret Christianis: qui tamen maiore cum fructu legentur, si legantur ut hominis pagani, quemadmodum initio praefati sumus. Cum autem haec scribantur clanculum inter ipsos, quam nihil est in Paulinis epistolis illo Pauli spiritu dignum! quam vix usquam audias nomen Christi, quum ille non soleat aliud crepare quam Iesum Christum! Deinde illum fortissimum Evangelii propugnatorem quam facit in his epistolis formidolosum! Obiurgat Senecam quod Neroni indicarit epistolas ipsius, quas in hoc scripserat ut in omnibus ecclesiis legerentur; atque adeo seipsum redarguit Apostolus, quod epistolis suis nomen suum soleat subscribere. Et huc scilicet allegatur illud, omnibus esse placendum, et domino, nempe Caesari, gerendum morem. Paulus cuiquam placeret dissimulato Evangelio, quum multo ante Romanis misisset liberam ac prolixam epistolam? Aut hoc docuit Paulus, celandum Christianismum ut placeas impio domino? Deinde Seneca nuntiat Pau-

darüber, woher ein, wie er sich ausdrückte, ungebildeter Mensch über so viel Wissen verfügen konnte?[27]

X. Francesco Petrarca, Brief an Annaeus Seneca (1348)

Ich jedenfalls nehme das von Dir nicht an, und umso mehr wundere ich mich über Deine Einstellung. Denn das, worauf ich oben hingewiesen habe (Petrarca kritisierte Seneca für sein Verhalten gegenüber Nero), ist allzu frivol und erbärmlich, letzteres aber (nämlich Neros Christenverfolgung) sogar frevelhaft und ungeheuerlich. Auch Du hast das so gesehen. Einer Deiner Briefe an den Apostel Paulus insinuiert das nämlich nicht nur, sondern sagt es offen.[28]

XI. Erasmus von Rotterdam, Brief 2092 (1515)[29]

Mir fällt nichts ein, was man sich Steiferes und Alberneres als diese Briefe ausdenken könnte. Und doch hat ihr Verfasser, wer immer es gewesen sein mag, dies getan, um uns zu überzeugen, Seneca sei Christ gewesen.[30] Der göttliche Hieronymus, ein Meister der Maskerade, missbrauchte die Leichtgläubigkeit der Einfältigen, um Senecas Bücher den Christen als besonders lesenswert zu empfehlen.[31] Freilich wird man sie mit größerem Nutzen lesen, wenn man sie als Bücher eines Heiden liest, wie wir eingangs in der Vorrede gesagt haben. Nun aber dieser heimliche Briefwechsel zwischen ihnen! Rein gar nichts findet sich in den Paulus zugeschriebenen Briefen, was des Paulus und seiner Sinnesart würdig wäre. Kaum einmal hört man den Namen Christi,[32] wo jener doch pausenlos nichts anderes verkündigt als Jesus Christus. Dann: Er, der gänzlich unerschrockene Streiter für das Evangelium, wie ängstlich gibt er sich in diesen Briefen! Er tadelt Seneca dafür, dass er Nero seine Briefe gezeigt habe,[33] die er doch zu dem Zwecke geschrieben hatte, dass sie in allen Gemeinden vorgelesen werden; ja sogar sich selbst bezichtigt der Apostel dafür, dass er seine Briefe mit seinem Namen zu unterschreiben pflegt.[34] Und dem wird, natürlich, hinzugefügt, allen müsse man sich gefällig erweisen[35] und dem Herrscher, das heißt dem Kaiser, gegenüber willfährig.[36] Würde Paulus irgendjemandem gefallen, wenn er das Evangelium verheimlicht hätte, wo er doch schon viel früher einen freimütigen und ausführlichen Brief an die Römer geschickt hat? Oder hat Paulus gelehrt, man müsse sein Christsein verbergen, um einem gottlosen Herrscher zu gefallen? Schließlich berichtet Seneca Paulus, dass der Kai-

lo quod Caesar immanibus suppliciis saeviret in Christianos: quasi
hoc Romae cuiquam esset ignotum. Ad haec siquid metuebant, tutius
poterant ore colloqui quam epistolis. Nec Paulus amore Evangelii
gravatus fuisset vel „in Sallustianos hortos venire", si Seneca metue-
bat venire Romam.

Quanta copia, quanto affectu Paulus scribit uni Philemoni de re
vulgari! Et Senecae tam celebri viro scribit tam ieiune, tam frigide de
amplectendo Christum, hoc est de re omnium maxima? Quando vero
sic loqueretur Paulus, „et si sors prospere annuerit", non ausus est
nominare Deum, quem Seneca paganus toties nominat in scriptis
suis? Illud insignitae cuiusdam stultitiae est, quod Seneca mittit Paulo
librum „De copia verborum", quo posthac melius scribat Romane.
Atqui si Paulus nesciebat Latine, poterat Graece scribere, quum Graece nosset Seneca. Qui convenit autem, ut cum Seneca doceat philosophi dictionem sententiis gravem potius quam verbis ornatam esse
debere, nunc in Paulo requirat Romani sermonis copiam? Illud
omnium impudentissimum, quod quum faciat Senecam in Apostolo
desiderantem copiam et cultum sermonis, tamen in his epistolis nihilo
cultius scribit Seneca quam Paulus, sed par est utriusque balbuties et
sensuum frigus atque ineptia. Saltem aliqua ex parte Senecae phrasim
aemulari debuerat, aliquid ex Paulinis Epistolis effingere de vehemen-
tia et sublimitate dictionis. Scurrilis impudentia est sic facere loquentem Senecam, blasphemia est sic facere loquentem Paulum. Non
dubito quin vel mulio vel agaso Senecae minus inepte fuerit scriptu-
rus: Paulo vero quid est minus ieiunum aut somniculosum? Et tamen
in has epistolas extant verbosi commentarii. Quid his iudiciis caecius?
Haec non admonerem nisi talibus imposturis nimium et in aliis tri-
buant interdum Christiani.

Iam videamus quae sit illa mirabilis sententia quae commovit Hie-
ronymum ut Senecam insereret catalogo sanctorum; in quo tamen
commemorantur et Iudaei et haeretici ab Ecclesiae consortio digressi.
In epistola quae praecedit penultimam ita scribit: „Nam qui tuus est
apud tuos locus, velim ut sit apud meos meus." Haec Hieronymus

ser mit furchtbaren Martern gegen die Christen wütete[37] – als ob das in Rom irgendjemand nicht gewusst hätte! Wenn sie diesbezüglich irgendwie Angst hatten, hätten sie sich mündlich sicherer als brieflich austauschen können. Paulus jedenfalls wäre es aus Liebe zum Evangelium nicht schwer gefallen, auch „in die Gärten des Sallust zu kommen",[38] wenn schon Seneca Angst hatte, nach Rom zu kommen. Wie wortreich, wie einfühlsam schreibt Paulus allein an Philemon in einer ganz banalen Angelegenheit! Und an Seneca, einen so berühmten Mann, schreibt er derart trocken, derart steif über die Hingabe an Christus, das heißt über das Allerhöchste? Als aber Paulus sich so ausdrückte: „Und wenn das Schicksal es wohlgesonnen fügt",[39] da wagte er nicht, das Wort „Gott" zu gebrauchen, das Seneca, der Heide, so oft in seinen Schriften nennt?[40] Eine geradezu himmelschreiende Dummheit verrät der Einfall, Seneca schicke Paulus ein Buch „Über den reichen Wortschatz", damit er in Zukunft besseres Latein schreibe.[41] Na gut – wenn Paulus schon kein Latein konnte, so konnte er wenigstens auf Griechisch schreiben, da Seneca Griechisch verstand. Wie aber passt folgendes zusammen? Während Seneca sonst lehrt, die Sprache des Philosophen müsse reicher an Gedanken als an Worten sein, verlangt er jetzt von Paulus einen reichen lateinischen Wortschatz? Die größte aller Frechheiten ist folgende: Obwohl er Seneca beim Apostel einen wortreichen und gepflegten Stil vermissen lässt,[42] schreibt Seneca in diesen Briefen doch keinen Deut gepflegter als Paulus, sondern sind das Gestammel und die Dürre und Albernheit der Gedanken bei beiden gleich. Zumindest ein klein wenig hätte er Senecas Stil nachahmen und den paulinischen Briefen etwas von der Wucht und Erhabenheit ihrer Sprache entlehnen sollen. Schamlose Narretei ist es, Seneca so reden zu lassen, Gotteslästerung ist es, Paulus so reden zu lassen. Zweifellos, Senecas Kutscher oder Stallknecht würde weniger läppisch schreiben; was aber Paulus angeht, was ist weniger erbärmlich und einschläfernd? Und doch gibt es zu diesen Briefen wortreiche Erörterungen. Was ist blinder als diese Beurteilungen? Das würde ich nicht anmahnen, wenn die Christen nicht solchen und anderen Fälschungen bisweilen zu viel Interesse entgegenbringen würden.

Wir wollen uns noch jenen merkwürdigen Satz anschauen, der Hieronymus dazu bewegte, Seneca in das Verzeichnis der Heiligen aufzunehmen, in dem freilich auch Juden[43] und aus der Gemeinschaft der Kirche ausgeschiedene Häretiker[44] erwähnt werden. In dem Brief, der dem vorletzten vorausgeht, schreibt er folgendes: „Denn ich wünschte, Dein Platz bei den Deinen sei der meine bei den meinen."[45] Hieronymus wertete diese Worte als Ausdruck der Beschei-

tribuit Senecae modestiae. Atqui Paulus apud Christianos erat summo in precio, utpote Apostolus qui plus omnibus laboravit. An Seneca optat talis esse apud suos, hoc est ethnicos? Verum hoc qui finxit, fortassis huc alludit quod Tacitus refert, illum invidia multorumque criminationibus iam gravatum, egisse cum Nerone ut opes ac dignitatem liceret ipsi resignare qui dederat. Sed quid refert magnusne sit an humilis, modo sit apud idololatras? Optare potius debuit ut sibi liceret vel inter humiles Pauli discipulos numerari. Talis vox poterat illum commendare Christianis affectibus.

Postremo si verum est quod hae fingunt epistolae, quis unquam Christianus sibi fuit supplicii minister? Quis in uxore sua probavit ut citra necessitatem sibi mortem consciscaret? Sed in balneum calidum illatus, quum iam deficeret, sparsit aquam sanguine mixtam, et Socraticum quiddam referens dixit: „Hoc libo Iovi liberatori"; per Iovem, ut aiunt, liberatorem, verum Deum intelligens. Adeo ne moriens quidem ausus est nominare Christum. Sed ego nimis multa de re nihili.

denheit Senecas. Doch Paulus stand bei den Christen in höchstem Ansehen, war er doch der Apostel, der sich mehr als alle anderen abgemüht hat.[46] Ob Seneca wünscht, das bei den Seinen, das heißt Heiden, zu sein? Wer sich so etwas ausdenkt, spielt vielleicht auf den Bericht des Tacitus an, belastet vom Neid und von Verleumdungen vieler Leute habe jener Nero um die Erlaubnis ersucht, seinen Reichtum und seine herausragende Stellung dem zurückzugeben, der sie ihm gegeben hatte.[47] Aber was macht es für einen Unterschied, ob man ein großer Mann ist oder ein unbedeutender, wenn man beides eben unter Götzendienern ist? Vielmehr hätte er sich wünschen sollen, eventuell zu den demütigen Schülern des Paulus gezählt werden zu dürfen. Eine solche Aussage wäre für christliches Empfinden eine Empfehlung gewesen.

Wenn schließlich wahr ist, was diese Briefe vorspiegeln, welcher Christ hat jemals bei seiner eigenen Hinrichtung mitgeholfen? Wer hat eingewilligt, dass seine eigene Ehefrau sich umbringt, ohne dazu gezwungen zu sein? Er aber ließ sich in ein warmes Bad tragen, und als es schon dem Ende zuging, verspritzte er mit Blut vermischtes Wasser und sagte, einen sokratischen Spruch aufgreifend: „Dies spende ich Jupiter, dem Befreier";[48] durch Jupiter, den Befreier, wie man so sagt, erkannte er den wahren Gott. Noch nicht einmal im Sterben wagte er, den Namen „Christus" auszusprechen. Doch ich schreibe allzu viel über ein Nichts.

Anmerkungen zu den Testimonien

1   Die Testimonien stammen im Wesentlichen aus BARLOW 1938, 110–
    112; vgl. auch NATALI 1995, 63–82.

2   Seneca ist der einzige 'Heide' in Hieronymus' Verzeichnis christlicher
    Schriftsteller (dazu als Nichtchristen ferner die Juden Philo von Alex-
    andrien, Josephus Flavius und Justus von Tiberias); Hieronymus hat ihn
    wegen seines Briefwechsels mit Paulus, den er offenbar für echt hielt,
    darin aufgenommen. Dieses Seneca-Kapitel in *De viris illustribus* fungiert
    in fast allen Handschriften als Prolog zum Briefwechsel, was wesentlich
    zu dessen Erfolg beigetragen hat. Überlegungen zu diesem auffälligen
    Kapitel in *De viris illustribus* sind zu finden bei F. CORSARO, Seneca nel
    „Catalogo dei Santi" di Gerolamo (vir. ill. 12), in: Orpheus NS 8 (1987)
    264–282; P. MASTANDREA, La morte di Seneca nel giudizio di san Ge-
    rolamo, in: G. BONAMENTE/A. NESTORI (Hg.), I Cristiani e l'Impero
    nel IV secolo, Macerata 1988, 205–207; L. GAMBERALE, Seneca *in catalo-
    go sanctorum*. Considerazioni su Hier. *vir. ill.* 12, in: Invigilata lucernis 11
    (1989) 203–217; L. TAKÁCS, Seneca e Girolamo, in: A. P. MARTINA
    (Hg.), Seneca e i Cristiani = Aevum Antiquum 13 (2000) 323–333.

3   Zu diesem Rekurs auf Brief XII siehe in den Erläuterungen Anm. 180.

4   Folgende Erwähnungen des Briefwechsels sind von diesem Text des
    Hieronymus abhängig: Honorius von Autun, De luminaribus ecclesiae I
    12; Otto von Freising (12. Jahrhundert), chron. III 15 (p. 153 HOFMEIS-
    TER): *Hic* (sc. Seneca) *enim vita et scientia clarus philosophiae studium coluit fre-
    quentesque ad Paulum apostolum litteras mittens et ab eo rescripta suscipiens
    Christianae religionis amicum se fore ostendit. Unde et a Ieronimo in libro illustrium
    virorum inter cives nostros ponitur*; Johannes von Salisbury (12. Jahrhundert),
    Policr. VIII 13, 763b (p. 2, 318f. WEBB) rekurrierte auf Seneca, *quem et
    Apostoli familiaritatem meruisse constat et a doctissimo patre Ieronimo in sanctorum
    catalogo positum*; Vinzenz von Beauvais (13. Jahrhundert), spec. hist. (=
    spec. maius IV) IX 9 (p. 325 Benediktinerausgabe, Douai 1624 [Nach-
    druck Graz 1965]) schrieb Hieronymus, vir. ill. 12 komplett ab. – Weite-
    re Zeugnisse oben S. 16. 19 mit Anm. 67 und 70 sowie unten Anm. 9.

5   Dieses Zitat ist in Senecas überlieferten Schriften nicht zu identifizieren.
    Der Gedanke als solcher findet sich anders gewendet in benef. V 17,3:
    non est, quod irascaris; ignosce illis, omnes insaniunt.

6   Zu dieser Notiz aus Phil. 4,22 (Vulg.: *de Caesaris domo*), die in Brief XIV
    herangezogen wird, siehe in den Erläuterungen Anm. 220. Zum Kaiser-
    titel *Caesar* siehe ebd. Anm. 83.

7   Bis zu diesem Satz stimmt die zwischen dem 5. und 7. Jahrhundert er-
    stellte lateinische Bearbeitung des Martyriums des Paulus weitgehend
    wörtlich mit der ursprünglichen Fassung in den Paulusakten überein, die
    Ende des 2. Jahrhunderts in Kleinasien entstanden ist. Deren Anfang
    lautet: „Es erwarteten aber den Paulus in Rom Lukas, der aus Gallien,
    und Titus, der aus Dalmatien (gekommen war). Als Paulus sie sah, freu-
    te er sich, so dass er außerhalb Roms eine Scheune mietete, in der er mit
    den Brüdern das Wort der Wahrheit lehrte. Er wurde aber weithin be-
    kannt, und viele Seelen wurden dem Herrn hinzugetan, so dass man in

ganz Rom davon sprach und eine zahlreiche Menge von Gläubigen aus dem Hause des Kaisers bei ihm war und große Freude herrschte" (pass. Paul. [griech./lat.] 1 [p. 1, 104f. LIPSIUS]; Übersetzung: p. 238 HENNE-CKE/SCHNEEMELCHER). Der folgende in Testimonium III wiedergegebene Passus aus der späteren lateinischen Bearbeitung dieses Textes ist eine Ausmalung dieser Notiz, die offensichtlich auf den Briefwechsel zwischen Seneca und Paulus rekurriert (siehe die folgenden Anm.).

8 Vgl. Briefe I, VII und XIII.

9 Siehe dazu oben S. 15f. Möglicherweise abhängig von diesem Text ist die Notiz bei Martinus Polonus, Chronicon IV 4. Vinzenz von Beauvais (13. Jahrhundert), spec. hist. (= spec. maius IV) IX 9 (p. 325 Benediktinerausgabe, Douai 1624 [Nachdruck Graz 1965]) hat diesen Passus (mit wenigen Auslassungen) abgeschrieben.

10 Vgl. Brief VII.

11 Siehe dazu in den Erläuterungen Anm. 86.

12 Das Zitat stammt aus Brief XI, mit leichten Varianten: Es fehlen „die beiden Cyrus", unter *Gaius Caesar*, mit dem Caligula gemeint ist (siehe in den Erläuterungen Anm. 142), wird irrtümlich der berühmte Gaius Julius Caesar (100–44 v.Chr.) verstanden.

13 Alkuin (730/35–804), wie hier auch Albinus genannt (vgl. Alkuin, epist. 155: *Albinus habeo nomen inter notos et filios sanctae dei ecclesiae*), widmete Karl dem Großen (747/48–814) eine Ausgabe, die die aus fünf Briefen bestehende angebliche Korrespondenz zwischen Alexander dem Großen und dem Brahmanenkönig Dindimus (dazu in den Erläuterungen Anm. 142) sowie den apokryphen Briefwechsel zwischen Seneca und Paulus enthielt. Siehe auch oben S. 21.

14 Nahezu wörtlich wiederholt in comm. Rom. I 1,1 (Corpus Christianorum. Continuatio Mediaevalis 11, 50f.; Fontes Christiani 26/1, 98–101).

15 Zur Vermischung des älteren mit dem jüngeren Seneca (des Rhetors mit dem Philosophen) siehe in den Erläuterungen Anm. 33.

16 Peter Abaelard (1079–1142) las einen von der in dieser Ausgabe abgedruckten Fassung etwas abweichenden Text. Seine Version suggeriert die Lektüre des gesamten *Corpus Paulinum*.

17 Der Einschub „an ein Volk" ist entweder eine Textvariante oder – m.E. wahrscheinlicher – eine in den Text eingedrungene Randglosse (siehe unten Anm. 21); das müsste an den Handschriften direkt geprüft werden.

18 Abaelard bietet die eine der beiden an dieser Stelle überlieferten und diskutablen Lesarten (siehe in den Erläuterungen Anm. 18).

19 Auch in dem letzten Satz, den Abaelard aus Brief I zitierte, folgte er einem leicht veränderten Text, der aber denselben Sinn ergibt.

20 Folgt Hieronymus, vir. ill. 12 (siehe Testimonium I).

21 Bei demselben Zitat in theol. christ. I 132 bzw. 133 handelt es sich um eine Randglosse (so behandelt im Corpus Christianorum. Continuatio Mediaevalis 12, 129 ad 133-a; in der Patrologia Latina 178, 1164 in den Text aufgenommen).

22 Abaelard las *lectionem* statt *lectione*; die mediale Bedeutung von *accipere* (dazu in den Erläuterungen Anm. 31) dürfte ihm nicht geläufig gewesen sein. Den Fortgang dieses Satzes hat er nicht mitzitiert.

23 Auch das ist eine Textvariante (siehe in den Erläuterungen Anm. 76).

24 Das Zitat stammt aus Brief VII. Insofern dieser der vierte Brief Senecas an Paulus ist, ist Abaelards Stellenangabe korrekt.

25 Zu dieser Ausdrucksweise, in welcher der ὁμιλία-Topos steckt, siehe in den Erläuterungen Anm. 46.

26 Petrus Venerabilis (1092/94–1156) rekurriert auf den letzten Satz von Brief I, den auch Abaelard zitiert (siehe Testimonium VII).

27 Dieser Rekurs auf Brief VII ist noch freier als der vorige auf Brief I.

28 Francesco Petrarca (1304–1374) spielt auf Senecas Reaktion in Brief XI auf die Christenverfolgung durch Nero an: 'Seneca' ist „betrübt ... und erfüllt ... mit Trauer".

29 Dieser Text des Desiderius Erasmus von Rotterdam (1466/67–1536) wird ausführlich besprochen von SOTTILI 2004, 647–667.

30 Zu dieser Fehlinterpretation siehe oben S. 19 mit Anm. 70.

31 Hieronymus, vir. ill. 12 (siehe Testimonium I).

32 Nämlich nur in Brief XIV.

33 Siehe Briefe VII und VIII.

34 Brief X, doch missverstand Erasmus den Text (siehe in den Erläuterungen Anm. 126).

35 Ist Brief X gemeint mit der Anspielung auf 1 Kor. 9,22 und 10,33 oder Brief VI?

36 Brief VI oder VIII; in beiden geht es jedoch um die Kaiserin (siehe auch in den Erläuterungen Anm. 57).

37 Brief XI.

38 Brief I.

39 Brief III, als dessen Autor freilich Seneca firmiert.

40 Zu dieser zutreffenden Beobachtung siehe unten S. 88–94.

41 Brief IX.

42 Brief XIII.

43 Philo von Alexandrien, Josephus Flavius und Justus von Tiberias: Hieronymus, vir. ill. 11.13.14.

44 Zum Beispiel Origenes (vir. ill. 54), worüber Augustinus, epist. 40,9 sich sehr wunderte.

45 Vgl. Brief XII. Die Version des Erasmus entspricht mehr der freien Wiedergabe des Hieronymus als dem Text des Briefwechsels (siehe in den Erläuterungen Anm. 180).

46 Vgl. 1 Kor. 15,10.

47 Vgl. Tacitus, ann. XIV 52–56.

48 Vgl. Tacitus, ann. XV 60–64. Das Zitat ist nach ebd. 64,4 formuliert; das Vorbild ist Sokrates' Anordnung vor seinem Tod bei Platon, Phaid. 118 a 7f., dem Heilgott Asklepios einen Hahn zu opfern.

Essays

Seneca – ein Monotheist?

Ein neuer Blick auf eine alte Debatte

(Alfons Fürst)

Die Philosophie Senecas kommt in manchen Aussagen christlichen Ansichten überaus nahe. Das ist immer wieder aufgefallen, von den Zeiten der Alten Kirche an bis in die Gegenwart. Zur Erklärung dieses Phänomens reflektierte man gern auf eine mögliche Abhängigkeit Senecas vom Christentum und suchte nach Einflüssen christlicher Texte, speziell der Briefe des Paulus, auf die Schriften Senecas. Wo im Gegenzug solche bestritten wurden, hob man die Unterschiede und Unvereinbarkeiten zwischen der stoischen Philosophie Senecas und der christlichen, näherhin der paulinischen Theologie hervor. Aber – so meine Frage – gibt es bei der Deutung dieses Phänomens nur die Alternative, entweder Kongruenzen, Analogien und Parallelen durch 'Abhängigkeit' oder 'Einfluss' zu erklären, wie auch immer das konkret vor sich gegangen sein mag, oder einen solchen Zusammenhang auszuschließen, indem man auf unüberbrückbare Diskrepanzen hinweist? Die folgenden Überlegungen versuchen, diese Fronten hinter sich zu lassen und ein neues Erklärungsmodell für dieses Phänomen zu entwickeln.

Seneca saepe noster

Zunächst zum Phänomen und den Beschreibungen und Wertungen, die es ausgelöst hat. Diese reichen, wie gesagt, zurück bis in die Zeit der Alten Kirche und lassen sich über Mittelalter und Neuzeit bis herein in die moderne Forschung verfolgen.

Bereits der erste lateinisch schreibende christliche Theologe äußerte sich über Senecas Nähe zum Christentum: *Seneca saepe noster* – Seneca vertrete oft Überzeugungen, die mit den christlichen übereinkämen, meinte Tertullian (gest. um 220) in einer Schrift „Über die Seele", in der er sich mit philosophischen Seelenlehren der Antike, besonders des Platonismus, auseinandersetzte (an. 20,1). Mit dieser griffigen Sentenz hat Tertullian die Stellung der Kirchenväter zu Seneca treffend zum Ausdruck gebracht. In den folgenden Jahrhunderten

wurde Seneca von lateinischen Kirchenvätern nicht sehr häufig, aber dann fast immer lobend erwähnt.[1] „Sie fanden in den Schriften des römischen Philosophen so viele Sätze und Gedanken, die sie ohne große Umdeutung übernehmen und in den Dienst ihrer christlichen Apologetik und Lehre stellen konnten, dass sie den heidnischen Weisen häufig geradezu als einen der Ihrigen betrachten durften, was in der Folgezeit denn auch sanktioniert worden ist (apokrypher Briefwechsel Seneca-Paulus; Aufnahme Senecas in den christlichen Schriftstellerkatalog des Hieronymus).“[2] Geradezu enthusiastische Wertschätzung wurde Seneca von Laktanz (gest. 325) entgegengebracht: „Hätte es ihm jemand gezeigt, er hätte ein wahrer Verehrer Gottes sein können! Hätte er einen Führer zur wahren Weisheit gefunden, er hätte Zenon und seinen Lehrer Sotion gewiss nicht weiter beachtet!“ (div. inst. VI 24,14).[3] Vereinzelt nur und durchweg maßvoll wurde Seneca von Kirchenvätern kritisiert; rundheraus abgelehnt wurden seine Moralbriefe lediglich in einem Gedicht, das wohl aus dem 6. Jahrhundert stammt: Ihnen fehlten die wahre Erleuchtung und der christliche Glaube, weshalb sie zur moralischen Unterweisung nicht taugten (Anth. Lat. 666). Von dieser Ausnahme abgesehen, erfreute sich Seneca im spätantiken lateinischen Christentum einer außerordentlich hohen Wertschätzung als Philosoph, der dem Christentum sehr nahe gekommen sei. Der größere Rahmen für diese altkirchliche Beurteilung Senecas war die Bedeutung, die die Stoa generell für das frühe Christentum hatte.[4]

Für das Mittelalter gilt Entsprechendes.[5] Auch da hatten die christlichen Theologen an Seneca nur höchst selten etwas auszusetzen, etwa wenn Walter von St. Viktor (gest. 1180) die stoische Rechtfertigung des Selbstmords und Senecas eigenen Suizid kritisierte[6] – wie übrigens später Erasmus (epist. 2092; siehe Testimonium XI). In der Renaissance wurde in Piacenza eine Professur für die Lehre des Seneca eingerichtet. Im 14. Jahrhundert tauchte die Legende auf, Seneca

---

[1] Die Zeugnisse sind gesammelt und ausgewertet bei TRILLITZSCH 1971, Bd. 1, 120–221; Bd. 2, 362–419. Einen konzisen Überblick vermittelt FREDOUILLE 1991.
[2] TRILLITZSCH 1971, Bd. 1, 126f.
[3] Siehe zu diesem Zitat auch oben S. 19.
[4] Siehe dazu in diesem Band den Essay von Therese Fuhrer.
[5] Siehe NOTHDURFT 1963; ferner: R. M. GUMMERE, Seneca the philosopher in the Middle Ages and the early Renaissance, in: Transactions and Proceedings of the American Philological Association 41 (1910) XXXVIII–XL; J.-M. DÉCHANET, *Seneca noster.* Des Lettres à Lucilius à la Lettre aux Frères du Mont-Dieux, in: Mélanges J. de Ghellinck, 2 Bd.e (Museum Lessianum. Section Historique 13. 14), Gembloux 1951, Bd. 2, 753–766; REYNOLDS 1965, 90–124; ROSS 1974, 131–152.
[6] Vgl. NOTHDURFT 1963, 78–80.

sei heimlich Christ gewesen, die sich bis in das 19. Jahrhundert hielt.[7] Erst im 17. und 18. Jahrhundert änderte sich die christliche Einstellung gegenüber Seneca, als besonders von katholischer Seite gegen den Neustoizismus agitiert und im Zuge dessen Seneca vehement kritisiert wurde.[8] In der modernen Forschung gab (und gibt) es immer wieder Stimmen, die in unterschiedlichen Varianten von einem christlichen Einfluss auf Seneca ausgehen. Im 19. Jahrhundert versuchten vor allem Amédée Fleury und Johannes Kreyher einen solchen nachzuweisen, im 20. Jahrhundert Léon Herrmann und neuerdings Paul Berry.[9] Demgegenüber hat bereits Ferdinand Christian Baur gegen Fleury darauf hingewiesen, dass die für diese Annahme aufgebotenen Berührungspunkte zwischen Texten Senecas und frühchristlichen Schriften entweder konstruiert seien oder, wo tatsächlich solche vorlägen, nicht so weit reichten; neben den Analogien dürften die Unterschiede nicht übersehen werden, vor allem aber seien die Denkhorizonte prinzipiell verschieden.[10] Auf dieser Linie betonte dann Kurt Deißner die Unterschiede zwischen Seneca und Paulus in den grundlegenden Konzeptionen, und Theodor Schreiner schärfte schon im Titel seines einschlägigen Traktats den Gegensatz ein;[11] noch einen Schritt weiter gingen Hugo Preller und Pierre Benoît, die nicht nur einen Gegensatz, sondern einen grundsätzlichen Widerspruch zwischen Seneca und Paulus diagnostizierten.[12] In der elaboriertesten Monographie zum Thema hat Jan Nicolas Sevenster Paulus und Seneca unter allen relevanten Gesichtspunkten (bis hin zu ihrer jeweiligen Persönlichkeit) miteinander verglichen und dabei die unvereinbaren Unterschiede herausgestellt.[13]

---

[7] Siehe vor allem MOMIGLIANO 1950. Vgl. oben S. 19f.

[8] Siehe FAIDER 1921, 143–150; GUMMERE 1922, 121–129. – Zu dieser Wirkungsgeschichte Senecas siehe den Essay von Peter Walter in diesem Band.

[9] FLEURY 1853; KREYHER 1887; HERRMANN 1970, 33–64; DERS. 1979; BERRY 2002, 21–43. – Weitere Hinweise, speziell im Blick auf eventuelle Kontakte zwischen Seneca und Paulus und auf den unter ihren Namen überlieferten Briefwechsel, siehe oben S. 5 Anm. 3.

[10] BAUR 1858 (im Folgenden zitiert nach dem Nachdruck 1978).

[11] DEISSNER 1917, bes. 35–38; SCHREINER 1936.

[12] PRELLER 1929, bes. 68; BENOIT 1946, bes. 22.

[13] SEVENSTER 1961. Auch L. FRIEDLÄNDER, Der Philosoph Seneca, in: Historische Zeitschrift NF 49 (1900) 193–249, erneut in: G. MAURACH (Hg.), Seneca als Philosoph (Wege der Forschung 414), Darmstadt ²1987, 95–148, hier 135–148 erkannte trotz wichtiger gemeinsamer Anschauungen einen tiefen inneren Gegensatz zwischen Senecas Stoizismus und dem Christentum (vgl. ebd. 135). – Siehe ferner die Literaturhinweise oben S. 5 Anm. 4.

Den Ansatzpunkt für diese Debatte bieten jeweils Berührungspunkte zwischen dem senecanischen und dem christlichen Denken, die sich bei vielen Themen feststellen lassen: im Gottesbegriff, in der Theodizeefrage, in der Anthropologie, in der Eschatologie, auch zur Frage des Wunders und des Gebets, vor allem aber in der Ethik, sowohl in der individuellen als auch, und da noch stärker, in der Sozialethik. Unbestreitbar lassen sich, jedenfalls oberflächlich, viele Parallelen oder Analogien ausmachen. Um bei der Deutung dieses Befundes über die bislang vorherrschende Alternative 'Einfluss bzw. Abhängigkeit' oder 'Gegensatz bzw. Widerspruch' hinauszugelangen, will ich die Sache im Folgenden auf einen Aspekt konzentrieren, nämlich auf den Gottesbegriff.[14]

Seneca über Gott

In Senecas Gottesidee lassen sich Analogien zur christlichen finden. So, wie er von „Gott" und von „Göttern" redete, könnte man den Eindruck haben, der Plural „Götter" sei nur noch althergebrachte Redeweise[15] und es herrsche in seiner Gottesvorstellung entschieden die Idee eines einzigen Schöpfers und Lenkers der Welt.[16] Seneca nannte „Gott" im Singular „Lenker" (epist. 16,4: *deus rector*), „Lenker des Alls" (vit. beat. 8,4: *rector universi deus*), „Ordner des Alls" (epist. 16,5: *arbiter deus universi;* vgl. ebd. 107,9), „Schöpfer der Welt" (epist. 119,15: *mundi conditor*), „Bildner des Alls ... allmächtiger Gott" (cons. ad Helv. 8,3: *formator universi ... deus potens omnium*), „göttlicher Gestalter" (epist. 113,16: *divinus artifex*), „Schöpfer und Lenker von Allem" (prov. 5,8: *ille ipse omnium conditor et rector*; vgl. epist. 58,28; 71,14: *cuncta temperans deus*), „Lenker und Hüter des Alls ... Herr und Gestalter dieses Werkes" (nat. quaest. II 45,1: *rector custosque universi ... operis huius dominus et artifex*; vgl. ebd. VII 30,3).

Diesen Ausdrücken lassen sich einige Gedanken Senecas zugesellen, die auf christliche Ohren überaus attraktiv gewirkt haben (und dies weiterhin können). Im Kontext einer Definition Gottes kam Seneca einmal auf seine „Größe" bzw. „Erhabenheit" *(magnitudo)* zu sprechen, „im Vergleich zu der nichts Größeres gedacht werden kann" (nat. quaest. I praef. 13: *qua nihil maius cogitari potest*); die verlo-

---

[14] Siehe dazu Deissner 1917, 14–23; Schreiner 1936, 16–22; Benoît 1946, 19–22; Sevenster 1961, 26–62.

[15] So Benoît 1946, 19.

[16] So Baur 1858 (1978), 386f., der als erster einige der folgenden Belegstellen zusammengestellt hat. Zahlreiche Hinweise ferner bei Sevenster 1961, 36.

renen *Exhortationes* hat er nach Auskunft des Laktanz ebenfalls mit dem „wunderbaren Gedanken" *(mirabilis sententia)* abgeschlossen, dass die Größe Gottes jedes Denken übersteige (div. inst. VI 24,12: *'magnum' inquit 'nescio quid maiusque quam cogitari potest numen est'*). Laktanz hat diesen Gedanken mit regelrecht begeisterter Zustimmung aufgegriffen – „Was könnte Wahreres gesagt werden von einem, der Gott erkannt hat, als von dem Mann (sc. Seneca) gesagt worden ist, der von der wahren Religion nichts wusste?" (div. inst. VI 24,13)[17] – und ihn vermutlich an die folgenden Generationen von christlichen Theologen weitergegeben. Bei Augustinus (354–430) begegnet eine ähnliche Formulierung (trin. V 10[11]: *deo non est aliquid maius*), und Anselm von Canterbury (1033–1109) hat auf diesen Gedanken seinen berühmten ontologischen Gottesbeweis aufgebaut (proslog. 2: Gott sei *aliquid quo nihil maius cogitari possit*).[18]

Schließlich könnte man auf Passagen verweisen, die sich mit christlichem Gedankengut in Verbindung bringen lassen.[19] „Du wunderst dich darüber, dass der Mensch zu den Göttern geht? Gott kommt zu den Menschen, ja noch näher: Er kommt in die Menschen; keine Gesinnung ist gut ohne Gott. Göttliche Samen sind ausgestreut in den Körpern der Menschen. Nimmt ein guter Gärtner sie auf, gedeihen sie ähnlich ihrem Ursprung und wachsen denen gleich, von denen sie abstammen; ein schlechter aber lässt sie wie unfruchtbarer und sumpfiger Boden absterben und bringt dann Unkraut an Stelle der Früchte hervor" (epist. 73,16). Mag in diesem Brief an Lucilius, den Adressaten der *Epistulae morales*, zu Beginn dieses Passus von „Göttern" die Rede sein und erst dann von „Gott" im Singular und mag die Metaphorik des Samens und des Säens in der antiken Literatur verbreitet gewesen sein[20] – welcher christliche Leser würde bei solchen Worten nicht an das Gleichnis vom Sämann denken (Mk. 4,1–9 par.)? Entsprechendes gilt für folgenden Text, der mit einer sehr weitgehenden Kritik an heidnischen religiösen Praktiken einsetzt: „Man muss nicht die Hände zum Himmel erheben und auch nicht den Tempelwächter anflehen, er möge uns zum Ohr des Gottesbildes vorlassen, als ob wir dann eher erhört werden könnten! Gott ist dir nahe, er ist mit dir, er ist in dir. Lucilius, ich sage: Heiliger Odem *(sacer spiritus)* wohnt in uns, ein Beobachter und Wächter unse-

---

[17] Es folgt das oben S. 19 und 86 zitierte Lob Senecas.
[18] Vgl. NOTHDURFT 1963, 192–195; TRILLITZSCH 1971, Bd. 1, 135f.
[19] Vgl. BAUR 1858 (1978), 415f.
[20] Stellenhinweise bei A. GRILLI, Seneca e la *plenitudo temporum*, in: A. P. MARTINA (Hg.), Seneca e i Cristiani = Aevum Antiquum 13 (2000) 73–86, hier 79.

rer guten und unserer bösen Taten; wie er von uns behandelt wird, so behandelt er selbst uns. Ein guter Mensch aber ist niemand ohne Gott; oder kann sich einer über das Schicksal erheben, wenn ihm jener nicht beisteht? Er verhilft zu hochherzigen und aufrechten Entschlüssen. In jedem guten Menschen '(welcher Gott, ist ungewiss) wohnt ein Gott' (Vergil, Aen. VIII 352)" (epist. 41,1f.).[21] Mit *sacer spiritus* ist die pantheistische Gottheit der Stoiker gemeint, die wie „Odem" die Welt durchdringt (vgl. nat. quaest. II 45,1: s.u.), anders ausgedrückt: die „Lebenskraft" der Welt, ihre in der stoischen Physik materiell vorgestellte „Lebensenergie".[22] Christliche Ohren freilich dürften durchaus an die Frage des Paulus an die Mitglieder der Christengemeinde von Korinth gedacht haben: „Wisst ihr nicht, dass ihr Gottes Tempel seid und der Geist Gottes in euch wohnt?" (1 Kor. 3,16; vgl. ebd. 6,19: „Wisst ihr nicht, dass euer Leib ein Tempel des Heiligen Geistes in euch ist, den ihr von Gott habt?"). Dass Seneca mit einem Zitat aus Vergil schloss, dürfte spätantikes christliches Empfinden kaum gestört haben, da die lateinischen Kirchenväter ebenfalls gern auf den römischen Dichter rekurrierten, der auch ihr Nationaldichter war.

Angesichts solcher Texte verwundert es weniger, dass christliche Theologen Seneca eine besondere Nähe zum Christentum bescheinigt haben. Im Blick auf den Gottesbegriff ging man in der Neuzeit sogar so weit, bei Seneca ein Bekenntnis zum Monotheismus bzw. eine monotheistische Theologie[23] und in der Stoa des 1. Jahrhunderts n.Chr. generell eine monotheistische Religiosität zu finden.[24] Das ist zu forciert gesagt, zudem ist die Verwendung dieser Kategorie problematisch (s.u.), doch bleibt die Beobachtung, dass Seneca im Kontext der Theologie bzw. Physik der Stoa auffällige Aussagen über Gott gemacht hat. Während – erneut mit Kategorien der neuzeitli-

---

[21] Zu diesem Text siehe die aphoristischen Assoziationen von M. VON ALBRECHT, Augenblicke der Gegenwart Senecas in der christlichen Tradition, in: A. HALTENHOFF/F.-H. MUTSCHLER (Hg.), Hortus Litterarum Antiquarum. Festschrift für H. A. Gärtner, Heidelberg 2000, 31–50 (italienische Übersetzung: Momenti della presenza di Seneca nella tradizione cristiana, in: A. P. MARTINA [Hg.], Seneca e i Cristiani = Aevum Antiquum 13 [2000] 5–39), bes. 32–38.

[22] Siehe C. P. PARKER, Sacer intra nos Spiritus, in: Harvard Studies in Classical Philology 17 (1906) 149–160. An dieser Semantik scheitert die Ansicht von BERRY 2002, II, mit diesem Passus in epist. 41 trenne sich Seneca vom paganen Denken des 1. Jahrhunderts n.Chr.

[23] Vgl. KREYHER 1887, 62 bzw. BAUMGARTEN 1895, 54. 88. Auch BRENK 2000, 92 entdeckt bei Seneca (und Epiktet) „una concezione molto monoteistica di Dio".

[24] Vgl. R. LIECHTENHAN, Die Ueberwindung des Leides bei Paulus und in der zeitgenössischen Stoa, in: Zeitschrift für Theologie und Kirche NF 3 (1922) 368–399, hier 377.

chen Philosophie ausgedrückt – die Stoa eine pantheistische Vorstellung von Gott und Welt ausgebildet hat, begegnen bei Seneca erstaunliche theistische Aussagen, die den Pantheismus insofern durchbrechen, als in ihnen Gott nicht mit der Welt identifiziert, sondern von ihr unterschieden wird: „Unsere Stoiker sagen, wie du weißt, es gebe in der Natur zwei Prinzipien, aus denen alles entsteht, Ursache *(causa)* und Materie *(materia)*. Die Materie ist einfach da, untätig, eine zu allem verwendbare Sache, ruhend, falls niemand sie bewegt; die Ursache hingegen, das heißt die Vernunft *(ratio)*, gestaltet die Materie und verändert sie, wozu immer sie will, schafft aus ihr verschiedene Werke. Es muss also etwas geben, woraus etwas entsteht, und dazu, wodurch etwas entsteht: Dies ist die Ursache, jenes die Materie ... Aber wir suchen nun die erste und allgemeine Ursache. Diese muss einfach sein, denn auch die Materie ist einfach. Wir fragen: Was ist die Ursache? Die tätige Vernunft natürlich, das heißt Gott ... Das All besteht nämlich aus Materie und aus Gott. Gott lenkt das All, das, ringsum sich ausbreitend, dem Lenker und Führer folgt. Mächtiger aber und wertvoller ist das, was tätig ist – das ist Gott –, als die Materie, die sich Gott fügt" (epist. 65,2.12.23).[25]

Gleichwohl scheint fraglich, ob Seneca den pantheistischen Denkrahmen der Stoa tatsächlich verlassen hat.[26] Neben theistisch klingenden Stellen stehen nämlich solche, die Gott in pantheistischer Weise mit der Natur, mit der der Natur immanenten Vernunft als der alles lenkenden Ursache und mit dem Schicksal identifizieren: „Was ist denn die Natur *(natura)* anderes als Gott *(deus)* und die göttliche Vernunft *(divina ratio)*, die der ganzen Welt und ihren Teilen eingepflanzt ist? ... Wenn du denselben auch Schicksal *(fatum)* nennst, wirst du nichts Falsches sagen; denn weil das Schicksal nichts anderes ist als eine zusammenhängende Kette von Ursachen, ist jener die erste Ursache von allen, von der die übrigen abhängen ... Wohin auch immer du dich wendest, wirst du ihn sehen, wie er dir entgegenkommt; nichts ist frei von ihm, er füllt sein Werk ganz und gar aus. Es ist also

²⁵ Vgl. Deissner 1917, 14f.; Schreiner 1936, 16; Sevenster 1961, 35f.
²⁶ Vgl. E. Zeller, Die Philosophie der Griechen in ihrer geschichtlichen Entwicklung III/1, Leipzig ⁵1923 (Nachdrucke Hildesheim/Zürich/New York 1990 und Darmstadt 1963. 2006), 730f.: „Findet daher auch immerhin zwischen seiner (sc. Senecas) Theologie und der altstoischen ein gewisser Unterschied statt, so besteht dieser doch nicht darin, dass irgendeine wesentliche Bestimmung der letzteren von ihm aufgegeben oder eine neue eingeführt würde, sondern nur darin, dass er von den Bestandteilen des stoischen Gottesbegriffs die ethischen verhältnismäßig stärker betont und ihn dadurch teils der gewöhnlichen Vorstellungsweise, teils der sokratisch-platonischen Lehre etwas näher gebracht hat."

bedeutungslos ..., wenn du behauptest, nicht Gott etwas schuldig zu sein, sondern der Natur, weil weder die Natur ohne Gott ist noch Gott ohne die Natur, weil beides ein und dasselbe ist und sich nur durch seine Aufgabe unterscheidet ... So rede nunmehr von Natur, Schicksal, Geschick: Das alles sind Namen desselben Gottes, der sich auf verschiedene Weise seiner Macht bedient" (benef. IV 7,1f.; 8,2f.).[27] Die Identität von Gott und Natur geht ferner, um nur noch ein Beispiel anzuführen, aus einem Fragment hervor (frg. 122 HAASE), das Laktanz zustimmend zitierte, ohne die Schwierigkeit zu erkennen bzw. anzusprechen, die sich daraus für den christlichen Gottesbegriff ergibt (div. inst. II 8,23: *'deus ipse natura est'*). Solche und ähnliche Stellen zeigen, dass es sich bei Senecas Gottesvorstellung grundsätzlich um den für die Stoa typischen rationalistischen Pantheismus und Determinismus handelt.[28] Auffällig bleibt allerdings, dass seinem Gottesbegriff auf der Basis dieser pantheistischen Theologie deutliche theistische Tendenzen eignen.[29]

Von diesen Beobachtungen aus fällt ein anderes Licht auf die eingangs zitierten Aussagen Senecas über Gott. Christlich klingen diese nur, wenn man sie isoliert wahrnimmt. Liest man sie in ihrem jeweiligen Kontext, wird klar, dass es sich nicht um so etwas wie monotheistische Höhenflüge handelt, sondern um theistisch gefärbte Gedanken in einem pantheistischen Konzept. Zwei Beispiele mögen das verdeutlichen. Der Kontext der Bezeichnung Gottes als „Schöpfer und Lenker von Allem" (prov. 5,8) ist eine Reflexion auf die Unabänderlichkeit des Schicksals: „Zu nichts werde ich gezwungen, nichts erdulde ich widerstrebend, ich unterwerfe mich Gott nicht, sondern stimme ihm bei, und zwar umso mehr, als ich weiß, dass alles nach einem unabänderlichen, für alle Ewigkeit erlassenen Gesetz seinen Gang geht. Das Schicksal führt uns, und wie viel Zeit jeder noch hat, das hat die Stunde der Geburt schon vorherbestimmt. Eine Ursache hängt an der anderen, das Schicksal der Einzelnen wie der Gemein-

---

[27] Vgl. BAUR 1858 (1978), 445; DEISSNER 1917, 15; SEVENSTER 1961, 39f.

[28] Vgl. BENOÎT 1946, 21; SEVENSTER 1961, 41: „rationalistic monism and harsh determinism"; BRENK 2000, 92f.: Seneca teile mit den Alten Stoa die grundlegende Konzeption eines metaphysischen und theologischen Monismus, in dem Gott, Vernunft, Vorsehung, Schicksal, das All und das Pneuma (der göttliche „Odem") in gewissem Sinne identisch seien.

[29] SCHREINER 1936, 19 sprach von einem „Schwanken zwischen theistischen und pantheistischen Anschauungen". Unsauber drückte sich FRIEDLÄNDER 1900 (wie Anm. 13), 135 aus, der Senecas theologisches System zunächst als pantheistisch-monotheistisch charakterisierte, gleich darauf aber meinte, der Vorsehungsglaube verleihe der stoischen Theologie „ein theistisches Gepräge"; hier werden weitreichende Kategorien nahezu willkürlich benutzt.

schaften ist bestimmt von der langen Kette der Ereignisse. Deshalb muss man alles tapfer ertragen, weil es nicht, wie wir meinen, zufällig geschieht, sondern (mit Notwendigkeit) kommt ... Was gehört sich für einen guten Menschen? Sich dem Schicksal zu fügen. Es ist ein großer Trost, dass wir zusammen mit dem All dahingerissen werden. Was immer es ist, was uns so zu leben, so zu sterben bestimmte, es bindet mit derselben Notwendigkeit auch die Götter. Ein unabänderlicher Ablauf bestimmt die Geschicke der Menschen ebenso wie die der Götter. Jener Schöpfer und Lenker von Allem hat die Bestimmungen des Schicksals zwar geschrieben, hält sich aber selbst daran; stets gehorcht er, einmal bestimmte er" (prov. 5,7f.). Die alles bestimmende Größe ist hier, griechisch ausgedrückt, die Heimarmene, der unabänderliche Ablauf des Schicksals, dem alles unterworfen ist. Der „Schöpfer und Lenker von Allem", also die Größe, die Seneca Gott (im Singular) nennt, spielt darin insofern eine besondere Rolle, als er die Erstursache in der Kette der Ereignisse ist. Ist diese allerdings einmal in Gang gesetzt, ist Gott dem Schicksal seinerseits unterworfen. Diesem Konzept eignet eine theistische Tendenz, doch insofern Gott letztlich doch ein Teil der Heimarmene ist (deren Anfang), bleibt es deterministischer Pantheismus. Mit der christlichen Vorstellung von einem Schöpfergott, der frei in der Geschichte handelt, hat das nichts zu tun.[30]

Dasselbe gilt für die Gottesdefinition Senecas, die, vermittelt über Laktanz und Augustinus, Anselm von Canterbury zu einem Gottesbeweis verholfen hat. Ihr Kontext ist ebenfalls ein pantheistischer: „Was ist Gott? Die Vernunft des Alls. Was ist Gott? Alles, was du siehst, und alles, was du nicht siehst. Seine Größe, im Vergleich zu der nichts Größeres gedacht werden kann, kommt erst dann zur Geltung, wenn er allein alles ist, wenn er sein Werk von innen erfüllt und von außen umfasst" (nat. quaest. I praef. 13); in der Wendung *solus omnia* klingt die pantheistische Formel vom „Einen, der Alles ist, und Allem, das Einer ist" im *Corpus Hermeticum* an (XVI 3: καὶ πάντα

---

[30] BENOÎT 1946, 22: „divergence radicale"; SEVENSTER 1961, 37: „basic contrast" (vgl. ebd. 43). – Die Bezüge, die E. LEFÈVRE, Il *De Providentia* di Seneca e il suo rapporto con il pensiero cristiano, in: A. P. MARTINA (Hg.), Seneca e i Cristiani = Aevum Antiquum 13 (2000) 55–71, bes. 62–70, zwischen Senecas Schrift über die Vorsehung und neutestamentlichen Texten herstellt, bleiben oberflächlich, weil Lefèvre nur Einzelbeobachtungen nebeneinanderstellt, ohne deren Valenz zu klären und ohne die zugrundeliegenden Denkstrukturen zu berücksichtigen. Schlechterdings indiskutabel ist die Ansicht von BERRY 2002, 49–56, Senecas Schrift *De providentia* sei von christlichen Gedanken aus dem *Römerbrief* des Paulus beeinflusst, was sich besonders an Senecas (angeblicher) Ablehnung des Selbstmords zeige.

ὄντα τὸν ἕνα καὶ ἕνα ὄντα τὸν πάντα; vgl. ebd. XII 8; XIII 17.18).

Noch deutlicher wird diese Vorstellung an der oben ebenfalls wiedergegebenen Stelle aus demselben Werk, an der Gott „Lenker und Hüter des Alls" und „Herr und Gestalter dieses Werkes" genannt wird; zugleich heißt er da nämlich „Seele und Odem (Lebenskraft) der Welt" (nat. quaest. II 45,1: *animus ac spiritus mundi*), und im Folgenden geht es so weiter: „Willst du ihn Schicksal nennen, wirst du dich nicht irren; er ist es, von dem alles abhängt, die Ursache der Ursachen. Willst du ihn Vorsehung nennen, wirst du Recht haben; denn er ist es, auf dessen Beschluss hin für diese Welt Vorsorge getroffen wird, damit sie ungehindert ihren Gang geht. Willst du ihn Natur nennen, wirst du nicht fehl gehen; er ist es, aus dem alles geboren ist, durch dessen Atem wir leben. Willst du ihn Welt nennen, wirst du dich nicht täuschen; er selbst nämlich ist alles das, was du siehst, enthalten in seinen Teilen, sich selbst und das Seinige erhaltend" (ebd. 45,2f.). Die Unterschiede, ja die prinzipielle Verschiedenheit zwischen dieser Theologie und dem christlichen Gottesbegriff ist deutlich. Die stoisch-pantheistische Verschränkung von Gott, Welt, Vernunft und Schicksal ist nach gänzlich anderen Axiomen strukturiert als das monotheistische Gotteskonzept der jüdisch-christlichen Tradition.[31]

Das Einheitsdenken der antiken Philosophie

In der Diskussion über eventuelle christliche Einflüsse auf den Gottesbegriff Senecas, der in dieser Hinsicht dann als monotheistisch qualifiziert werden könnte, ist nach dem Gesagten auf den Differenzen und Unvereinbarkeiten zu insistieren. Auch aus historischen Gründen – irgendwelche christliche Einflüsse auf Seneca sind quellenkritisch schlechterdings nicht fassbar – ist diese alte Debatte damit eindeutig entscheidbar. Aber sind die geistesgeschichtliche Konstellation und die damit einhergehenden historischen Entwicklungen damit schon erschöpfend beschrieben? Wenn man nämlich sagt – wie das in der Forschung praktiziert wird und wie ich das im vorigen Abschnitt ebenfalls getan habe –, der theologische und kosmologische Denkrahmen Senecas sei pantheistisch und enthalte theistische Aussagen,

---

[31] SCHREINER 1936, 19 zieht richtig das Fazit, „dass es sich in keinem Fall um Monotheismus handeln kann, wie er dem Christenglauben so eigen ist". Die theistischen Tendenzen in Senecas Pantheismus wertet er allerdings anachronistisch von christlichen Vorgaben aus: „Man ist erstaunt, nach solchem Höhenflug monotheistischer Erkenntnis (Schreiner bezieht sich auf epist. 65,12.23: s.o.) andererseits einen unverkennbaren Abfall zum Pantheismus konstatieren zu müssen" (ebd.).

die sich klar von monotheistischen Gotteskonzepten unterschieden, dann bedient man sich einer Begrifflichkeit, die der philosophischen Szene der Aufklärung entstammt. Theismus (später sagte man Deismus) fungierte als Gegenbegriff zum Monotheismus, als diese Begriffe im 17./18. Jahrhundert geprägt wurden. Es scheint zweifelhaft, ob die antiken Phänomene damit angemessen in den Griff zu bekommen sind. Begriffe wie Pantheismus und Theismus dienen von ihrem ersten Aufkommen an christlichen Abgrenzungsbedürfnissen. Sie sind nicht neutrale Beschreibung, sondern implizieren Wertung. Wenn man sagt, Senecas Gottesbegriff sei nicht monotheistisch, sondern pantheistisch mit theistischer Tendenz, dann wird das historische Phänomen, um das es geht, von vornherein von christlichen Maßstäben aus wahrgenommen, beschrieben, eingeordnet und bewertet. Die gesamte bisherige Debatte über Senecas Gottesbegriff bewegt sich auf einem von solchen tendenziösen Kategorien abgesteckten Terrain. Im Folgenden möchte ich deshalb den Versuch unternehmen, diese alte Debatte aus der damit gegebenen Konstellation herauszuholen und Senecas Aussagen über Gott in die zugehörige theologisch-philosophische Entwicklung der Antike einzuordnen. Aus dieser Perspektive fällt möglicherweise neues Licht auf die immer wieder bemerkte und in manchen Einzelelementen ja nicht von der Hand zu weisende Nähe der senecanischen Theologie zum Christentum.

Das griechische Denken war von Anfang an von dem Bemühen gekennzeichnet, im Chaos der Erscheinungswelt Ordnung und Einheit zu identifizieren.[32] Schon das mythische Denken stellte die gesamte Wirklichkeit als einheitlichen Herrschaftsbereich der Götter dar und lehrte auf diese Weise die Wirklichkeit als Einheit zu sehen.[33] Die frühgriechische Philosophie übernahm formal die mythische Einheitskonzeption des Alls.[34]

Der erste griechische Philosoph, der die Wirklichkeit als Einheit betrachtete, soll Xenophanes von Kolophon (um 500 v.Chr.) gewesen sein.[35] Er leitete die Einzigkeit Gottes aus dem Begriff der Vollkommenheit Gottes ab: „Dass Gott einer sei, bewies er daraus, dass er das Vollkommenste von allem sei" (21 A 31 DIELS/KRANZ). Gott

---

[32] Siehe C. ROWE, One and Many in Greek Religion, in: Eranos-Jahrbuch 45 (1976) 37–67.
[33] Vgl. W. RÖD, Die Philosophie der Antike 1. Von Thales bis Demokrit (Geschichte der Philosophie 1), München ²1988, 25.
[34] Vgl. ebd. 27.
[35] Vgl. ebd. 83–86.

sei Einer, weil er Alles ist, „als wäre das, was alles genannt wird, eins"
(21 A 29 D./K.); „Xenophanes, der zuerst ... die Einheitslehre aufge-
bracht hat ... und auf das ganze Weltall seinen Blick richtete, erklärt,
das Eine sei die Gottheit" (21 A 30 D./K.); das All sei eines und
identisch mit Gott (21 A 31 D./K.). Auf dem Wege der Abstraktion
entdeckte Xenophanes die Einzigkeit Gottes und entwarf eine meta-
physische Alleinheitslehre, durch die er zum Vorläufer des Pantheismus wurde.

Vermittelt über Parmenides (um 500 v.Chr.) und die eleatischen
Philosophen, die in ihren Überlegungen von der Einheit alles Seienden ausgingen, gelangten diese Gedanken zu Platon (428/27–348/47
v.Chr.). In seinem *Timaios*, einer Kosmogonie, in der er vorsokrati-
sche Weltentstehungstheorien aufgegriffen und fortgeschrieben hat,
erscheint die Welt als *eine*, geschaffen von *einem* Schöpfer, und ist die
Rede von *einem* Gott, der als transzendent erscheint, was aber nicht
näher reflektiert wird (vgl. Tim. 28 c 3–5, der *locus classicus* des spätantiken Platonismus). „So muss man", lässt Platon den Redner Timaios
hypothetisch sagen, „behaupten, dass diese Welt durch Gottes Fürsorge als ein in Wahrheit beseeltes und mit Vernunft begabtes Lebewesen entstand" (Tim. 30 b 6 – c 1). „Damit" die Welt „in Bezug auf
die Einzigkeit dem vollkommenen Lebewesen gleicht, darum machte
ihr Schöpfer nicht zwei und nicht unendlich viele Welten, sondern
einzig, einmalig ist dieser Himmel (εἷς ὅδε μονογενὴς οὐρανός)
entstanden und wird es ferner sein" (Tim. 31 a 8 – b 3). Im Schluss-
satz des *Timaios* wird dieser Gedanke noch einmal als Quintessenz der
ganzen Darstellung aufgegriffen: „Indem diese unsere Welt sterbliche
und unsterbliche Lebewesen erhielt und derart mit ihnen erfüllt ward,
ist sie ein sichtbares Lebewesen geworden, das die sichtbaren Lebewesen umgibt, ein Abbild des (nur) denkbaren Lebewesens, ein
wahrnehmbarer Gott, der größte und beste, schönste und vollkommenste, dieser einzige, einmalige Himmel (εἷς οὐρανὸς ὅδε μονογε-
νής)" (Tim. 92 c 5–9). Ähnlich wie Xenophanes konnte Platon die
Einzigkeit des göttlichen Kosmos (vgl. Tim. 34 a 8 – b 1) theologisch
so formulieren, dass er sagte, die Welt sei „*ein* Gott" (Tim. 55 d 4f.:
εἷς θεός).

Die weitere kosmologische und theologische Spekulation der Antike wurde von diesen Gedanken Platons geprägt. In offensichtlichem
Anschluss an ihn konstatierte Aristoteles (384–321 v.Chr.) im zwölften Buch der „Metaphysik", das ursprünglich ein selbstständiger Vor-
trag über theologische Fragen war, dass es „nur einen Himmel (εἷς
οὐρανὸς μόνος) gibt" (Met. XII 8, 1074 a 38). Auch Aristoteles
nannte sein Einheitsprinzip, „ein ewiges unbewegtes Wesen" (Met.

XII 6, 1071 b 4f.), „Gott": „Gott, sagen wir, ist das ewige, beste Lebewesen, so dass Gott Leben und beständige Ewigkeit zukommen; denn dies ist Gott" (Met. XII 7, 1072 b 28–30). Am Schluss des Vortrags bzw. des Buches wandte Aristoteles sich explizit gegen „viele Prinzipien" zur Erklärung der Welt und berief sich dafür auf eine politische Maxime aus der *Ilias* (II 204): „Niemals gut ist Vielherrschaft; nur einer sei Herrscher (εἷς κοίρανος)" (Met. XII 10, 1076 a 4). Alexander von Aphrodisias (um 200 n.Chr.) kommentierte diese Aussage so, dass er philosophisches Einheitsprinzip und theologisches Eingottkonzept kombinierte: „ein einziges Prinzip, ein einziger Gott (μία ἀρχή, εἷς θεός)" (in Aristot. Met. XII 10 [CAG 1, 721,31 HAYDUCK]).

Seinen Höhepunkt erreichte das Einheitsdenken der griechischen Philosophie in seiner letzten Phase, im Neuplatonismus, paradigmatisch verkörpert durch Plotin (204/5–270 n.Chr.). Die Neuplatoniker wollten nach ihrem Selbstverständnis nichts anderes tun, als das Denken Platons erklären, doch haben sie Platonisches dabei umgeformt, weitergedacht und in wesentlichen Aspekten radikalisiert. „Dazu gehört vor allem die Intensivierung des Einheitsgedankens: Denken des Einen nämlich ist das zentrale Motiv neuplatonischen Philosophierens, so dass der Terminus 'Henologie' durchaus dessen Grundintention trifft. Phänomene der Vielheit auf eine einheitliche Gestalt oder auf die sie konstituierenden Ideen zurückzuführen, ist ein Akt des Begreifens von sinnlicher Welt und ebensosehr von intelligiblen Verhältnissen. In diesen aber jeweils das Verbindende und Begründende zu suchen, führt das Denken zu immer intensiveren Formen von Einheit – letztlich in den Begriff und das Sein des reinen, d.h. zeitfreien, absoluten Geistes und in die reine absolute Einheit: das Eine selbst. Dieses – sein 'Sein' und Wirken – ist das einzig Leitende und Bewegende in jeder Frage, die sich dem Denken stellt."[36]

Im Blick auf Seneca ist aus der nachsokratischen Philosophie natürlich die diesbezügliche Entwicklung in der Stoa am relevantesten. Die stoische Metaphysik ging von zwei Vorgaben aus: von einem Materialismus – alles Seiende sei „körperlich", „materiell" – und von der Herrschaft der Vernunft über die Seele. Die Vermittlung beider

---

[36] W. BEIERWALTES, Denken des Einen. Studien zur neuplatonischen Philosophie und ihrer Wirkungsgeschichte, Frankfurt a.M. 1985, 11f. Zur Fortsetzung dieses Denkens in der antiken christlichen Theologie siehe exemplarisch J. TRELENBERG, Das Prinzip „Einheit" beim frühen Augustinus (Beiträge zur historischen Theologie 125), Tübingen 2004.

Grundsätze war nicht einfach, denn wenn alles Seiende, also auch die Seele, materiell und daher nur über die Sinne zugänglich ist, wie kann dann die Vernunft, die etwas Nicht-Sinnliches ist, herrschen? Die Stoiker lösten dieses Problem, indem sie die Materie intellektualisierten. Alles Körperliche bestehe aus Stoff (ὕλη) und Vernunft (λόγος). „Die Stoiker machten somit den Logos zum eigentlich gestaltenden Prinzip der Welt. Er wurde in seiner Funktion mit Platos Demiurgen verglichen und als pantheistischer Gott gesehen."[37] Die Welt war für die Stoiker einzig, ein organisches Ganzes, ein vernunftbegabtes Lebewesen.[38] Die Weltvernunft wurde als persönliche Vernunft angesehen, als „Gott" angesprochen und mit Zeus identifiziert. Für die Stoiker „gibt es nur einen Gott, eben die in allen Dingen wirkende und formende Vernunft".[39] Prägnant hat Mark Aurel (Kaiser 161–180 n.Chr.), der letzte bedeutende Stoiker der Antike, dieses Konzept formuliert: „Alles ist miteinander verflochten, und die Verbindung ist heilig, und das eine ist dem anderen kaum fremd. Denn es ist zusammengefügt und bildet gemeinsam ein und dieselbe Welt. Es gibt nämlich nur eine Welt (κόσμος εἷς), die aus allem besteht, und nur einen Gott (θεὸς εἷς), der in allem ist, und nur ein Wesen (οὐσία μία) und nur ein Naturgesetz (νόμος εἷς), nur eine Vernunft («εἷς» λόγος), die allen denkenden Lebewesen gemeinsam ist, und nur eine Wahrheit (ἀλήθεια μία), jedenfalls sofern es auch nur eine Vollkommenheit (τελειότης μία) der Lebewesen gibt, die dieselbe Herkunft haben und an derselben Vernunft teilhaben" (M. Aur. VII 9). Der Philosophiehistoriker Diogenes Laërtios fasste im 3. Jahrhundert n.Chr. die stoische Gotteslehre so zusammen: „Gott sei ein unsterbliches Lebewesen, vernünftig, vollkommen, denkend, glückselig, unempfänglich für alles Böse, voller Fürsorge für die Welt und alles in der Welt; er sei freilich nicht von menschlicher Gestalt. Er sei der Schöpfer des Alls und gleichsam der Vater von allem, und zwar generell, besonders aber in dem Teil von ihm, der alles durchdringt" (Diog. Laert. VII 147 = SVF II 1021); „als Wesen Gottes bezeichnet Zenon (der Begründer der Stoa; 333/32–262/61 v.Chr.) die ganze Welt und den Himmel" (Diog. Laert. VII 148 = SVF II 1022). Obwohl die Entwicklung dieser Metaphysik insofern komplex war, als bei Platon das Eine, jenseits des Seins, der Welt gegenübersteht, ist im Prinzip doch zu erkennen, wie die von Xenophanes und Platon

---

[37] M. HOSSENFELDER, Die Philosophie der Antike 3. Stoa, Epikureismus und Skepsis (Geschichte der Philosophie 3), München 1985, 81.
[38] Vgl. ebd. 82.
[39] Ebd. 85.

herkommenden kosmologischen und theologischen Einheitsgedan-
ken in den (später so genannten) Pantheismus (oder auch: Panen-
theismus) der Stoiker münden.

Aus dieser kleinen Übersicht dürfte deutlich werden, wie fugenlos
sich Senecas Metaphysik und Theologie in diese Tradition einordnen.
Die intellektuelle Suche nach Einheit in der Vielfalt der Erscheinun-
gen hat das antike philosophische Denken von Anfang an bestimmt
und ist im Laufe der Jahrhunderte immer intensiver geworden. Dieses
philosophische, von rationalen Fragestellungen gesteuerte Einheitsdenken ist ebenso von Anfang an in theologischen Kategorien formuliert worden. Der Einheit der Wirklichkeit und der Einzigkeit des
Höchsten und Besten wurde Göttlichkeit zugesprochen.[40] „Bei Xenokrates", einem Schüler Platons, der dessen zweiter Nachfolger in
der Leitung der Akademie war, „heißt die 'Einheit' unverhohlen
'Gott'."[41] *Eine* Welt, *eine* Wirklichkeit, *eine* Ursache, *ein* Prinzip, *ein*
Gott – das war ein naheliegender Gedanke, der in einer Welt, in der
Philosophie und Theologie nicht getrennt waren, völlig unkompliziert
war. Die 'theistisch' klingenden Aussagen Senecas lassen sich als konzise Spitzenaussagen dieser Denkform auffassen. Es besteht keinerlei
Anlass, zu ihrer Erklärung auf christliche 'monotheistische' Einflüsse
zu rekurrieren. Aus der inneren Dynamik der antiken Philosophie
heraus sind sie mühelos erklärbar.

Es dürfte reizvoll und lohnend sein, die damit angezeigten Zusammenhänge einmal eingehend an Senecas Schriften zu untersu-
chen. An dieser Stelle muss ich mich damit begnügen, das Gesagte in
der Hoffnung, dass es einigermaßen plausibel klingt, als These in den
Raum zu stellen. In einem letzten Gedankengang möchte ich das
Augenmerk noch auf einen weiteren Aspekt lenken, nämlich auf die
Bedeutung dieser Gedanken Senecas und dieser ganzen philosophischen Entwicklung für die antiken christlichen Theologen, weil sich
so die Nähe Senecas zum Christentum erst richtig profilieren lässt.

Seneca als Zeuge für den Monotheismus

Das kosmologisch-theologische Einheitsdenken der antiken Philosophie war ohne große Probleme mit dem (jüdisch-)christlichen Gedanken eines einzigen, universalen Gottes vereinbar. Dies lag daran,
dass einerseits das philosophische Einheitsdenken theologisch artiku-

---

[40] Vgl. W. BURKERT, Griechische Religion der archaischen und klassischen Epoche (Religionen der Menschheit 15), Stuttgart u.a. 1977, 486.
[41] Ebd. 478 mit Verweis auf Xenokrates, frg. 15 HEINZE.

liert wurde, andererseits die Strukturen und Grundprobleme der christlichen Gotteslehre im platonischen Einheitsdenken vorgeprägt waren. Pagane wie christliche Denker bearbeiteten dieselben philosophischen Probleme, die sich daraus ergaben, dass beide Seiten nach der 'letzten' Einheit der Wirklichkeit suchten. Und beide Seiten nannten diese Einheit 'Gott'. Über dieses Axiom ihrer Weltsicht und Weltdeutung waren heidnische und christliche Philosophen-Theologen sich einig, ungeachtet aller ihrer sonstigen Differenzen. Vertreter beider Seiten haben diesen Konsens auch erkannt und zugegeben. Origenes (um 185–253/54), ein profunder Kenner der griechischen Philosophie, meinte, „viele Philosophen schreiben, ein einziger Gott sei es, der alles geschaffen hat" (in Gen. hom. 14,3); und der Neuplatoniker Olympiodor bestätigte das in der zweiten Hälfte des 6. Jahrhunderts n.Chr.: „Auch wir", sagte er von den platonischen Philosophen an die Adresse der Christen, „auch wir wissen ja, dass die erste Ursache eine einzige ist, nämlich Gott; denn es kann nicht viele erste geben" (in Plat. Gorg. 4,3).

Die frühen christlichen Theologen haben die Geschichte des antiken Nachdenkens über Gott in diesem Sinne beschrieben: Alle Philosophen hätten, in unterschiedlichen Formen, die Einzigkeit Gottes gelehrt. Natürlich haben sie dabei doxographisch vieles verzeichnet und die Zusammenhänge vereinfacht. Aber grundsätzlich haben sie etwas Richtiges wahrgenommen, eben die aller antiken Philosophie zugrundeliegende Annahme der Einheit der Wirklichkeit.

In der zweiten Hälfte des 2. Jahrhunderts (wahrscheinlich im Jahr 177 n.Chr.) wies Athenagoras darauf hin, „dass wir (sc. die Christen) nicht die Einzigen sind, die Gott auf die Einzahl beschränken" (suppl. 6,2), denn auch antike Dichter – er rekurrierte auf Verse von Euripides und (Pseudo-)Sophokles – und Philosophen, nämlich die Pythagoreer, Platon (im *Timaios*), Aristoteles und die Stoiker, hätten einen Gott gelehrt (suppl. 5f.); sein Fazit: „Fast alle, die auf die Weltprinzipien (ἀρχαί) zu sprechen kommen, sind sogar gegen ihren Willen darüber einig, dass das Göttliche nur eines ist (ἓν τὸ θεῖον)" (suppl. 7,1; vgl. ebd. 24,1: εἰς θεός). Mit nahezu denselben Worten sagte Klemens von Alexandrien im letzten Jahrzehnt des 2. Jahrhunderts mit Hilfe von Ausdrücken aus den Schriften Platons, dass die Philosophen „auch gegen ihren Willen zugeben müssen, dass es einen einzigen Gott (εἷς θεός) gibt, der unvergänglich und ungeworden ist und der irgendwo in der Höhe auf den Gewölben des Himmels in seiner eigenen und ihm allein gehörenden Warte in Ewigkeit wahrhaftig lebt" (protr. 68,3). Klemens rief dazu neben Platon eine Reihe von Philosophen auf, „die den einen wahrhaft einzigen Gott (ὁ εἷς ὄντως

μόνος θεός) als Gott erklären" (protr. 71,1), gab sich insgesamt aber reserviert gegenüber dieser antiken Tradition (protr. 64,1–76,6), und zwar deshalb, weil sie pantheistisch die Welt vergöttere (protr. 67,2: „Gott suche ich, nicht die Werke Gottes"). Unkritischer verfuhren die Verfasser zweier Testimoniensammlungen, die unter dem Namen Justins überliefert sind: In einem Schriftchen „Über die Alleinherrschaft (sc. Gottes)" sind Aussagen über Gott aus der griechischen Dichtung gesammelt, vorzüglich solche, die auf seine Einzigkeit hinweisen oder diese direkt aussagen, und in einem Text, der traditionell den Titel „Mahnrede an die Hellenen" trägt – die Datierungsvorschläge schwanken zwischen dem Ende des 2. und dem 4. Jahrhundert[42] –, werden Zeugnisse für die Einzigkeit Gottes aus der griechischen Geistesgeschichte aufgeführt: Orpheus, die Sibylle (die *Oracula Sibyllina*), Homer, Sophokles, Pythagoras, Platon, besonders dessen *Timaios* (cohort. 15–33; vgl. ebd. 36,4).

Von den frühen lateinischen Kirchenvätern hat Minucius Felix in der ersten Hälfte des 3. Jahrhunderts in diesem Sinn argumentiert. In seinem kleinen Dialog *Octavius* versucht ein Christ seinen heidnischen Gesprächpartner, der den Christengott als „einzigen, einsamen, verlassenen Gott" (Oct. 10,3: *deus unicus solitarius destitutus*) verspottet hatte, unter anderem dadurch von der Wahrheit des christlichen Glaubens zu überzeugen, dass er eine lange Reihe von antiken Dichtern und Philosophen als Zeugen für den Monotheismus aufbietet: Ennius, Vergil, Thales, Anaximenes, Diogenes von Apollonia, Anaxagoras, Pythagoras, Xenophanes, Antisthenes, Speusipp, Demokrit, Straton, Epikur, Aristoteles, Theophrast, Herakleides Pontikos, Kleanthes, Zenon, Chrysipp, Diogenes den Babylonier, Xenophon, Ariston und schließlich Platon (Oct. 19); sein Fazit: „Die Meinungen nahezu aller Philosophen von Rang habe ich dargelegt; alle haben den einen Gott *(deus unus)*, wenn auch unter vielerlei Namen, gelehrt" (Oct. 20,1). An dem, was Minucius Felix über die einzelnen Denker jeweils sagte, ist sachlich vieles unrichtig, doch gehen die Fehler zum größten Teil schon auf die Quelle zurück, an die Minucius sich sehr eng anlehnte, nämlich den Philosophenkatalog in Ciceros *De natura deorum* (nat. deor. I 25–41).[43] Doch interessierte Minucius sich für

---

[42] C. RIEDWEG, Ps.-Justin (Markell von Ankyra?), Ad Graecos de vera religione (bisher „Cohortatio ad Graecos"). Einleitung und Kommentar (Schweizerische Beiträge zur Altertumswissenschaft 25), Basel u.a. 1994, 167–182, meint, in Markell von Ankyra (gest. 374) den Verfasser gefunden zu haben, und schlägt als Titel *Ad Graecos de vera religione* vor.

[43] Erhellendes dazu bei C. BECKER, Der 'Octavius' des Minucius Felix. Heidnische Philosophie und frühchristliche Apologetik, München 1967, 10–19.

solche Details nicht, denn ihm lag an einem Gesamtbild der griechischen Philosophie, als dessen zentrale Gemeinsamkeit er die Annahme herausstellte, alle Philosophen hätten den *einen* Gott gelehrt. Abhängig von Minucius Felix hat Laktanz (gest. 325) die Geschichte der antiken Philosophie im selben Sinn dargestellt. Seine Version soll als letzte vorgestellt werden, weil wir damit nach diesem kurzen Streifzug durch die antike und frühchristliche Theologie wieder zu Seneca zurückkehren. Im ersten Teil seiner umfangreichen „Göttlichen Unterweisungen" ging er der Frage nach, „ob die Welt von der Macht eines einzigen Gottes *(unus deus)* oder vieler Götter gelenkt werde" (div. inst. I 3,1), und sammelte Zeugnisse für die „Einzigkeit *(unitas)* der göttlichen Macht" (div. inst. I 3,24). Nachdem er zunächst die alttestamentlichen Propheten namhaft gemacht hatte (div. inst. I 4), führte er antike Dichter (Orpheus, Vergil, Ovid: div. inst. I 5,2–14) und Philosophen als Zeugen für den Monotheismus an. Sein Philosophenkatalog ist ein Auszug aus demjenigen des Minucius Felix: Thales, Pythagoras, Anaxagoras, Antisthenes, Kleanthes, Anaximenes, Chrysipp, Zenon, Aristoteles, Platon (div. inst. I 5,15–23). Ehe er sich im Anschluss daran „göttlichen Zeugnissen" aus dem hermetischen und sibyllinischen Schrifttum zuwandte (div. inst. I 6f.), erweiterte er jedoch den Philosophenkatalog um zwei für ihn wichtige lateinische Zeugen: Cicero (div. inst. I 5,24f.) – und Seneca (div. inst. I 5,26–28). In der *Epitome* der „Göttlichen Unterweisungen" referierte Laktanz diesen Autoritätsbeweis für die Einzigkeit Gottes in Kurzform (epit. 2–5) und erwähnte darin neben Cicero ebenfalls den Namen Seneca (epit. 4,3).

Es ist dieser Zusammenhang, in dem die häufig zitierten[44] Worte des Laktanz über Senecas Nähe zum Christentum fallen: „Wie oft spendet auch Annaeus Seneca, der unter den Römern wohl scharfsinnigste Stoiker, dem höchsten Gott das ihm gebührende Lob!" Und nach zwei Zitaten aus verlorenen Werken Senecas (frg. 26 und 16 HAASE) konstatierte er: „Wie viel anderes noch, das unseren Lehren gleicht, hat er von Gott gesagt!" (div. inst. I 5,26.28).[45] Seneca wird hier von Laktanz in die Tradition des Einheitsdenkens der antiken Philosophie gestellt und fungiert als Zeuge für den Monotheismus.

---

[44] So auch in der Einleitung in diesen Band oben S. 19.

[45] Laktanz zitierte Seneca zustimmend noch an folgenden, bei TRILLITZSCH 1971, Bd. 2, 363–369 ausgeschriebenen Stellen: div. inst. I 7,5.13; 16,10f.; II 2,14; 4,14; 8,23 (siehe dazu oben S. 92); V 9,18f. (siehe dazu in den Erläuterungen Anm. 33); 13,20; 22,11; VI 24,12–17; 25,3.

Paganer und christlicher Monotheismus

Was bedeutet das alles nun für Senecas Verhältnis zum Christentum? Ich greife, als Aufhänger für ein paar Schlussfolgerungen, noch einmal auf die klassische Darstellung von Ferdinand Christian Baur zurück: „Dass beide sich vielfach berühren, in manchen sehr wichtigen Punkten in einer nahen gegenseitigen Beziehung zu einander erscheinen, liegt klar vor Augen, dass sie aber auch nicht nur sehr verschieden von einander sind, sondern sogar in einem principiellen Gegensatz zu einander stehen, lässt sich ebenso wenig verkennen. Es fragt sich daher, auf welche der beiden Seiten das Hauptgewicht gelegt wird, ob die Uebereinstimmung so bedeutend ist, dass die Differenz gegen sie so gut wie verschwindet, oder die letztere in das Ganze so tief eingreift, dass auch im Einzelnen nichts von ihr unberührt bleibt. Geht man von dem Einzelnen aus, so wird man leicht auf dem Wege der quantitativen Betrachtung so viel Aehnliches und Gleichlautendes zusammenbringen, dass nichts als Uebereinstimmung zu sein scheint; macht man dagegen den Gegensatz zum Hauptgesichtspunkt, so wird man auch im Einzelnen alles erst darauf anzusehen haben, wie es nach dem Geist und Charakter des Ganzen zu nehmen ist."[46] Das ist eine vorzügliche und nach wie vor gültige Diagnose sowohl des Phänomens als auch der darüber geführten Debatte.

Nun ist bei aller prinzipiellen Gegensätzlichkeit der Konzepte die Kompatibilität mancher Aussagen Senecas mit christlichen Grundsätzen nicht zu übersehen. Noch einmal Baur: „Es lässt sich nicht läugnen, dass uns aus den Schriften Seneca's an so manchen Stellen ein dem Christenthum befreundeter Geist entgegenweht, unwillkürlich drängt sich eine Vergleichung mit dem Christenthum auf, die bei aller Verschiedenheit der Grundanschauung immer auch wieder verwandte Elemente zu erkennen gibt, es bieten sich so vielfache Anknüpfungs- und Berührungspunkte dar, die nur weiter verfolgt werden dürfen, um uns unvermerkt in den tieferen Inhalt und Zusammenhang des christlichen Bewusstseins zu versetzen, so manche Ausdrücke und Sätze lauten ganz so, wie wenn sie unmittelbar aus christlichem Boden entstanden wären."[47] Auch hierin wird man Baur noch beipflichten können. Über die Deutung des Phänomens ist damit aber noch nicht entschieden. Der historischen Einordnung, wie sie Baur vornimmt, kann ich nämlich nur noch in ihrem ersten Teil zustimmen: „Allein es darf hier auch die in der Natur der Sache selbst

---

[46] BAUR 1858 (1978), 453f.
[47] Ebd. 463.

liegende Grenzlinie nicht aus dem Auge gelassen werden. Was uns schon in so klaren Zügen den Charakter und die Farbe des Christenthums an sich zu tragen scheint, ist nicht als eine schon vom Christenthum ausgegangene Wirkung, sondern nur als eine zu ihm erst führende, auf der nächsten Uebergangsstufe stehende Entwicklung anzusehen."[48] Die Analogien und Parallelen sind nicht als christlicher Einfluss auf Seneca zu erklären – soweit hat Baur Recht. Sie sind aber auch nicht als Entwicklung auf das Christentum hin zu erklären; das wäre ein teleologisches Geschichtsbild, und in der Tat hat Baur selbst seinen Standpunkt als den „der teleologischen Betrachtung" zu erkennen gegeben.[49] Will man weder von christlichen Einflüssen ausgehen noch einem teleologischen Geschichtsbild das Wort reden, ist nach alternativen Modellen zu suchen, um das Verhältnis zwischen Senecas Denken und dem Christentum zu erklären.

Ein neues Erklärungsmodell könnte aus der aktuellen Diskussion über den Monotheismus in der Antike gewonnen werden. In dieser wird neben dem jüdisch-christlichen Monotheismus prononciert ein „paganer Monotheismus" entdeckt.[50] Man diagnostiziert auf Seiten der heidnischen Philosophie eine Tendenz zum Monotheismus, die durch das Einheitsdenken der antiken Philosophie angebahnt worden sei und sich in der späteren Antike zunehmend durchgesetzt habe. Diese Erkenntnis ist an sich nicht neu,[51] wird von der momentanen Forschung allerdings verstärkt wahrgenommen. Ungeachtet manch problematischer Beschreibungen und Wertungen, etwa der Behauptung, die heidnischen Philosophen, besonders die Platoniker, seien in exakt demselben Sinn Monotheisten gewesen wie die Christen,[52] wird

---

[48] Ebd. 463f.

[49] Ebd. 468.

[50] Programmatisch in dem Sammelband von P. ATHANASSIADI/M. FREDE (Hg.), Pagan Monotheism in Late Antiquity, Oxford 1999 (Nachdruck 2002), besonders in den Beiträgen von M. L. WEST, Towards Monotheism (ebd. 21–40), und M. FREDE, Monotheism and Pagan Philosophy in Later Antiquity (ebd. 41–67), sowie in der Einleitung der Herausgeber (ebd. 1–20).

[51] Siehe schon E. ZELLER, Die Entwicklung des Monotheismus bei den Griechen, Stuttgart 1862, erneut in: DERS., Vorträge und Abhandlungen geschichtlichen Inhalts. Bd. 1, Leipzig 1865 ([2]1875), 1–29, etwa 1: Bei den Griechen habe es „wenigstens eine Analogie" zur Entstehung des monotheistischen Glaubens gegeben, nämlich „der Glaube an die Einheit des göttlichen Wesens" (wobei der christliche Begriff des „Glaubens" allerdings fehl am Platz ist); ferner M. P. NILSSON, Geschichte der griechischen Religion. Bd. 2: Die hellenistische und römische Zeit (Handbuch der Altertumswissenschaften V 2/2), München 1950, 546–552, bes. 546: „Im Heidentum war der Monotheismus nur eine Tendenz", die in der römischen Kaiserzeit freilich Gemeingut geworden sei und das Gottesdenken der Spätantike dominiert habe (ebd. 546f.).

[52] So die Schlussfolgerung von FREDE 1999 (wie Anm. 50), 67. Kritische Bemer-

die Geschichte der antiken philosophischen Theologie damit in den Grundzügen meines Erachtens korrekt dargestellt.

Betrachtet man aus dieser Perspektive die Entwicklung des kosmologischen Gottesbegriffs im antiken Denken, dann ließe sich, unter Verwendung der gängigen Begrifflichkeit, Pantheismus als eine Form des Monotheismus begreifen.[53] Pantheismus entsteht nämlich aus zwei Annahmen: der Einheit der Wirklichkeit (Monismus) und der Göttlichkeit dieser Einheit. Eng verzahnt mit dem Einheitsdenken entwickelte die griechische Philosophie seit dem 6. Jahrhundert v.Chr. pantheistische Ideen.[54] Mit dem Pantheismus ging eine Kosmosfrömmigkeit einher, die ihren wirkmächtigsten Ausdruck in Platons *Timaios* fand und im Hellenismus (und darüber hinaus im Neuplatonismus) „die herrschende Form aufgeklärter Frömmigkeit" wurde.[55] Einen Höhepunkt dieser Entwicklung bildete der Pantheismus der Stoiker: Götter seien Naturphänomene, Erscheinungsformen der einen Gottheit Natur.[56] Der Gottesbegriff Senecas liegt auf dieser Linie. In der folgenden Aussage hat er ihn regelrecht paradigmatisch zum Ausdruck gebracht: „Dieses All *(totum)*, zu dem wir gehören, ist sowohl Eines *(unum)* als auch Gott *(deus)*" (epist. 92,30). In sprachlich unüberbietbarer Dichte, wie sie für den Literaten Seneca charakteristisch ist, sind hier die beiden Aspekte miteinander verbunden, die zusammen Pantheismus ergeben: der Monismus und die Göttlichkeit des Alls. Das mag man „paganen Monotheismus" oder „pantheistischen Monotheismus" nennen (am besten wäre wohl „pantheistischer Monismus"). Doch wie auch immer man dieses Konzept bezeichnen mag: Die antiken christlichen Theologen lagen jedenfalls nicht falsch, wenn sie einen solchen Gottesbegriff mit ihrem Monotheismus in Verbindung brachten, wie das Laktanz mit Seneca nachdrücklich getan hat.

Eine nicht geringe Schwierigkeit einer derartigen Darstellung besteht nun freilich darin, dass die verwendete Begrifflichkeit anachronistisch ist. Die Gefahr, die Rede von einem „paganen Monotheis-

---

kungen dazu bei M. WALLRAFF, Pagan Monotheism in Late Antiquity. Remarks on a Recent Publication, in: Mediterraneo Antico 6 (2003) 531–536 und M. EDWARDS, Pagan and Christian Monotheism in the Age of Constantine, in: DERS./S. SWAIN (Hg.), Approaching Late Antiquity. The Transformation from Early to Late Empire, Oxford 2004, 211–234, bes. 212–217.

[53] So ROWE 1976 (wie Anm. 32), 53.
[54] Vgl. ebd. 50.
[55] BURKERT 1977 (wie Anm. 40), 484; ebd. 486 sprach BURKERT von „Monotheismus des Geistes".
[56] Vgl. ROWE 1976 (wie Anm. 32), 59f.

mus" a priori in christlichem Sinne aufzufassen, ist nicht von der Hand zu weisen. Die Diskussion über den Monotheismus in der Antike steht damit vor der Aufgabe, die fokussierten Zusammenhänge und Entwicklungen mit Hilfe von Begriffen zu beschreiben, die nicht von ihrer Entstehung und genuinen Bedeutung her christlich sind. Ein solcher Versuch könnte – mangels einer technischen Terminologie, die erst zu entwickeln wäre, unter reichlicher Verwendung metaphorischer Ausdrücke – etwa so aussehen:

Die antiken Philosophen und die christlichen Theologen bewegten sich mit ihrem Nachdenken über Gott und Welt in der späteren Antike auf einem gemeinsamen Terrain. Sie lebten und dachten im Rahmen desselben Weltbildes, stellten dieselben oder zumindest sehr ähnliche Fragen, bearbeiteten dieselben oder ähnliche Problemkonstellationen und entwickelten ihre Antworten im selben geistigen Kosmos. Natürlich gab es auch Unterschiede zwischen ihnen, die gravierend sein konnten und sich hauptsächlich daraus ergaben, dass die christlichen Theologen neben ihrer philosophischen Bildung aus der Tradition der Bibel lebten. Das führte sie zu Optionen und Konzeptionen, mit denen sie sich von der philosophischen Tradition unterschieden. Je nach Perspektive und Schwerpunktsetzung fallen mehr die Unterschiede oder mehr die Gemeinsamkeiten ins Auge.

Seneca und Paulus können als Prototypen dieser Konstellation verstanden werden. Man könnte den historischen Kontext so ausdrücken, dass sie „in dasselbe religionsgeschichtliche Milieu gehören".[57] Die Verwandtschaft mancher senecanischer Aussagen zu christlichen erklärt sich nicht aus christlichen Einflüssen auf Seneca, sondern daraus, dass dieser mit seinen theistischen Formulierungen dem philosophischen wie dem religiösen Zug der Zeit entsprach.[58] Ohne irgendwelche genealogischen Zusammenhänge annehmen zu müssen, die sich nicht nachweisen lassen, ist von partiell und tendenziell analogen Entwicklungen auszugehen. Diese Entwicklung auf heidnischer Seite ist allerdings nicht teleologisch als *praeparatio evangelii* zu verste-

---

[57] DEISSNER 1917, 7.
[58] So F. ÜBERWEG/K. PRÄCHTER, Grundriss der Geschichte der Philosophie. Erster Teil: Die Philosophie des Altertums, Berlin [12]1926, 492: „In dem Inhalte seiner Metaphysik und Physik zeigt Seneca im allgemeinen keine wesentlichen Abweichungen von der gemeinstoischen Lehre. Aber dem religiösen Zuge der Zeit gemäß tritt die theistische Seite des Gottesbegriffes der pantheistischen gegenüber in den Vordergrund, und in der Hervorhebung der göttlichen Vollkommenheit, väterlichen Fürsorge und Güte nähert sich Seneca der Auffassung der Gottheit als eines transzendenten persönlichen Wesens, ohne deshalb die Grenzen des stoischen Dogmas tatsächlich zu überschreiten."

hen, wie das Baur im Gefolge der Kirchenväter getan hat. Vielmehr ergaben sich auf dem gemeinsamen Terrain Vorstellungen, die in manchen Punkten so weit auseinander nicht lagen und sogar zur Deckung gebracht werden konnten, mochten die kosmologischen und theologischen Konzepte insgesamt auch sehr verschieden oder unvereinbar sein. Paganer und christlicher Monotheismus waren sich nahe, doch nahe nur an getrennten Ufern. Aus dieser Perspektive lässt sich das Verhältnis zwischen Seneca und dem Christentum wohl historisch angemessen, das heißt ohne Anachronismen, darstellen. Seneca war kein 'Monotheist'. Seine Nähe zum Christentum ist, was den Gottesbegriff angeht, die Nähe des antiken kosmologisch-theologischen Einheitsdenkens zum jüdisch-christlichen Eingottglauben.

Stoa und Christentum

(Therese Fuhrer)

Philosophie und Christentum

Der Briefwechsel zwischen Seneca und Paulus wird von Hieronymus – wohl kurz nach der Abfassung – als Legitimation für die Aufnahme des Heiden in seinen Katalog christlicher Autoren, den „Katalog der Heiligen", angeführt.[1] Offenbar war er der festen Überzeugung, dass zwischen Seneca und dem Apostel tatsächlich eine enge Verbindung bestanden habe. In ähnlicher Absicht verweist Augustinus auf den Briefwechsel, um damit die Richtigkeit einer Aussage Senecas („Alle hasst, wer die Schlechten hasst") zu bekräftigen.[2] Das Faktum, dass Seneca und Paulus Zeitgenossen waren, und die Zeugnisse davon, dass sie sogar miteinander Kontakt hatten, werden von den beiden Kirchenvätern kommentarlos akzeptiert. Ein Austausch zwischen paganen Philosophen und Christen wurde offenbar als Selbstverständlichkeit angesehen. Dafür lassen sich zwei Gründe geltend machen. Zum einen war im 4. Jahrhundert der freundschaftliche Umgang zwischen Heiden und Christen durchaus keine Besonderheit: Sowohl Hieronymus als auch Augustinus setzten sich öfter mit Vertretern paganer Lehren auseinander, sei es in direkter Begegnung,[3] sei es im Briefwechsel.[4]

Zum anderen wurde die Möglichkeit, dass prominente Vertreter einer bestimmten Lehre sich als Zeitgenossen gekannt und voneinander gelernt hätten, in der antiken Philosophiegeschichtsschreibung immer wieder erwogen: Platon habe Pythagoras gehört,[5] er habe seine

---

[1] Vir. ill. 12; siehe Testimonium I.

[2] Epist. 153,14; siehe Testimonium II.

[3] Man denke an Augustins – wenn auch vielleicht nur indirekte – Kontakte zu Symmachus, einem Exponenten der paganen Restaurationsbewegung in Rom (conf. V 23). Zu Hieronymus vgl. S. REBENICH, Hieronymus und sein Kreis. Prosopographische und sozialgeschichtliche Untersuchungen (Historia. Einzelschriften 72), Stuttgart 1992, 21–31.

[4] Vgl. z.B. Augustins Briefwechsel mit Dioscorus (epist. 117f.) und mit Nectarius (epist. 90f. und 103f.) oder den Brief des Hieronymus (epist. 70) an den heidnischen Rhetor Flavius Magnus in Rom.

[5] So öfter bei Cicero (rep. I 16; Tusc. I 39) und in der Folge bei Hieronymus (adv. Rufin. III 40) und Augustinus (Acad. III 37; doctr. chr. II 43; civ. VIII 4).

Weisheit von Mose und habe in Ägypten den Propheten Jeremia gehört oder die Propheten gelesen und von ihnen gelernt.[6] Solche historischen Konstrukte dienten den Christen in erster Linie dazu, durch den „Altersbeweis" die Abhängigkeit der paganen Philosophie von den Lehren der Heiligen Schrift sowie deren Überlegenheit zu demonstrieren. Andererseits konnte damit aber auch die Nähe der eigenen Lehre zu den an den Bildungsinstitutionen gelehrten und als Grundlage philosophischer Diskussionen akzeptierten Denksystemen betont werden. Die christliche Lehre wurde auf diese Weise in den antiken philosophischen Diskurs integriert und als Gegenstand intellektuell hochstehender Auseinandersetzungen etabliert.

Der Briefwechsel zwischen Seneca und Paulus kann somit als Dokument der in der Antike stark ausgeprägten Tendenz und Tradition verstanden werden, Denksysteme, die zwar in Bezug auf ihre Zielsetzung unterschiedlich sind, jedoch zumindest teilweise die gleichen Konzepte und Begriffe verwenden, miteinander in Verbindung zu bringen. Immer wieder wurden die Positionen verschiedener Schulen und intellektueller Strömungen miteinander verglichen: die Lehre Platons mit derjenigen des Aristoteles, die Stoa mit dem Kepos („Garten") Epikurs oder dem Kynismus, der Neuplatonismus mit dem Pythagoreismus; es wurden Gemeinsamkeiten und Unterschiede festgestellt, Diskrepanzen gegeneinander ausgespielt oder als rein verbal und daher inhaltslos wegerklärt. Der Ort, wo solche Vergleiche angestellt werden, sind nicht nur Lehr- und Handbücher, Doxographien und *Placita*-Literatur, sondern auch philosophische Traktate, wie beispielsweise Ciceros Dialoge, in denen historische Persönlichkeiten unterschiedliche philosophische Positionen exponieren und andere zu widerlegen versuchen. Ein wesentliches Merkmal antiker philosophischer Literatur ist also die Auseinandersetzung mit anderen Lehrsystemen, die Abgrenzung, aber auch die Adaptation anderer Theoreme und Konzepte.

So wurde auch die christliche Lehre, sobald sie Gegenstand der Reflexion der vom traditionellen griechisch-römischen Bildungssystem geprägten Intellektuellen wurde, mit den Lehren der paganen Philosophenschulen verglichen, daher wurden einerseits grundlegende Unterschiede hervorgehoben, andererseits aber auch Gemeinsam-

---

[6] Vgl. dazu D. RIDINGS, The Attic Moses. The Dependency Theme in Some Early Christian Writers, Göteborg 1995; P. PILHOFER, Presbyteron Kreitton. Der Altersbeweis der jüdischen und christlichen Apologeten und seine Vorgeschichte, Tübingen 1990, 173–192.

keiten festgestellt und die Theoreme und Konzepte adaptiert, die den
eigenen Standpunkt stützen oder erhellen konnten.

Platonismus versus Stoa

Das Lehrsystem, das am ehesten für mit der christlichen Lehre kompatibel und kommensurabel befunden wurde, war jedoch – zumal im
griechischen Osten – nicht die stoische, sondern die platonische Philosophie, die im Gegensatz zu den materialistischen Lehren der Stoa
und Epikurs die Möglichkeit bot, Gott transzendent zu denken: Klemens von Alexandria (2./3. Jh.), Origenes (3. Jh.), die Kappadokier
(Gregor von Nyssa, Basilius, Gregor von Nazianz, 4. Jh.) führen ihre
theologischen Diskussionen mit platonischen Begriffen und Konzepten. Zwar ist im lateinischen Westen der christliche literarische Diskurs zunächst stärker stoisch geprägt: Tertullian (um 200) und Laktanz (um 300) vertreten eine materialistische Psychologie und eine
pantheistische Kosmologie. Doch setzt sich in der zweiten Hälfte des
4. Jahrhunderts mit Marius Victorinus, Ambrosius und Augustinus
auch hier die Tendenz durch, die christliche Lehre mit den (neu-)pla-
tonischen Philosophemen rational zu durchdringen.

Allerdings ist der Begriff „Philosophie" bei den lateinischen christlichen Autoren des 3. und 4. Jahrhunderts vorwiegend negativ konnotiert: Er steht für die „weltliche" oder „falsche Weisheit" *(sapientia
saecularis, sapientia mundi, falsa sapientia usw.)* und wird nur selten auf die
christliche Lehre übertragen, welcher allein der Besitz der „wahren
Weisheit" *(vera sapientia)* zugesprochen wird. Als Grundlage für diese
ablehnende Haltung dienen in erster Linie die Aussagen in 1 Kor.
1,20 und 3,19, wo die „Weisheit dieser Welt" als „Torheit vor Gott"
disqualifiziert wird, sowie die Warnung vor der Philosophie in Kol.
2,8, die sich mit den „Elementen der Welt" *(elementa [huius] mundi)*
befasse und nicht mit Christus.[7] Mit Bezug auf diese Paulus-Stellen
begründen Tertullian, Cyprian, Hilarius und Ambrosius, die alle selbst
philosophisch gebildet sind, ihre grundsätzlich philosophiekritische
Haltung: Erst Augustinus unternimmt in seinen Frühschriften den
Versuch, die Philosophie zu rehabilitieren: Indem er den Begriff *philosophia* in seiner prägnanten Bedeutung versteht, nämlich gemäß der
ciceronischen Übersetzung als „Streben nach" oder „Liebe zur Weisheit" *(studium* bzw. *amor sapientiae),* und da die Weisheit gemäß 1 Kor.

---

[7] Kol. 2,8 ist die einzige Stelle in der Bibel, an der das Wort „Philosophie" vorkommt.

1,24 Christus ist, ist die Philosophie auch „Liebe zu Gott" *(amor dei)*.[8] Doch während er damit zwar die Philosophie als Disziplin verteidigt, billigt er andererseits nicht alle philosophischen Lehren, vielmehr verurteilt er explizit diejenigen Schulen, die eine materialistische Lehre vertreten: *Ihre* Philosophie stütze sich „auf die Elemente der (oder: dieser) Welt", wie sie im Kolosser-Brief verurteilt wird.[9] Dagegen sei die platonische Philosophie keine „Philosophie von dieser Welt" *(huius mundi philosophia)*, sondern im Gegenteil eine Lehre von der „intelligiblen Welt" *(mundus intellegibilis)*, der Ideenwelt, dem Ort des wahrhaft Seienden, nach dessen Erkenntnis der wahre Philosoph strebe.[10] Augustinus deutet also die paulinische Philosophiekritik auf der Grundlage der platonischen Zwei-Welten-Lehre, die er mit christlichen Vorstellungen in Übereinstimmung zu bringen versucht; der *mundus intellegibilis* entspricht danach dem Reich Gottes (nach Joh. 18,36).[11] Die platonische Lehre kann somit von der paulinischen Philosophiekritik ausgeschlossen werden; diese gilt allein den materialistischen Schulen, die Augustinus mit den Epikureern und Stoikern identifiziert, gegen die auch Paulus in der Areopagrede seine Kritik richtet.[12]

In den späteren Schriften stellt jedoch Augustinus die Defizite auch der platonischen Philosophie gegenüber der christlichen Lehre heraus: Die Platoniker seien wie alle anderen paganen Philosophen Polytheisten, sie verneinten Gottes Fleischwerdung und Kreuzestod sowie die Auferstehung des Leibes, und damit verwehrten sie sich und allen Menschen den universalen Heilsweg, den allein das Christentum bieten könne.[13]

---

[8] Dazu T. FUHRER, Philosophie und christliche Lehre im Widerstreit – Augustins Bemühungen um eine Integration, in: Zeitschrift für antikes Christentum 1 (1997) 291–301.

[9] Ord. I 32; mor. eccl. cath. 38.

[10] Acad. III 42: Die platonische Philosophie, wie sie Plotin lehrt, sei eine *philosophia alterius intellegibilis* (scil. *mundi*); vgl. conf. VIII 3.

[11] So in ord. I 32; vgl. dazu die spätere Kritik an dieser Gleichsetzung in retr. I 3,2: Zwar habe sich Platon nicht grundsätzlich geirrt, doch wenn Christus in Joh. 18,36 eine „andere Welt" habe bezeichnen wollen, müsse man darunter wohl den „neuen Himmel" und die „neue Erde" verstehen.

[12] So in epist. 118,20 (mit Bezug auf Apg. 17,18); vgl. epist. 1,1; für eine generelle Kritik des stoischen und epikureischen Materialismus vgl. Acad. III 37–41. Die Philosophiekritik in Kol. 2,8 bezieht bereits Klemens von Alexandrien, strom. I 50,6–51,1 auf diese beiden Schulen.

[13] Conf. VII 26f.; civ. dei VIII 1 sowie X 24–32. Dazu T. FUHRER, Die Platoniker und die *civitas dei* (Buch VIII–X), in: C. HORN (Hg.), Augustinus. De Civitate Dei (Klassiker Auslegen 11), Berlin 1997, 87–108.

Die stoische Lehre als Bildungsgut

Während also die platonische Philosophie bei einer Mehrzahl der bereits im antiken christlichen Diskurs prominenten Kirchenväter eine hohe Wertschätzung erfährt, werden die Stoiker – manchmal im Verein mit den Epikureern – von denselben Autoren öfter als Exponenten einer sensualistischen, diesseitsgerichteten und damit klar falschen Lehre kritisiert, die der wahren christlichen diametral entgegensteht. Sie können sich damit in eine bereits ältere, innerphilosophische Tradition stellen, da die hellenistischen Philosophenschulen ja durchaus auch untereinander ihre Differenzen thematisierten und öfter gegeneinander polemisierten.[14] Im Kreuzfeuer der antistoischen Kritik standen vor allem die folgenden Konzepte: Die Heimarmene (das Fatum) und die entsprechend deterministische Providenzlehre, die der Annahme eines freien Willens entgegenstehen und eine Theodizee erschweren; die Lehre von der Materialität und damit Sterblichkeit der menschlichen Seele; das rigorose Konzept des affektfreien Weisen, das alle Menschen, die dieses Ideal nicht erreichen, zu Toren macht; die Güterlehre, gemäß der die „sittliche Vollkommenheit" das einzige Gut und alle Übel gleich sind; die materialistische Erkenntnistheorie, die den Sinnen und dem Zentralorgan der menschlichen Seele Irrtumsfreiheit zugesteht; nicht zuletzt die stoische Logik mit ihren Trugschlüssen und Tricks zur Widerlegung der gegnerischen Argumentation. Die erhaltenen Quellen zur stoischen Philosophie bestehen zu einem nicht geringen Teil aus Texten, in denen stoische Lehrsätze kritisiert werden. Bestes Beispiel und auch für manches Theorem beste Quelle sind Ciceros philosophische Dialoge, in denen zwar Vertreter der stoischen Lehre ihre Position zu Fragen der Erkenntnistheorie *(Academici libri)*, Theologie *(De natura deorum, De divinatione, De fato)* und Ethik *(De finibus bonorum et malorum, De amicitia, De senectute)* darlegen, diesen jedoch Dialogpartner gegenübergestellt werden, die diese Position mit Argumenten skeptischer, epikureischer oder peripatetischer Provenienz angreifen. Die Christen fanden also nicht nur Abhandlungen von Stoikern selbst, sondern auch ein reiches Arsenal antistoischer Polemik vor, wenn sie ihre Lehre von der stoischen abgrenzen wollten. Dies heißt aber auch, dass sie Gelegenheit und Anlass haben mussten, diese Texte zu lesen und sich mit den stoischen Konzepten auseinanderzusetzen – und dies war offensichtlich der Fall.

---

[14] Siehe oben S. 109.

Die Stoa gehörte neben der platonischen Akademie, dem aristotelischen Peripatos und dem Kepos Epikurs zu den vier Hauptschulen, die sich in Athen seit Beginn des 4. Jahrhunderts v. Chr. etabliert hatten und in der römischen Kaiserzeit mit einem öffentlichen Lehrstuhl ausgestattet wurden.[15] Ihre Lehre war Gegenstand der höheren Ausbildung im hellenistischen und kaiserzeitlichen Schulsystem, die nach dem Rhetorikunterricht auch die Philosophie umfasste, im lateinischen Westen sogar bereits auf der Stufe des Rhetorikunterrichts, da dort auch Ciceros philosophische Schriften gelesen wurden.[16] Ihre Konzepte und Begriffe fanden Eingang in die bereits erwähnten Lehrbücher, Handbücher und Doxographien und wurden durch Cicero auch im lateinischen Westen rezipiert. Nicht zuletzt den Systematisierungsbemühungen der Stoiker, zumal Chrysipps, ist es zu verdanken, dass sich in der griechischen Philosophie eine konzise Terminologie entwickelte, die Cicero sorgfältig ins Lateinische übertrug, und dass ihre Bereiche innerhalb der bestehenden Kategorien Logik, Physik und Ethik weiter differenziert und hierarchisch gegliedert wurden.[17] In der Folge orientieren sich die Diskussionen beispielsweise zur Frage nach dem höchsten Gut und dem glückseligen Leben an der stoischen Tugend-, Affekten- und Güterlehre und dem entsprechenden Weisheitsideal. Da das „glückselige Leben" des stoischen Weisen einer der Natur gemäßen Lebensweise entspricht, mit der sich der Mensch perfekt in den vom göttlichen Logos durchwalteten Kosmos einfügt, richten sich auch die Diskussionen zu den Bereichen der Physik – also auch der Kosmologie und Theologie – sowie der Staats- und Gesellschaftslehre auf ihn aus. Nicht zuletzt ist es die stoische Logik, die Chrysipp in Rhetorik und Dialektik unterteilte, die den Schulunterricht bestimmte. So blieb die stoische Philosophie noch lange, nachdem sie aufgehört hatte, als Schule zu existieren, Gegenstand der Bildung und des philosophischen Diskurses.[18]

Die Systematisierungsleistung der Stoa und die Ausbildung einer einheitlichen Terminologie, einer philosophischen *koiné*, prägten den

---

[15] Dazu und zu den folgenden Ausführungen vgl. H. FLASHAR/W. GÖRLER, Einleitung, in: H. FLASHAR (Hg.), Grundriss der Geschichte der Philosophie. Bd. 4,1: Die hellenistische Philosophie, Basel 1994, 3–9.

[16] So liest Augustinus den *Hortensius* im Rahmen des Rhetorikunterrichts (conf. III 7). Zum Ort der Philosophie im Curriculum des spätrepublikanischen und kaiserzeitlichen Bildungssystems vgl. H.-I. MARROU, Augustinus und das Ende der antiken Bildung, Paderborn u.a. ²1995, 167f.

[17] Zu den stoischen Klassifikationstypen vgl. P. HADOT, Philosophie, in: Historisches Wörterbuch der Philosophie 7 (1996) 601–603.

[18] Vgl. dazu M.L. COLISH, The Stoic Tradition from Antiquity to the Early Middle Ages. Bd. 1: Stoicism in Classical Literature, Leiden 1985, 7–21.

kaiserzeitlichen philosophischen Diskurs nachhaltig. So wiesen die
Neuplatoniker sowohl der stoischen wie auch der epikureischen Philosophie eine propädeutische Funktion im Sinn einer *praeparatio philosophica* zu: einer Grundlage, auf welcher aufbauend der Philosoph sich
mit dem höheren Bereich der platonischen Lehre beschäftigen und
zur höchsten Erkenntnis gelangen könne.[19] Zunutze machten sich
diese Entwicklung auch die gebildeten Christen, die die schwierige
Aufgabe hatten, eine vorwiegend religiöse Lehre zu 'hellenisieren', die
aus einer ursprünglich nicht hellenistisch geprägten Kultur stammt
und deren Konzepte und Begriffe, auch wenn sie in griechischer
Sprache formuliert sind, sich nicht in den pagan-philosophischen
Diskurs einschreiben. Dies unternahmen Philon von Alexandrien im
jüdisch-hellenistischen, Klemens von Alexandrien, Justin, Origenes,
die Kappadokier und andere im griechischen, Tertullian, Laktanz,
Hilarius, Marius Victorinus, Ambrosius, Augustinus und andere im
lateinischen Sprach- und Kulturraum: Sie alle benutzen die stoisch
geprägte Terminologie, adaptieren – ob bewusst oder unbewusst, ist
manchmal unklar – stoische Theoreme, Gedanken und Argumente,
zitieren Texte stoischer Herkunft – oft ohne es zu erwähnen und
möglicherweise auch ohne es zu wissen[20] – und kritisieren die stoische Philosophie mit den Argumenten der stoisch-skeptischen, der
stoisch-epikureischen und der stoisch-peripatetischen Auseinandersetzungen.

Im Folgenden soll an einer Reihe von Beispielen[21] deutlich gemacht werden, wie komplex sich die Adaptation und Kritik der stoischen Philosophie in der christlichen Literatur präsentiert, aber auch
wie intensiv das Angebot, das die Stoa zu unterschiedlichen Fragen
der Theologie, Anthropologie, Ethik und Erkenntnistheorie macht,
von den gebildeten Christen genutzt wird.

---

[19] Dazu M. ERLER, Philosophie als Therapie – Hellenistische Philosophie als
'praeparatio philosophica' im Platonismus der Spätantike, in: T. FUHRER/M. ERLER
(Hg.), Zur Rezeption der hellenistischen Philosophie in der Spätantike, Stuttgart
1999, 105–122.

[20] Vgl. dazu M. SPANNEUT, Permanence du stoïcisme de Zénon à Malraux, Gembloux 1973, 140–144.

[21] Vollständigkeit kann hier nicht das Ziel sein. Für einen Überblick sei verwiesen
auf M. SPANNEUT, Le stoïcisme des pères de l'Eglise. De Clément de Rome à Clément d'Alexandrie, Paris 1957; M. POHLENZ, Die Stoa, Göttingen 1959, Bd. 1, 400–
461; SPANNEUT 1973 (wie Anm. 20); M. L. COLISH, The Stoic Tradition from Antiquity to the Early Middle Ages. Bd. 2: Stoicism in Christian Latin Thought through
the Sixth Century, Leiden 1990.

Theologie und Anthropologie

Die grundlegende Differenz zwischen christlicher und stoischer Lehre ist – wie zwischen christlicher und platonischer Lehre – die unterschiedliche Gottesvorstellung.[22] Der Schöpfergott der Genesis ist keine Weltseele und kein die Materie durchdringendes kausales Prinzip. Dennoch rekurrieren die christlichen Autoren öfter auf stoische Konzepte, um Gottes Wirken in der Welt zu erklären. Die Schöpfung wird wie der stoische Kosmos als in jeder Hinsicht vollkommen geordnet und von der göttlichen Providenz gelenkt beschrieben.[23] Diese göttliche Ordnung wirkt in den Lebewesen in der Form von „Keimkräften des Logos" (λόγοι σπερματικοί/*rationes seminales*). Die Übel in der Weltordnung werden nicht als Störung, sondern als Teil der Harmonie erklärt, die auf Gegensätzen beruht.[24]

Beispielhaft lässt sich die Macht der stoischen Tradition an der theoretischen Diskussion zum Begriff „Pneuma" aufzeigen: Gemäß stoischer Doktrin handelt es sich dabei um einen materiellen göttlichen „Hauch" oder „Geist", der den ganzen Kosmos – jeden Menschen und sogar die geringste Materie – durchdringt (Panpneumatismus). Dasselbe Wort wird in einer Reihe von neutestamentarischen Texten in vergleichbarer Bedeutung verwendet: Jesus sagt in Joh. 4,24: „Gott ist Geist, und wer ihn verehrt, soll dies im Geist der Wahrheit tun". Der „Heilige Geist" (πνεῦμα ἅγιον) wirkt in den Menschen und ist gemäß der Apostelgeschichte entscheidend für die Geschichte der christlichen Urkirche. Bei Paulus gehört er zum Wesen Gottes, ist aber auch – im Gegensatz zum „Fleisch" (σάρξ) und teilweise zum lebensspendenden Prinzip „Seele" (ψυχή) – der rein geistige Teil des Menschen, der auch mit dem „Verstand" (νοῦς) gleichgesetzt wird.[25] Angesichts der Homonymie der unterschiedlichen Konzepte verwundert es nicht, dass die griechischen Apologeten in ihren Diskussionen zum neutestamentarischen „Heiligen Geist" sowie der paulinischen „Pneuma-Sarx"-Dichotomie auf die philosophische *koiné* und damit den stoisch-materialistischen Pneuma-Begriff zurückgreifen: Klemens von Alexandrien kombiniert in

---

[22] Vgl. dazu den Beitrag von Alfons Fürst in diesem Band oben S. 85–107.
[23] Dazu vgl. S.-P. BERGJAN, Der fürsorgende Gott. Der Begriff der πρόνοια Gottes in der apologetischen Literatur der Alten Kirche, Berlin/New York 2002.
[24] Eine Zusammenstellung der von den Christen rezipierten und diskutierten stoischen Theoreme findet sich bei SPANNEUT 1973 (wie Anm. 20), 150–155.
[25] Die Belege hat G. VERBEKE, L'évolution de la doctrine du pneuma du stoïcisme à S. Augustin, Paris 1945, 389–409, zusammengestellt; dieser noch immer grundlegenden Untersuchung entstammen auch die folgenden Ausführungen zur Rezeption des stoischen Pneuma-Begriffs.

seiner Unterscheidung des „fleischlichen" und des „führenden
Pneumas" (πνεῦμα σαρκικόν und πνεῦμα ἡγεμονικόν) die paulinische „Pneuma-Sarx"-Dichotomie mit der stoischen Psychologie,
gemäß der die Seele aus sieben den körperlichen Funktionen zuge-
ordneten Teilen und dem „führenden Zentralorgan" der Seele
(ἡγεμονικόν) besteht. Origenes bezeichnet den ganzen trinitarischen
Gott als Pneuma, muss aber in der Folge gegen Kelsos die Unsterblichkeit des nach stoischer Theorie ja materiell und vergänglich gedachten Pneumas beweisen.[26] In der lateinischen Terminologie wird
„Pneuma" mit *flatus* oder *spiritus* („Hauch") wiedergegeben: Gemäß
Tertullian und Laktanz ist Gott *spiritus*, der ganz im Sinn des stoischen Pneuma körperlich ist und die Schöpfung durchdringt. Auch
Augustinus schreibt sich selbst für eine bestimmte Phase in seiner
intellektuellen Biographie eine panpneumatistische Theologie zu, die
er jedoch in der Folge zugunsten der platonischen und somit rein
geistigen Gottesvorstellung verwirft.[27] Heiliger Geist *(spiritus sanctus)*
und menschlicher Geist *(spiritus)* werden danach – klar antistoisch –
als immaterielle Substanz verstanden.[28]

Ethische Begriffe und Konzepte

In ähnlicher Weise wie die Pneumatologie konnte eine christliche
Theologie und Anthropologie auch die stoische Affektenlehre nicht
ignorieren, wenn Wert und Funktion der göttlichen und menschlichen Emotionen diskutiert wurden. Zentraler Punkt ist die Apatheia,
die Freiheit von Leidenschaften, die den stoischen Weisen auszeich-
net und auch Eigenschaft des göttlichen Logos ist. Schwierigkeiten
bereitete den Christen insbesondere die Vorstellung vom zornigen
oder barmherzigen Gott. Nach Klemens von Alexandrien gibt es in
Gott keine Affekte, Gott zürnt also nicht.[29] Tertullian und Laktanz,

---

[26] C. Cels. VI 70–72.

[27] Conf. VII 1f. Wie V. H. DRECOLL, Die Entstehung der Gnadenlehre Augustins, Tübingen 1999 (Beiträge zur historischen Theologie 109), 275–279 ausführt,
entspricht dieser Gottesbegriff demjenigen, den Augustinus auch als Manichäer vertreten hat, gegen CH. BAGUETTE, Une période stoïcienne dans l'évolution de la pensée de saint Augustin, in: Revue des Études Augustiniennes 16 (1970) 47–77.

[28] Dazu SPANNEUT 1973 (wie Anm. 20), 489–508.

[29] Vgl. dazu T. RÜTHER, Die sittliche Forderung der Apatheia in den beiden ersten christlichen Jahrhunderten und bei Klemens von Alexandrien (Freiburger theologische Studien 63), Freiburg 1949, 57f.; H. FROHNHOFEN, Ἀπάθεια τοῦ θεοῦ.
Über die Affektlosigkeit Gottes in der griechischen Antike und bei den griechisch-
sprachigen Kirchenvätern bis zu Gregorios Thaumaturgos, Frankfurt a.M. 1987,
185–187.

letzterer in seiner Schrift *De ira dei* („Vom Zorn Gottes"), schreiben dagegen Gott sehr wohl Leidenschaften zu: Der Zorn ist ein Zeichen seiner Macht und Ursache des Respekts der Menschen vor Gott. Tertullian wirft dem Gnostiker Markion vor, mit seinem Konzept des leidenschaftslosen Gottes ein Stoiker oder Epikureer zu sein.[30] Augustinus benutzt die stoische Theorie der Eupatheia („gute Affektion"), um Gottes Zorn und Barmherzigkeit positiv zu konnotieren.[31] Ebenso divergieren die Lehrmeinungen zur Frage, ob Christus Affekte habe oder nicht. Einige Kirchenväter – Klemens von Alexandrien, Irenäus von Lyon, Athanasius – vertreten die Position, dass der leidenschaftslose Gott dadurch, dass er Menschennatur angenommen hat, auch das leidensfähige Fleisch angenommen habe, um die Menschen zur Apatheia zu führen; gleichzeitig verwirkliche er aber doch das Ideal der Apatheia, da seine Affekte nicht lasterhaft, sondern gut seien.[32]

Die meisten Autoren halten an der Leidenschaftslosigkeit als Ideal für den Menschen fest (Klemens, Justin, Athenagoras, Origenes, Gregor von Nazianz, Johannes Chrysostomos, Ambrosius), andere gestehen den Menschen allein die Fähigkeit zur Metriopatheia zu, zur „Mäßigung der Affekte", wie sie im Peripatos und in der Mittleren Stoa gelehrt wurde (Basilius, Gregor von Nyssa). Klemens stellt zwar die Apatheia explizit über die Metriopatheia; jene sei jedoch nur für Christen erreichbar, da nur ihnen Christus Vorbild ist. Nur wer die Leidenschaften überwunden hat, ist imstande, Gott zu erkennen. Dieser Zustand wird mit der christlichen Liebe (Agape) gleichgesetzt, und Barmherzigkeit wird dementsprechend nicht als Affekt, sondern als Akt der Wohltätigkeit bezeichnet.[33] Für Laktanz sind die Emotionen ein von Gott gegebener Teil der menschlichen Natur, und folglich ist es widernatürlich, sie zu unterdrücken; vielmehr bieten sie dadurch, dass sie gemäßigt werden, den Anlass zu tugendhaftem Verhalten. Der „gute Mensch" *(vir bonus)* ist also derjenige, der mit den Leidenschaften gut umzugehen weiß – leuchtendes Beispiel sind die

---

[30] Vgl. dazu M. SPANNEUT, L'impact de l'apatheia stoïcienne sur la pensée chrétienne jusqu'à saint Augustin, in: A. GONZÁLEZ BLANCO/J. BLÁZQUET MARTÍNEZ (Hg.), Cristianesimo y Aculturación en Tiempos del Imperio Romano, Murcia 1990, 39–52, bes. 41.

[31] Dazu COLISH 1990 (wie Anm. 21), 221f.

[32] Dazu RÜTHER 1949 (wie Anm. 29), 58–60; FROHNHOFEN 1987 (wie Anm. 29), 176–178. 188–190; SPANNEUT 1990 (wie Anm. 30), 42f.

[33] Dazu SPANNEUT 1990 (wie Anm. 30), 44.

christlichen Märtyrer.[34] Augustins Haltung ist ambivalent: In den frühen Schriften anerkennt er die Apatheia als Qualität des Weisen und hält sie auch für mit der christlichen Barmherzigkeit vereinbar.[35] Doch in *De civitate dei* werden Barmherzigkeit, Mitleid und Trauer gegen den stoischen Rigorismus als positive Affekte gesehen; wahre Apatheia ist nur im Paradies erreichbar.[36]

Zum Ziel der Apatheia gelangt der Mensch gemäß stoischer Ethik durch stete Übung (ἄσκησις) in Enthaltsamkeit und Selbstbeherrschung (ἐγκράτεια). Ähnlich wird in der christlichen monastischen Literatur (Makarios, Evagrios Pontikos, Johannes Cassian) das Leben des Asketen oder Mönchs beschrieben, dessen Ziel die Annäherung an Gottes Leidenschaftslosigkeit, die absolute Seelenruhe und damit die Heiligkeit ist. Vor dem Hintergrund der Askesebewegungen des 4. Jahrhunderts wenden sich Hieronymus und Augustinus, beide Zeitgenossen Cassians, gegen die Vorstellung, dass der Mensch dieses Ziel aus eigener Kraft erlangen könne.[37] Im Kreuzfeuer ihrer Kritik steht die Lehre des Pelagius, der zwar der menschlichen Natur im Gegensatz zu den paganen philosophischen Lehren keine völlige Autonomie zugesteht, sondern sie auf den Beistand der göttlichen Gnade angewiesen sein lässt; doch ist sie nach Pelagius von Gott mit der Gabe ausgestattet, durch Askese die Affekte und Triebe erfolgreich zu bekämpfen. Mit dem Willen zu einer christlichen asketischen Lebensführung und mit Hilfe der Gnade Gottes kann sich der Mensch also perfektionieren und das gute Leben verwirklichen. Hieronymus attackiert die Pelagianer mit dem Vorwurf, sie würden Zenon und Chrysipp den Peripatetikern und der Heiligen Schrift vorziehen.[38] Augustinus bezeichnet den Optimismus der pelagianischen Asketen und das Vertrauen des Menschen in das eigene Wollen und die eigenen Fähigkeiten als „Hochmut" *(superbia)*. Er stellt dem Selbstver-

---

[34] Vgl. dazu C. INGREMEAU, Lactance et la philosophie des passions, in: B. POUDERON/J. DORE (Hg.), Les apologistes chrétiens et la culture grecque, Paris 1998, 283–296; F. HEIM, Virtus chez Lactance. Du vir bonus au martyr, in: Augustinianum 36 (1996) 361–375.

[35] Ver. rel. 258; mor. eccl. cath. 53f.

[36] Civ. dei XIV 8f. Dazu M. FIEDROWICZ, Psalmus vox totius Christi. Studien zu Augustins „Enarrationes in Psalmos", Freiburg 1997, 225–230; R. SORABJI, Emotion and Peace of Mind. From Stoic Agitation to Christian Temptation, Oxford 2000, 397–417.

[37] Dazu A. FÜRST, Zur Vielfalt altkirchlicher Soteriologie. Augustins Berufung auf Hieronymus im pelagianischen Streit, in: J. B. BAUER (Hg.), Φιλοφρόνησις für N. Brox (Grazer Theologische Studien 19), Graz 1995, 119–185, bes. 125–147.

[38] So öfter im *Dialogus adversus Pelagianos*; dazu SPANNEUT 1973 (wie Anm. 20), 172; COLISH 1990 (wie Anm. 21), 77–79. Siehe auch A. FÜRST, Hieronymus. Askese und Wissenschaft in der Spätantike, Freiburg u.a. 2003, 237–246.

trauen der pelagianischen Position das Gottvertrauen gegenüber und betont die Schwächen und die Fehlbarkeit der menschlichen Natur, die er mit dem Konzept der Erbsünde erklärt. Den Pelagianern wirft er vor, nicht die christliche, sondern eine stoische Position zu vertreten, da sie dem Menschen eine natürliche Anlage zum Guten sowie die Freiheit und die autonome Fähigkeit zusprechen, das Gute zu wählen. Auch die Stoiker maßten sich an, beurteilen zu können, wer weise ist, sie verkennten die menschliche Fehlbarkeit und meinten, sie könnten ihre Affekte ohne göttliche Gnade selbst heilen.[39] Das Menschenbild, das sich aus Augustins Erbsünden- und Gnadenlehre ergibt, ist also nicht zuletzt vor dem Hintergrund der stoischen Ethik erklärbar. Das „glückselige Leben" *(beata vita)*, die Weisheit und damit der Besitz des „höchsten Gutes" *(summum bonum)*, die Irrtumsfreiheit, die völlige Beherrschung der Affekte, die Befreiung von Schmerz und Todesangst, die ideale gesellschaftliche Ordnung, das Leben in kosmischer Harmonie: d.h. die idealen Eigenschaften, die vom stoischen Weisen als Mensch im Diesseits verkörpert werden, sind dem augustinischen Menschen in diesem Leben schlicht unmöglich, da er infolge der Erbsünde „nicht nicht sündigen kann" *(non posse non peccare)*; das Ideal des „glückseligen Lebens" wird allein von den Engeln, den Heiligen und den durch Gottes Gnade Erwählten und Erlösten im Paradies, wo sie im auferstandenen Leib ohne Affekte und ewig leben, verwirklicht.

Im Rahmen seiner Gnadenlehre adaptiert Augustinus auch Elemente der stoischen Providenzlehre: Der Mensch kann aufgrund seiner freien Willensentscheidung das Gute tun, wenn die Gnade wirkt, genauso wie auch das stoische Fatum den Menschen frei entscheiden lässt. Dies geschieht jedoch nicht beliebig, sondern gemäß der Natur jedes Individuums in einer bestimmten Weise. Um dies zu illustrieren, nimmt Augustinus in der Schrift *Ad Simplicianum*, in der er seine Gnadenlehre zum ersten Mal in ganzer Schärfe formuliert, Chrysipps Vergleich der Wirkung des Fatums mit dem Rollen einer Walze oder eines Kreisels auf, die sich, wenn sie einmal angestoßen worden sind, so drehen, wie sie von Natur aus beschaffen sind: „Ein Rad läuft nicht gut, damit es rund wird, sondern weil es rund ist. Ebenso tut niemand Gutes, damit er die Gnade empfängt, sondern weil er sie

---

[39] SPANNEUT 1973 (wie Anm. 20), 162. 166f.; DERS., Le stoïcisme et saint Augustin. Etat de la question, in: Forma Futuri. Festschrift für M. Pellegrino, Turin 1975, 896–914, hier 899f.

empfangen hat".[40] Wie gemäß stoischer Theorie im Rahmen des vom
Fatum determinierten Geschehens jeder Mensch entsprechend seinen
Möglichkeiten Handlungsspielraum hat, kann Augustinus zufolge
nach dem Wirken der Gnade jeder Mensch auf seine Weise Gutes
tun.

Wie in den paganen philosophischen Debatten und Doxographien
gehört auch in der christlichen Literatur die stoische Definition des
„glückseligen Lebens" und des „höchsten Gutes", das mit der „vollkommenen Tugend" und „sittlichen Vollkommenheit" gleichgesetzt
wird, zu den Grundlagen einer Diskussion über ethische Konzepte.
Für die christlichen Autoren kann jedoch die Glückseligkeit letztlich
erst im Jenseits erfüllt werden: Das „glückselige Leben" ist das „ewige
Leben". Trotzdem wird das Arsenal der stoischen Begriffe und Konzepte genutzt, um das Lebensideal auch im Diesseits zu beschreiben.
Am deutlichsten wird dies bei den lateinisch schreibenden Christen,
die sich auf die Traktate Ciceros (v.a. *De finibus* III) und Senecas (*De
vita beata*, *Epistulae morales ad Lucilium* u.a.) stützen können, wo die stoische Definition der *vita beata* ausführlich diskutiert ist. Laktanz hält
sich sehr eng an diese Texte, betont jedoch, dass die christliche Tugend die Religion einschließen müsse und selbst nicht das höchste
Gut, sondern allein seine Ursache sein könne: „Das höchste Gut ist
allein die Unsterblichkeit", die den Menschen als Lohn der Tugend
im Jenseits erwartet.[41] Auch Augustinus, der öfter auf die stoische
Glücksdefinition rekurriert, gibt in seinem Frühdialog *De beata vita*
zwar eine stark stoisierende und diesseitsorientierte Beschreibung des
Weisen, widerruft sie jedoch später mit dem christlichen Topos, dass
allein das ewige Leben als glückselig bezeichnet werden könne.[42] Er
kritisiert das stoische Paradox, dass jeder Nicht-Weise „elend" *(miser)*
sei, und damit auch das Konzept des ethischen Fortschritts, das die
Menschen bis zum letzten Moment Toren sein lässt, sowie die
Gleichheit aller Fehler.[43] Ebenfalls als exzellenter Kenner der stoi-

---

[40] Simpl. I 2,3 nach Cicero, fat. 42f.; dazu COLISH 1990 (wie Anm. 21), 231; M.
DJUTH, Stoicism and Augustine's Doctrine of Human Freedom after 396 A.D., in: J.
SCHNAUBELT/F. VAN FLETEREN (Hg.), Collectanea Augustiniana I. Augustine. Sec-
ond Founder of the Faith, New York u.a. 1990, 387–400, bes. 391f. Der Vergleich
der Gnade mit dem stoischen Fatum findet sich in civ. dei V 9 (vgl. c. epist. Pel. II
10–12).
[41] Div. inst. VII 8,1.
[42] Retr. I 2,4.
[43] Dazu C. HORN, Augustinus über Tugend, Moralität und das höchste Gut, in:
FUHRER/ERLER 1999 (wie Anm. 19), 173–190; N. J. TORCHIA, St. Augustine's Critique of the adiaphora. A Key Component of his Rebuttal of Stoic Ethics, in: Studia
Moralia 38 (2000) 165–195.

schen Ethik erweist sich Ambrosius, der in *De Iacob et vita beata* und *De officiis* Formulierungen Ciceros und Senecas teilweise wörtlich übernimmt. Die christliche Adaptation gelingt ihm allerdings nicht immer, und dementsprechend heterogen fallen seine Äußerungen aus: Dem gegenwärtigen Glück im Diesseits stellt er das zukünftige Glück im Jenseits an die Seite: „Es gibt zwei Formen der Vollkommenheit, ... die eine gemäß der Möglichkeit des Menschen (im Diesseits), die andere gemäß der Vollkommenheit in der Zukunft".[44] In *De officiis* schreibt Ambrosius die stoische Pflichtenlehre aus Ciceros gleichnamiger Schrift zum Gebrauch seiner Kleriker um; dabei übernimmt er die stoische Tugendlehre, die Begriffe der „mittleren" und „vollkommenen Pflichten" *(officia media* und *perfecta)* und die Regel für das korrekte Verhalten im Fall, dass sich ein Konflikt zwischen dem „Guten" *(honestum)* und dem „Nützlichen" *(utile)* ergibt. Die christliche Umdeutung und Umwertung geschieht auf einer äußerst subtilen Ebene: durch stärkere Gewichtung von Nebenaspekten stoischer Tugenden wie beispielsweise der „Güte" *(benevolentia)*, durch die Einführung neuer Tugendbegriffe wie „Barmherzigkeit" *(misericordia)*, durch biblische Exempla sowie durch die Polemik gegen das Prinzip des Eigennutzes zugunsten der Nächstenliebe.[45]

Erkenntnistheorie

Ein wichtiger Teil des stoischen Lehrsystems ist die Erkenntnistheorie, die den menschlichen Sinnesorganen die Fähigkeit zur täuschungsfreien Erkenntnis der Dinge und Sachverhalte in der uns umgebenden Welt zuschreibt. Gemäß stoischer Epistemologie kann uns also die Wahrnehmung die „Wahrheit" über diese Dinge und Sachverhalte vermitteln – „Wahrheit" im Sinn der Korrespondenz zwischen Objekt und Sinneseindruck im menschlichen Geist. Ein Mensch mit intakten Sinnesorganen ist imstande zu beurteilen, wann ein Sinneseindruck (φαντασία) die Realität korrekt abbildet, also „wahr" oder – in der stoischen Terminologie – „kataleptisch" ist. Ihr gibt er (bzw. das Zentralorgan der Seele, das ἡγεμονικόν) dann die

---

[44] Off. III 11: *duplex enim forma perfectionis: ... alia secundum hominis possibilitatem, alia secundum perfectionem futuri*; vgl. ebd. II 18. Dazu SPANNEUT 1973 (wie Anm. 20), 168: „... peut-être une *vita beata* à deux étages ... Un authentique stoïcisme, mais couronné par la grâce". Zur Heterogenität von Ambrosius' Formulierungen vgl. bes. I. J. DAVIDSON, Ambrose's *De officiis* and the Intellectual Climate of the Late Fourth Century, in: Vigiliae Christianae 49 (1995) 313–333, bes. 323.
[45] Dazu COLISH 1990 (wie Anm. 21), 58–70; M. BECKER, Die Kardinaltugenden bei Cicero und Ambrosius: De officiis (Chrêsis 4), Basel 1994.

„Zustimmung" (συγκατάθεσις), und darauf folgen die „Erkenntnis" (κατάληψις) und das „Wissen" (ἐπιστήμη); gibt er die Zustimmung zu einer nicht-kataleptischen, also falschen Erscheinung, verfällt er der „Meinung" (δόξα). Dieser Anspruch wurde in hellenistischer Zeit von den Vertretern der skeptischen Akademie bestritten, die mit Berufung auf Sokrates die Position vertraten, dass es eine solche „kataleptische Erscheinung" nicht gebe, wie sie die Stoiker als „Kriterium der Wahrheit" (κριτήριον τῆς ἀληθείας) postulierten, dass eine irrtumsfreie Unterscheidung zwischen wahr und falsch im Bereich der Sinnenwelt nicht möglich sei und dass daher die Sinneswahrnehmung generell unzuverlässig sei; die „Zustimmung" müsse also in jedem Fall zurückgehalten werden. Die ausführlichste Darlegung der stoischen Theorie und der skeptischen Gegenposition ist uns in Ciceros *Academici Libri* erhalten, die Augustinus in *Contra Academicos* rezipiert. Dabei übernimmt Augustinus die materialistische und sensualistische Definition der menschlichen Wahrnehmung der Stoa, um damit eine platonische Erkenntnistheorie gegen den „lähmenden" Skeptizismus zu verteidigen: Er geht von der von Cicero formulierten skeptischen These aus, dass „nichts erfasst werden könne", dass also keine Erscheinung kataleptisch sei *(nihil posse conprehendi)*. In seiner Widerlegung formuliert er sie jedoch in der Weise um, dass er die „Wahrheit" zum Subjekt des Satzes macht *(veritatem posse conprehendi)*: Die Definition der kataleptischen Erscheinung – das stoische Kriterium der Wahrheit – dient ihm als Nachweis dafür, dass die „Wahrheit" schlechthin gefunden („erfasst") werden könne. Er definiert den materialistisch-empiristischen Wahrheitsbegriff der stoischen Theorie dergestalt um, dass das Objekt der Erkenntnis letztlich auch Gott sein kann, der gemäß Joh. 14,6 selbst die Wahrheit ist.[46] So wird mit Hilfe stoischer Epistemologie die Fähigkeit des Menschen, Gott zu erkennen, theoretisch erwiesen.

Eine Umdeutung erfährt auch der erwähnte Begriff der „Zustimmung" in christlichen Diskussionen zum Verhältnis von Glauben und Erkenntnis. Klemens von Alexandrien definiert den „Glauben" (πίστις) in deutlicher Anlehnung an die stoische Terminologie als „Zustimmung" (συγκατάθεσις). Der Glaube ist jedoch keine „Meinung" (δόξα), sondern selbst das „Kriterium des Wissens" (κριτήριον τῆς ἐπιστήμης) und aller Erkenntnis.[47] Eine ähnliche Rechtfertigung

---

[46] Dazu T. FUHRER, Das Kriterium der Wahrheit in Augustins Contra Academicos, in: Vigiliae Christianae 46 (1992) 257–275.
[47] Dazu W. VÖLKER, Der wahre Gnostiker nach Clemens Alexandrinus, Berlin 1952, 223. 232–238.

des Glaubensaktes mittels stoischer Theorie begegnet bei Augustinus. In *De praedestinatione sanctorum* findet sich die berühmte Formel: „Glauben ist nichts anderes als mit Zustimmung zu denken".[48] Augustinus stellt den Glaubensakt durch die Koppelung mit dem stoischen Begriff der „Zustimmung" *(adsensio)* als bewussten geistigen Akt dar, mit dem sich der Glaubende vom Ungläubigen absetzt. Im *Enchiridion ad Laurentium de fide et spe et caritate* wendet er sich nach einem kurzen Referat der stoischen Erkenntnistheorie und der skeptischen Gegenposition gegen die skeptische „Zurückhaltung der Zustimmung", der er die christliche Haltung gegenüberstellt: „Bei uns aber 'lebt der Gerechte aufgrund des Glaubens' (Röm. 1,17; Gal. 3,11); doch wenn die Zustimmung aufgehoben wird, wird auch der Glaube aufgehoben, da ohne Zustimmung nichts geglaubt wird."[49] Mit dem Begriff der Zustimmung soll offenbar die Bereitschaft des Glaubenden, das Geglaubte von sich aus voll und ganz zu akzeptieren, zum Ausdruck gebracht werden.[50] Mit dem Rekurs auf die stoische Terminologie können Klemens und Augustinus den Glauben, den sie im Kontext ihrer Diskussion konkret als christlichen Glauben definieren, im Rahmen der stoischen Erkenntnistheorie als Wahrnehmungsakt bestimmen und damit philosophisch aufwerten.

„Wesensverwandtschaft"?

Die Rezeption der stoischen Philosophie in der antiken christlichen Literatur präsentiert sich also als eklektisches Verfahren: Die Autoren ziehen stoische Konzepte und die entsprechende Begrifflichkeit dort heran, wo sie diese gutheißen und explizit oder auch implizit in ihre Ausführungen über spezifisch christliche Themen einbeziehen. Sie benutzen sie öfter, um Unterschiede zur christlichen Lehre hervorzuheben und dabei die Überlegenheit der letzteren aufzuweisen, aber auch um gegnerische Positionen unter den Christen selbst zu diskreditieren. Dies tun sie jedoch nicht allein mit den Begriffen und Konzepten der stoischen, sondern auch mit denjenigen der epikureischen, der akademisch-skeptischen, der peripatetischen und auch der platonischen Philosophie. Damit schreiben sie ihre Texte in den philosophischen Diskurs der Intellektuellen ihrer Zeit ein.

---

[48] Praed. sanct. 5: *credere nihil aliud est quam cum adsensione cogitare.*

[49] Ench. 20: *apud nos autem 'iustus ex fide vivit'. at si tollatur adsensio, fides tollitur, quia sine adsensione nihil creditur.*

[50] Dazu T. FUHRER, Zum wahrnehmungstheoretischen Hintergrund von Augustins Glaubensbegriff, in: FUHRER/ERLER 1999 (wie Anm. 19), 191–211.

So kann der Eindruck entstehen, dass die Stoa für das antike Christentum keine wesentlich andere Rolle gespielt habe als die anderen großen Philosophenschulen, die im griechisch-römischen Kulturraum während mehrerer Jahrhunderte ihre je unterschiedlichen Lehren ausgeprägt hatten, die Gegenstand der höheren Bildung, mit der Zeit sogar der Allgemeinbildung geworden waren. Der Briefwechsel zwischen Seneca und Paulus, die vereinnahmenden Äußerungen Tertullians und Laktanz' zu Seneca *(Seneca saepe noster* bzw. *omnium philosophorum acutissimus)* und Hieronymus' Aufnahme Senecas in den „Katalog der Heiligen"[51] wären demnach nur vereinzelte, nicht repräsentative Zeugnisse der Stoa-Rezeption christlicher Autoren im lateinischen Westen, die seit der Renaissance – nicht zuletzt vor dem Hintergrund der Legende von Senecas Konversion zum Christentum – bis in die moderne Forschung überbewertet und auch aufgebauscht wurden.[52] Auch wenn man bedenkt, wie grundlegend der Platonismus die christliche Literatur im griechischen Osten seit dem 2. Jahrhundert und im lateinischen Westen seit der Mitte des 4. Jahrhunderts beeinflusste und damit die christliche Lehre in manchen Punkten – der Trinitätslehre, der Psychologie, der Ontologie – entscheidend mitprägte, könnte man meinen, die Stoa habe in diesem Prozess der Adaptation paganer Philosopheme nur eine untergeordnete Rolle gespielt.

Doch abgesehen von dem Beitrag zur Systematisierung der Konzepte und zur Entwicklung einer philosophischen *koiné*, der von der Stoa geleistet wurde und der mit der literarischen Umsetzung durch Cicero und Seneca auch außerhalb der philosophischen Spezialliteratur wirksam wurde, gibt es noch weitere Gründe, die doch rechtfertigen lassen, dass immer wieder von einer besonderen Nähe des Christentums gerade zu dieser Lehre gesprochen wird, von „Wesensverwandtschaft", von „Kongenialität".[53] Im Unterschied zur platonischen Philosophie, die explizit nur eine Elite ansprechen wollte, verstand sich nämlich die stoische Lehre, insbesondere die kaiserzeitliche stoische Ethik, viel stärker als „Lebenskunst" (τέχνη τοῦ βίου, *ars vitae*), als Angebot von Hilfestellungen bei der Bewältigung konkreter Probleme auch im alltäglichen Leben: Die in der Tugend- und Güter-

---

[51] Tertullian, an. 20,1; Laktanz, div. inst. II 8,23 (vgl. I 5,26; V 9,19; VI 24,14); Hieronymus, vir. ill. 12 (vgl. in Es. IV 11,6–9); siehe oben S. 108.

[52] Für die Seneca-Rezeption von der Renaissance bis in die Gegenwart siehe oben S. 19f. und 86f. und den Essay von Peter Walter in diesem Band.

[53] Von „Wesensverwandtschaft" spricht BICKEL 1905, 508, „congenial" sagt DAVIDSON 1995 (wie Anm. 44), 316f.

lehre definierten Werte, das Weisheitsideal, die Forderung der Askese, der Aufruf zur Meditation angesichts der Unwägbarkeiten des Schicksals lassen sich weitaus leichter auf das eigene Verhalten anwenden als die metaphysischen, auf eine „andere Welt" ausgerichteten Spekulationen der Platoniker. Und im Unterschied zur epikureischen Ethik, die das „Leben im Verborgenen" und damit den Rückzug aus der Öffentlichkeit empfahl und auch gern des Hedonismus bezichtigt wurde, hatte die stoische Philosophie – zumindest in Rom – auch einen Sitz im politischen Leben: Nicht nur so prominente Figuren wie der jüngere Cato, Paetus Thrasea, Musonius Rufus, Epiktet, Mark Aurel und eben Seneca, sondern auch eine ganze Reihe anderer historischer Persönlichkeiten ließe sich nennen, die in Ciceros Dialogen als Vertreter der stoischen Position auftreten oder die Tacitus im römischen Senat oder am Kaiserhof sprechen oder agieren lässt. Die stoische Philosophie gehörte in der Zeit, als sich die christliche Lehre im römischen Reich verbreitete und nach und nach durchsetzte, zu den wohl prominentesten 'Anbietern' von Verhaltensregeln in lebenspraktischen Fragen. Damit trat sie einerseits natürlich in Konkurrenz zur christlichen Religion; andererseits formulierte sie ähnliche Lebensregeln und Ideale, wie sie in den biblischen Texten enthalten, aber nicht systematisch zusammengestellt sind, in konziser Begrifflichkeit und – im Falle Ciceros und Senecas – in literarisch ansprechender Form. Dass die Maximen der Stoa nicht kompatibel sind mit der christlichen Lehre, sondern ihr mit ihrer Theologie des immanenten Gottes und der ausschließlich diesseitsgerichteten Ethik diametral entgegenstehen, wurde offenbar leicht übersehen oder vernachlässigt. Jedenfalls hat sich der Autor des fiktiven Briefwechsels zwischen Seneca und Paulus dadurch nicht gehindert gefühlt, einen Dialog zwischen den Vertretern beider Lehren zu konstruieren, der angesichts der reichen Stoa-Rezeption in der christlichen Literatur – allerdings wohl erst mindestens ein Jahrhundert nach ihrem Tod – tatsächlich hätte stattfinden können.

Senecabild und Senecarezeption vom späten Mittelalter bis in die frühe Neuzeit

(Peter Walter)

Seneca wurde keineswegs durch den Renaissancehumanismus neu entdeckt. Die Tatsache, dass seine Werke, wie Erasmus von Rotterdam (1466/67–1536), der Editor der ersten umfassenden neuzeitlichen Gesamtausgabe, beklagte, vielfach verderbt waren,[1] spricht nicht gegen, sondern für die Annahme, dass sie im Mittelalter häufig abgeschrieben und viel gelesen wurden. Möglicherweise hat der Briefwechsel mit Paulus, den man bis in die frühe Neuzeit für echt hielt, christlichen Lesern die Glaubwürdigkeit Senecas verbürgt.[2] Aber es war wohl nicht nur dieses letztlich äußere Zeugnis, sondern die, trotz aller Widersprüche und Spannungen, innere Nähe zwischen Seneca und dem Christentum,[3] die seine Beliebtheit während des Mittelalters wie in der frühen Neuzeit ausmachte.[4] In mehreren Längsschnitten soll die Geschichte der Beschäftigung mit unserem antiken Autor während dieser Zeit im Folgenden nachgezeichnet werden.

---

[1] In der Widmungsvorrede seiner Seneca-Ausgabe von 1515 spricht Erasmus von Rotterdam von 4000 Fehlern, die er ausgemerzt habe: epist. 325 (p. 2, 52 AL-LEN).

[2] „Die Fälschung der Briefe hat vielleicht dazu beigetragen, den echten Seneca zu retten": MOMIGLIANO 1950 (1999), 69.

[3] Siehe dazu den Essay von Therese Fuhrer in diesem Band.

[4] Einen umfassenden, keineswegs auf Spanien beschränkten, Überblick über die mittelalterliche und frühneuzeitliche Seneca-Rezeption gibt K. A. BLÜHER, Seneca in Spanien. Untersuchungen zur Geschichte der Seneca-Rezeption in Spanien vom 13. bis 17. Jahrhundert, München 1969. Einzelne Aspekte vertiefen der Sammelband von I. DIONIGI (Hg.), Seneca nella coscienza dell'Europa, Mailand 1999 sowie M. VON ALBRECHT, Seneca und Montaigne, in: DERS., Wort und Wandlung. Senecas Lebenskunst (Mnemosyne Supplementum 252), Leiden/Boston 2004. Materialreich, jedoch ohne tiefer in den Gegenstand einzudringen, bleibt V. TROVATO, L'œuvre du philosophe Sénèque dans la culture européenne, Paris 2005.

Die Suche nach der Identität Senecas[5]

Während des Mittelalters kannte man nur einen Autor Seneca, dem man sowohl die rhetorischen Schriften des älteren L. Annaeus Seneca (um 55 v.Chr.–40 n.Chr.) als auch das moralphilosophische Werk des gleichnamigen Sohnes (1 v.Chr.–65 n.Chr.) wie die unter diesem Namen überlieferten Tragödien zuschrieb. Das Epigramm Martials (um 40–um 104), der, ebenfalls aus Spanien stammend, die „zwei Seneca" (Vater und Sohn) und den „einzigen Lucan" (M. Annaeus Lucanus [39–65], Enkel bzw. Neffe der Ersteren) als Beweise für die Redegewandtheit ihrer Heimatstadt Cordoba anführte,[6] scheint ebenso wenig beachtet worden zu sein wie das spätantike Zeugnis des Sidonius Apollinaris (5. Jh.). Letzterer nahm die Aussage Martials von der redegewandt machenden Heimat der Senecae auf und unterschied einen Philosophen, den Anhänger des „struppigen Platon" und erfolgloser Lehrer Neros war, und einen Dramatiker, der Euripides Konkurrenz machte.[7]

Nachdem im 14. Jahrhundert die Bücher 11–16 der „Annalen" des Tacitus wiederentdeckt worden waren, die den Bericht vom durch Kaiser Nero erzwungenen Tod des jüngeren Seneca enthalten (ann. XV 60–64), kamen Zweifel auf, ob dieser der Verfasser der unter dem Namen Seneca überlieferten Tragödien sein könne, da in der *Octavia* von Neros Tod berichtet wird, der Autor diesen also überlebt haben muss. Deshalb schrieb man nicht nur dieses eine Stück, sondern die Tragödien insgesamt einem jüngeren Verwandten des Philosophen Seneca zu. Der Florentiner Humanist Coluccio Salutati (1331–1406) scheint der Erste gewesen zu sein, der die überlieferten philosophischen und rhetorischen Schriften mit dem jüngeren Seneca und das dramatische Werk mit einem anderen Autor dieses Namens in Verbindung brachte.[8] Diese Auffassung haben sowohl Giovanni Boccaccio (1313–1375) in seinem Kommentar zu Dantes *Divina*

---

[5] Der folgende Abschnitt basiert im Wesentlichen auf M. VAN DER POEL, De scheiding der twee Seneca's. Een historische analyse, in: Lampas. Tijdschrift voor nederlandse classici 17 (1984) 254–270.

[6] Martial I 61,7f.: *Duosque Senecas unicumque Lucanum* | *facunda loquitur Corduba.* Vgl. TRILLITZSCH 1971, Bd. 1, 57–59.

[7] Sidonius Apollinaris, carm. 9,230–234: *Non quod Corduba praepotens alumnis* | *facundum ciet, hic putes legendum,* | *quorum unus colit hispidum Platona* | *incassumque suum monet Neronem,* | *orchestram quatit alter Euripidis.* Vgl. TRILLITZSCH 1971, Bd. 1, 189f.

[8] C. Salutati, epist. 3,8 (Epistolario di Coluccio Salutati, edidit F. NOVATI, 4 Bd.e [Fonti per la storia d'Italia. Epistolari, secolo XIV–XV, 15–18,2], Rom 1891–1911, Bd. 1, 150–155).

Commedia[9] als auch Francesco Petrarca (1304–1374) vertreten. Letzterer nahm mit erstaunlicher philologischer Kritik die erasmische Unterscheidung zwischen echtem und unechtem Schrifttum Senecas teilweise vorweg.[10]

Da in den rhetorischen Werken davon die Rede ist, dass deren Verfasser nur widriger Umstände halber Cicero (106–43 v.Chr.) nicht habe reden hören können (contr. 1, pr. 11), muss er, so vermutete man, ein jüngerer Zeitgenosse desselben gewesen sein, der demnach bei seinem von Nero erzwungenen Tod ein überaus hohes Alter erreicht hatte. Die Lebensbeschreibung eines unbekannten Verfassers, die Erasmus in seiner Ausgabe abgedruckt hat, errechnet aus diesen Angaben 114–124 Lebensjahre.[11]

Überhaupt war das 15. Jahrhundert eine Hochzeit der Seneca-Viten.[12] Nachdem Nicolaus Cusanus (1401–1464) um die Jahrhundertmitte durch einen Handschriftenfund die Kenntnis des bis dahin unter dem Namen Senecas bekannten rhetorischen Werkes wesentlich bereichert hatte, wurde die Frage nach dessen Verfasser neu gestellt.[13] Letzteres gilt auch für den Autor der Tragödien. Neben einem eigenen Tragödiendichter mit Namen Seneca – Boccaccio hatte für ihn in Handschriften den Vornamen Marcus gefunden[14] –, wurde aber auch, mit Ausnahme der *Octavia*, wieder der Philosoph ins Gespräch gebracht.[15] Die Niederländer Rodolphus Agricola (1445–1485) und Erasmus von Rotterdam hielten an der Scheidung zwischen dem Philosophen, dem sie auch das rhetorische Werk zuschrieben, und dem Tragödiendichter fest.

Die zweifelsfreie Zuschreibung des rhetorischen Werks an den Vater Seneca erfolgte erst im 16. Jahrhundert. Sie ist keineswegs primär, wie immer wieder behauptet, Raffaele Maffei (1451–1522), nach seinem Geburtsort Volterra Volaterranus genannt, zu verdanken. Dieser

---

[9] Vgl. Boccaccio, Esposizione sopra la Commedia di Dante, Canto IV Esposizione litterale 353 (p. 252 PADOAN).

[10] Vgl. P. DE NOLHAC, Pétrarque et l'humanisme, 2 Bd.e (Bibliothèque littéraire de la Renaissance NS 1–2), Paris ²1907, Bd. 2, 117–122; A. BOBBIO, Seneca e la formazione spirituale e culturale del Petrarca, in: La Bibliofilia 43 (1941) 224–292, hier 226 Anm. 8. Den Briefwechsel mit Paulus hielt Petrarca anscheinend für echt: vgl. oben Testimonium X.

[11] Lucij Annaei Senecae ... lucubrationes omnes, edidit Erasmus von Rotterdam 1515, 5–7, hier 7. Dazu BLÜHER 1969 (wie Anm. 4), 195. Ähnliche Überlegungen auch bei Boccaccio, Canto IV Esp. litt. 349 (p. 256 PADOAN).

[12] Vgl. BLÜHER 1969 (wie Anm. 4), 191–199 und VAN DER POEL 1984 (wie Anm. 5), 257–261.

[13] Ebd. 258–260.

[14] Boccaccio, Canto IV Esp. litt. 333 (p. 252 PADOAN).

[15] VAN DER POEL 1984 (wie Anm. 5), 260f.

fragte lediglich, ob die beiden von Martial und Sidonius unterschiedenen Seneca der Vater und der Sohn oder Letzterer und ein Neffe seien,[16] beantwortete die Frage aber nicht. Erst dem Juristen Andrea Alciati (1492–1550), vor allem aber dem Humanisten Justus Lipsius (1547–1606), von dem noch ausführlicher die Rede sein wird, sowie Andreas Schott (1552–1629), einem Philologen aus dem Jesuitenorden, ist die heute allgemein akzeptierte Scheidung gelungen. Sie beriefen sich dafür nicht nur auf historische, sondern auch auf stilistische Argumente.[17]

Die Auffassung, die unter dem Namen Seneca veröffentlichten Tragödien stammten von einem von dem Philosophen zu unterscheidenden Tragödiendichter dieses Namens, die noch Lipsius und der Philologe und neulateinische Dichter Daniel Heinsius (1580–1655) vertraten, wurde zuerst von dem Jesuiten Martín Antonio Delrío (1551–1608) widerlegt, einem Verteidiger der Hexenprozesse, dessen philologische Arbeiten wohl deswegen nicht die verdiente Anerkennung fanden. Der Durchbruch gelang endgültig zu Beginn des 17. Jahrhunderts dem Latinisten Johannes Isaac Pontanus (1571–1639).[18]

Der christliche Seneca

Die Legende, dass Seneca nicht nur mit Paulus freundschaftlichen Umgang pflog, wie der Briefwechsel glauben machen will, sondern sogar Christ war, ist keine Frucht mittelalterlicher Phantasie, sondern im Frühhumanismus entstanden. Arnaldo Momigliano hat vor mehr als einem halben Jahrhundert als ihren ersten Vertreter den Freund und Förderer Petrarcas Giovanni Colonna († 1348) ausfindig gemacht.[19] Agostino Sottili konnte jüngst zeigen, dass bereits der Paduaner Frühhumanist Albertino Mussato (1261–1329) dieser Meinung

---

16 Raphael Volaterranus, Commentariorum urbanorum ... octo et triginta libri (1506), Basel: Froben 1530, 223ᵛ.

17 VAN DER POEL 1984 (wie Anm. 5), 262–264.

18 Ebd. 264–266. Vgl. auch W. TRILLITZSCH, Seneca tragicus – Nachleben und Beurteilung im lateinischen Mittelalter von der Spätantike bis zum Renaissancehumanismus, in: Philologus 122 (1978) 120–136. Es würde zu weit führen, die Tragödien Senecas und deren Nachwirkung in der europäischen Literatur der Neuzeit zu würdigen. Vgl. dazu E. LEFÈVRE (Hg.), Der Einfluß Senecas auf das europäische Drama, Darmstadt 1978; G. BRADEN, Renaissance Tragedy and the Senecan Tradition, New Haven/London 1985; A. J. BOYLE, Tragic Seneca. An essay in the theatrical tradition, London/New York 1997.

19 MOMIGLIANO 1950 (1999), 70f.

war.[20] Boccaccio hat in seinem Dante-Kommentar aus dem Jahre
1373 die von Tacitus geschilderte Sterbeszene (ann. XV 64) gar so
interpretiert, als habe Seneca, der bereits die „Geisttaufe" *(baptismus
flaminis)* empfangen habe, die Wassertaufe nachgeholt, als er sich in
eine Badewanne begab, um den Tod zu beschleunigen.[21] Die Auffassung von Senecas Christsein wurde jedoch keineswegs allgemein
geteilt. Einer der Paduaner Frühhumanisten, Rolando da Piazzola
(frühes 14. Jh.), hat die Stellen aus Senecas Werk zusammengetragen,
die dagegen sprechen.[22]

Auch für Erasmus war Seneca kein christlicher Autor. Gleichwohl
stimmt nach seiner Auffassung in dessen Werk vieles mit dem christlichen Denken überein: „Man findet in den Schriften Platons und
Senecas manches, was mit den Geboten Christi keineswegs in Widerspruch steht."[23] Wenn Hieronymus ihn als einzigen Heiden in seinen
Katalog berühmter (christlicher) Männer aufgenommen hat,[24] dann
geschah dies nach Erasmus nur, um die Lektüre seiner Werke zu
empfehlen. Hieronymus habe mit seiner überaus feinen Nase durchaus gespürt, dass die unter dem Namen des Apostels Paulus und
Senecas überlieferten Briefe von keinem von beiden stammen, aber er
habe Seneca empfohlen, weil er ihn für würdig erachtete, als Nicht-
christ von Christen gelesen zu werden. Seneca wende – so die Auffassung des Erasmus – in einzigartiger Weise den Geist den himmlischen Dingen zu, ermutige ihn, die gemeinen Dinge zu verachten,
pflanze ihm Hass gegenüber dem Schändlichen ein und entflamme
ihn zur Liebe des sittlich Guten. Denjenigen, der ihn mit dem
Wunsch in die Hand genommen habe, besser zu werden, entlasse er
schließlich als einen Besseren. Seine Ermahnungen zum Guten über-
zeugten, weil er seinen Anweisungen entsprechend gehandelt habe.[25]
In seinen kurz nach der ersten Seneca-Ausgabe erschienenen Scholien zu *De viris illustribus* des Hieronymus nennt Erasmus Seneca einen
Heiden, der hinsichtlich des sittlichen Lebens heiliger gewesen sei als

[20] SOTTILI 2004, 676–678. Mussato hat erstmals wieder eine Tragödie im Stil Senecas geschrieben: *Ecerinis*. Vgl. BRADEN 1985 (wie Anm. 18), 99–114.
[21] Boccaccio, Canto IV Esp. litt. 354f. (p. 259f. PADOAN). Vgl. MOMIGLIANO
1950 (1999), 72f.
[22] SOTTILI 2004, 668–675.
[23] *Reperies fortassis in Platonis aut Senecae libris, quae non abhorreant a decretis Christi*:
Erasmus, Ratio verae theologiae (1518): Desiderius Erasmus Roterodamus, Ausgewählte Werke, ediderunt H. HOLBORN/A. HOLBORN, München 1935 (Nachdruck
1964), 210.
[24] Vgl. oben Testimonium I.
[25] Erasmus, epist. 325 (p. 2, 53 ALLEN).

viele Christen.[26] Im Vorwort zur verbesserten Neuauflage der Opera Senecas formuliert er ebenso knapp wie treffend: „Wenn man ihn als einen Heiden liest, schrieb er christlich, wenn man ihn als einen Christen liest, schrieb er heidnisch."[27] Dass Seneca kein Christ war, schließt Erasmus zum einen aus seinem Schweigen darüber, zum anderen daraus, dass ihm Nero, der Vorwände suchte, um ihn aus dem Weg zu schaffen, gerade nicht vorgeworfen hat, ein Christ zu sein. Mag Senecas Schweigen aus Angst vor dem Tod geschehen sein, was freilich bei einem Philosophen verwundere, der über die Todesverachtung geschrieben habe, so widerspreche es offen dem christlichen Glauben, von Göttern und Göttinnen zu sprechen und am Weiterleben nach dem Tod zu zweifeln.[28] Seneca habe auch sterbend Christus nicht erwähnt, sondern Jupiter. Ja, er habe sich selbst getötet, was ein Christ niemals tun würde, und die Selbsttötung seiner Frau geduldet, obwohl dies nicht gefordert worden war.[29] Erasmus wirft Seneca außerdem Pantheismus vor. Die Autarkie des stoischen Weisen mache Gott überflüssig. Die Christen dagegen glaubten, dass Gott sich selbst um die Spatzen und die Lilien kümmere, dass die Menschen von sich aus nichts Gutes hätten und ihr höchstes Glück Gott verdankten. Wenn man Seneca als christlichen Autor lese, sei dies gefährlich.[30]

Diese Warnung des Erasmus minderte im 17. und 18. Jahrhundert jedoch keineswegs den Absatzerfolg von Büchern, die einen „christlichen Seneca" propagierten, etwa die anonym erschienene Blütenlese „Seneca christianus id est Flores christiani ex L. Ann. Senecae Epistolis collecti" (Der christliche Seneca, d.h. aus den Briefen des L. Ann. Seneca gesammelte christliche Blüten, Augsburg 1637) des Jesuiten Johann Baptist Schellenberg (1586–1645), die bis weit ins 18. Jahrhundert, auch in deutscher Übersetzung, ein wahrer Bestseller war.[31]

---

[26] *... Senecam, ethnicum quidem, sed quod ad mores attinet, multis Christianis sanctiorem*: Epistolarum opus diui Hieronymi ... vna cum scholiis Des. Erasmi Roterodami (1516), Basel: Hieronymus Froben und Nikolaus Bischof 1543, 318[b].
[27] *Etenim si legas illum vt paganum, scripsit Christiane; si vt Christianum, scripsit paganice*: Erasmus, epist. 2091 (p. 8, 31 ALLEN).
[28] Vgl. ebd. 2091 (p. 30 A.).
[29] Vgl. ebd. 2092 (p. 41 A.).
[30] Vgl. ebd. 2091 (p. 31 A.). Zum Pantheismus Senecas siehe den Essay von Alfons Fürst oben S. 85–107.
[31] Vgl. C. SOMMERVOGEL, Bibliothèque de la Compagnie de Jésus, 12 Bd.e, Brüssel/Paris 1890–1932, Bd. 7, 741f. Dasselbe Werk erschien auch unter dem Titel: Sapientia Christiana in lumine naturae expressa per L. Annaeum Senecam reflexa virtutis et veritatis amatoribus, Graz 1668; Innsbruck 1693. Über das Internet sind noch zahlreiche weitere Ausgaben verifizierbar, so: Seneca Christianus, seu, Praecepta mo-

Ähnlich erfolgreich war das Werk des anglikanischen Bischofs Joseph Hall (1574–1656) „Heaven upon Earth or of True Peace and Tranquillitie of Mind" (London 1606), dessen französische und lateinische Übersetzung im Titel direkt auf Seneca Bezug nahmen.[32] 1707 wurde an der Universität Erfurt in einer akademischen Disputation die Frage diskutiert, ob der Philosophenfürst Seneca Christ war.[33] Die Meinung, Seneca sei tatsächlich Christ gewesen, wurde vereinzelt noch weit bis ins 19. Jahrhundert vertreten.[34]

Das Bemühen um eine zuverlässige Textbasis

Die erste, 1475 in Neapel erschienene, Druckausgabe der Werke Senecas ist dem aus Mähren stammenden und in Italien wirkenden Frühdrucker Matthias Moravus († nach 1492) und dem katalanischen Zisterzienser Blasius Romero († nach 1476) zu verdanken. Sie vereinten in ihrer Ausgabe Echtes und Unechtes, die damals bekannten rhetorischen Werke des älteren und die philosophischen des jüngeren Seneca, aber nicht die Tragödien.[35] Die Editio princeps der Letzteren kam 1484 in Ferrara heraus.[36] Von der Editio princeps der rhetorischen und philosophischen Werke erschienen im 15. Jahrhundert fünf Nachdrucke, von denen der erste, von Bernardus de Colonia 1478 in Treviso herausgebracht[37] und mit den handschriftlichen Korrekturen Agricolas versehen, für die zweite Auflage der erasmischen Edition wichtig wurde.[38] Wenn man von der Auflagenzahl auf das Leseinteresse während des 15. Jahrhunderts schließen kann, muss

---

ralia insigniora quae extant in Lucii Annaei Senecae Epistolis in ordinem congesta, et faciliori usui accommodata ..., Mexico 1796.

[32] Le Sénèque ressuscité chrestien (Paris 1614), Coelum in terra, hoc est Seneca Christianus, de vera tranquillitate animi libellus plane aureus (Amsterdam 1623). Die deutsche Übersetzung erschien unter dem Titel: Joseph Hallens Himmel auf Erden (Breslau 1632).

[33] An philosophorum facile princeps L. Annaeus Seneca fuerit Christianus (Exemplar in der Sächsischen Landesbibliothek Dresden).

[34] Vgl. MOMIGLIANO 1950 (1999), 77.

[35] Vgl. M. FLODR, Incunabula classicorum. Wiegendrucke der griechischen und römischen Literatur, Amsterdam 1973, 274–283, hier 274. Dazu M. FAVA/G. BRESCIANO, La stampa a Napoli nel XV secolo, 3 Bd.e (Sammlung bibliothekswissenschaftlicher Arbeiten 32–34), Leipzig 1911–1913, Bd. 1, 59–63; Bd. 2, 94f.

[36] Vgl. FLODR 1973 (wie Anm. 35), 282.

[37] Vgl. D. E. RHODES, La stampa a Treviso nel secolo XV (Quaderni di Studi trevisani 1), Treviso 1983, 53.

[38] Vgl. J. M. M. HERMANS, Rudolph Agricola and his Books, with some Remarks on the Scriptorium of Selwerd, in: F. AKKERMAN/A. J. VANDERJAGT (Hg.), Rodolphus Agricola Phrisius (1444–1485) (Brill's Studies in Intellectual History 6), Leiden u.a. 1988, 123–135, hier 130f.

man freilich feststellen, dass unter den Einzelausgaben die pseudepigraphischen Schriften bei weitem die echten überflügelt haben: Von den *Proverbia* erschienen 25 Ausgaben (dazu mehrere volkssprachliche Übersetzungen), von der Schrift *De quattuor virtutibus*, die von dem spätantiken Bischof Martin von Braga († 580)[39] stammt, gar 32 (und eine französische Übersetzung); *De remediis fortuitorum* brachte es auf 12 Ausgaben.[40] Erasmus von Rotterdam kommt das Verdienst zu, in seinen Ausgaben zwar nicht den Vater vom Sohn, aber Echtes von Unechtem geschieden zu haben.[41] Den Anfang machte er 1514, als er bei Dirk Martens († 1534) in Löwen die bis dahin unter dem Namen Senecas laufende Proverbien-Sammlung drucken ließ, aber zugleich anmerkte, dass nicht Seneca der Autor sei, sondern der Mime Publi(li)us Syrus (1. Jh. v.Chr.).[42] Im selben Jahr wirkte Erasmus an einer von Josse Bade († 1535) in Paris unternommenen Ausgabe der Tragödien Senecas mit. Im Jahr darauf erschien bei seinem bevorzugten Drucker Johannes Froben († 1527) in Basel die erste von Erasmus veranstaltete Gesamtausgabe der Werke des Rhetors und des Philosophen Seneca, die er ja nicht trennte. Der Titel nennt nicht nur den Namen des Autors, sondern zeichnet diesen durch die Bezeichnung *sanctissimus philosophus* aus, was nicht dessen Heiligkeit im christlichen Sinne, sondern dessen Glaubwürdigkeit zum Ausdruck bringt, und empfiehlt den Lesern die Lektüre zu dem doppelten Zweck, ihren lateinischen Stil und ihr Leben zu verbessern.[43] Diese Ausgabe enthielt auch die *Apocolocyntosis* („Verwandlung in einen Kürbis", eine Satire Senecas auf den Tod des ihm verhassten Kaisers Claudius), die Beatus Rhenanus (1485–1547) im selben Jahr mit Scholien versehen bei Froben

---

[39] Zu dieser aus der Perspektive des christlichen Mönchtums veranstalteten Blütenlese aus Seneca vgl. A. M. ORSELLI, Eredità senecane nel Tardo Antico. L'esempio di Martino di Braga, in: DIONIGI 1999 (wie Anm. 4), 81–107, bes. 92–106. Bereits Petrarca hat dieses Schriftchen Seneca ab- und seinem wirklichen Verfasser zugesprochen: ebd. 94.

[40] Vgl. FLODR 1973 (wie Anm. 35), 276–281. Zu diesen und ähnlichen unter dem Namen Senecas zirkulierenden Schriften vgl. G. G. MEERSSEMAN, Seneca maestro di spiritualità nei suoi opuscoli apocrifi dal XII al XV secolo, in: Italia medioevale e umanistica 16 (1973) 43–133.

[41] Vgl. TRILLITZSCH 1971, Bd. 1, 221–250 mit den entsprechenden Testimonien in Bd. 2, 420–443.

[42] Erasmus, epist. 298 (p. 2, 2 ALLEN). Vgl. TRILLITZSCH 1971, Bd. 1, 235f.

[43] Lucij Annaei Senecae sanctissimi philosophi lucubrationes omnes, additis etiam nonnullis, Erasmi Roterodami cura, si non ab omnibus, certe ab innumeris mendis repurgatae. In his euoluendis si diligenter uersaberis, et linguam tuam reddent expolitiorem, et uitam emendatiorem, Basel: Froben 1515. Vgl. TRILLITZSCH 1971, Bd. 1, 224–229.

separat herausgebracht hatte.[44] Die von ihm für unecht gehaltenen Werke nahm Erasmus zwar auf, stellte sie aber an den Schluss. In der zweiten Auflage wird er die Unechtheit ausführlicher begründen. Die Ausgabe basiert in der Hauptsache auf zwei Manuskripten, die Erasmus während seines vorangegangenen langen Englandaufenthaltes (1509–1514) benutzt und deren Kollationierung ihm viel Mühe bereitet hat. Die Drucklegung stand unter keinem guten Stern, da Erasmus, wie er später bedauerte, anderen überließ, was er selber hätte tun sollen. Vor allem der Korrektor Wilhelm Nesen (1493–1524), der das Handexemplar des Erasmus verschwinden ließ, scheint völlig überfordert gewesen zu sein.

Diese Ausgabe konnte den Ansprüchen ihres Herausgebers auf die Dauer jedoch nicht genügen. Zehn Jahre später begann er mit den Vorarbeiten für eine zweite, verbesserte Auflage. Er ließ nicht nur die englischen Handschriften erneut vergleichen, sondern zog auch eine Reihe weiterer heran, nicht zuletzt die handschriftlichen Notizen, mit denen Agricola seine 1478 in Treviso gedruckte Seneca-Ausgabe versehen hatte. Außerdem nahm Erasmus die von dem ungarischen Humanisten Matthaeus Fortunatus († 1528) 1522 in Venedig publizierte Edition der *Naturales quaestiones* auf und ersetzte damit seine eigene Edition in der Erstauflage. Auf dem Titelblatt der im Frühjahr 1529 ebenfalls bei Froben erschienenen Ausgabe bringt Erasmus ebenso seine aufgewandten Mühen wie das stolze Ergebnis zur Sprache.[45] Die Ausgabe unterscheidet drei Gruppen von Seneca-Schriften: 1. echte, 2. unechte und 3. verlorene. Unter den echten bringt Erasmus auch die *Controversiae* und *Suasoriae* des Rhetors Seneca, unter den unechten unter anderem die Abhandlung *De quattuor virtutibus* sowie den apokryphen Briefwechsel mit Paulus und die *Sententiae,* deren Unechtheit er jeweils begründet.[46] Die Arbeit an einem adäquaten Seneca-Text hat Erasmus nicht aufgegeben. Die dritte, von Johannes Herwagen (1497–1558) gedruckte Ausgabe erschien ein Jahr nach seinem Tod.

---

[44] J.-M. ANDRE, Beatus Rhenanus et l'*Apocoloquintose* de Sénèque, in: J. HIRSTEIN (Hg.), Beatus Rhenanus (1485–1547) lecteur et éditeur des textes anciens, Turnhout 2000, 83–97.

[45] L. Annei Senecae opera, et ad dicendi facultatem, et ad bene uiuendum utilissima, per Des. Erasmum Roterod. ex fide ueterum codicum, tum ex probatis autoribus, postremo sagaci non numquam diuinatione, sic emendata, ut merito priorem aeditionem, ipso absente peractam, nolit haberi pro sua, Basel: Froben 1529. Vgl. TRILLITZSCH 1971, Bd. 1, 229–234.

[46] Vgl. ebd. 234–239. Die Einschätzung der Unechtheit des Briefwechsels Senecas mit Paulus durch Erasmus ist oben als Testimonium XI wiedergegeben.

Anders als Erasmus, der in seiner Ausgabe auf eine inhaltliche Auseinandersetzung mit Seneca verzichtete, hat der neulateinische Dichter und Philologe Marc Antoine Muret († 1585) in seiner postum erschienenen Seneca-Ausgabe (L. A. Seneca a M. Antonio Mureto correctus et notis illustratus, Rom 1585) in zahlreichen Anmerkungen eine Annäherung zwischen der Philosophie Senecas und der christlichen Lehre versucht.[47] Sein Schüler Justus Lipsius hat seine Seneca-Edition (L. Annaei Senecae Philosophi opera qvae exstant omnia, a Ivsto Lipsio emendata et scholijs illustrata, Antwerpen 1605; ²1615) in den Dienst seines christlichen Neostoizismus und der Überwindung des Ciceronianismus, d.h. einer einseitigen Orientierung am Stilideal Ciceros, gestellt.[48]

Seneca als Moralphilosoph

Für das Mittelalter war, bevor im 13. Jahrhundert die entsprechenden Werke des Aristoteles wiederentdeckt wurden, Seneca der maßgebliche Autor der Moralphilosophie.[49] Dante Alighieri (1265–1321) reiht sich in eine lange Tradition ein, wenn er ihn *Seneca morale* nennt (Inf. IV 141).[50] Boccaccio hebt in seinem Kommentar zur *Divina Commedia* hervor, Seneca sei als Moralphilosoph umso mehr zu schätzen, als sein Leben seiner Lehre entsprach.[51]

Während des Mittelalters wurde Seneca hauptsächlich in Florilegien rezipiert, für die sich sein an Sentenzen reiches Werk in besonderer Weise eignete.[52] Seneca selber hat im sog. Bienengleichnis das Motto für dieses Vorgehen geliefert: „Die Bienen ... müssen wir nachahmen, die umherfliegen und die zur Honiggewinnung geeigneten Blüten aussaugen, sodann, was sie eingebracht haben, ordnen, auf die Waben verteilen."[53] Ein mittelalterlicher Kompilator, der aus Wales

---

[47] Vgl. BLÜHER 1969 (wie Anm. 4), 299f.

[48] Vgl. C. MOUCHEL, Cicéron et Sénèque dans la rhétorique de la Renaissance (Ars Rhetorica 3), Marburg 1990, bes. 179–211.

[49] Vgl. NOTHDURFT 1963; REYNOLDS 1965, 113f.

[50] Vgl. G. MEZZADROLI, Seneca in Dante. Dalla tradizione medievale all'officina dell'autore (Società Dantesca Italiana quaderno 5), Florenz 1990, 4. Die Bezeichnung Senecas als „Moralist" hat bei Dante nichts mit der Unterscheidung mehrerer Seneca zu tun (vgl. ebd. 6–8). Vgl. auch E. PASQUINI, Seneca in Dante, in: DIONIGI 1999 (wie Anm. 4), 111–136.

[51] ... *divenne mirabile uomo e in tanto più commendabile in quanto i suoi costumi, quanto più esser potessono, furon conformi alla sua dottrina*: Boccaccio, Canto IV Esp. litt. 336 (p. 253 PADOAN).

[52] Vgl. NOTHDURFT 1963, 29–34.

[53] Epist. 84,3; Übersetzung: M. ROSENBACH, L. Annaeus Seneca, Philosophische Schriften, lateinisch und deutsch, Bd. 4, Darmstadt ²1987, 225.

stammende Franziskaner Johannes Guallensis (13. Jh.), der für die
Prediger seiner Zeit in mehreren Kompendien Erbauliches aus antiken Autoren, nicht zuletzt aus Seneca, sammelte, berief sich ausdrücklich auf dieses Bild.[54] In seiner Seneca-Vita überliefert er eine
Etymologie des Namens Seneca, die diesen als Hinweis auf die Art
seines Sterbens *se necans* (sich selbst tötend) deutet.[55] Bereits zuvor
hatte der dem Dominikanerorden angehörende „Enzyklopädist" Vinzenz von Beauvais († 1264) in derselben Absicht, den Predigern Material an die Hand zu geben, in seinem *Speculum historiale* in umfassen-
der Weise *flores* aus dem Werk des Rhetors und des Philosophen Seneca einschließlich der Tragödien gesammelt.[56] Diese fanden auch in
volkssprachlichen Separatausgaben weite Verbreitung.[57]

Dem englischen Franziskaner Roger Bacon († 1294) kommt für die
Erschließung der philosophischen Traktate Senecas gleichfalls große
Bedeutung zu. Seine Werke *Opus maius* und *Opus tertium* enthalten umfangreiche Exzerpte daraus. Bacons Absicht war es, mittels der mo-
ralphilosophischen Schriften Senecas Bereiche abzudecken, die in den
christlichen Quellen gar nicht oder nur am Rande bedacht wurden.
Die Christen haben nach seiner Überzeugung durch die theologischen Tugenden Glaube, Hoffnung und Liebe zwar Einsichten, die
den Heiden verborgen waren, stehen diesen aber in der Kenntnis und
Verwirklichung der allgemein sittlichen Tugenden oft nach. Ein weiteres, was ihn an der antiken Ethik anzieht, ist deren „innere Schön-
heit".[58]

Ein weiterer englischer Autor, der Dominikanertheologe Nikolaus
Trevet († nach 1334), kommentierte sämtliche Tragödien Senecas.[59]

---

[54] Johannes Guallensis, Compendiloquium de vitis illustrium philosophorum, in:
ders., Summa collationum, Venedig: Georgius Arrivabene 1496, 167r–232r, hier 167r.

[55] ... *vnde quodam praesagio habuit nomen Senecam id est se necans, eo quod sibi elegit mortem*:
ebd. 211v.

[56] Sie umfassen zwölf zweispaltig bedruckte großformatige Blätter: Vincentius
Bellovacensis, spec. hist. VIII 102–136, in: ders., Speculum maius, 4 Bd.e, Douai
1624 (Nachdruck Graz 1964–1965), Bd. 4, 309–320.

[57] Vgl. E. RUHE, Les proverbes Seneke le philosophe. Zur Wirkungsgeschichte
des *Speculum historiale* von Vinzenz von Beauvais und der *Chronique dite de Baudouin
d'Avesnes* (Beiträge zur romanischen Philologie des Mittelalters 5), München 1969.
Diese Sammlung ist nicht mit den mehrfach genannten *Proverbia Senecae* zu verwech-
seln: ebd. 10 Anm. 21.

[58] NOTHDURFT 1963, 23; vgl. ebd. 21–28. Vgl. auch E. MASSA, Ruggero Bacone.
Etica e poetica nella storia dell' „Opus maius" (Uomini e dottrine 3), Rom 1955, 81–
110.

[59] Vgl. die Liste der modernen Editionen dieser Kommentare bei R. JUNGE, Nikolaus Trevet und die Octavia Praetexta. Editio princeps des mittelalterlichen Kom-
mentars und Untersuchungen zum pseudosenecanischen Drama (Studien zur Geschichte und Kultur des Altertums NF 1,14), Paderborn u.a. 1999, 288; seitdem noch

Er möchte diese, da sie moralische Unterweisung in erzählender Form bieten, dem zeitgenössischen Publikum erschließen, dem sie wegen mangelnder Bildungsvoraussetzungen vielfach unverständlich sind. Dabei orientiert er sich nicht an der im Mittelalter, in erster Linie bei der Auslegung der Heiligen Schrift, aber auch bei literarischen Werken, gepflegten allegorischen Auslegung, sondern am Literalsinn.[60] Seneca war dem Mittelalter keineswegs nur über Florilegien und Exzerpte zugänglich, man konnte seine Werke auch als ganze lesen. Hier ist das Kuriosum zu verzeichnen, dass die Briefe an Lucilius seit dem 6. Jahrhundert in zwei getrennten Corpora überliefert wurden, welche jeweils die Briefe Nr. 1–88 und Nr. 89–124 enthielten, von denen die Erstere die weiter verbreitete war. Im Verlauf des 12. Jahrhunderts vereinigten sich die beiden Traditionen wieder.[61] Seneca war freilich nicht unumstritten, wie der Streit zwischen den beiden Augustinerchorherren Gottfried und Walter von St. Viktor in Paris Ende des 12. Jahrhunderts zeigt. Während der Erstere dichtet: *Seneca Lucilio commendavit quedam | Que vix Evangelio postponenda credam,*[62] warnt Letzterer vor der „verführerischen und deshalb todbringenden Lehre Senecas"[63].

Auch im Humanismus, als man die „Christlichkeit" Senecas herauszustellen suchte, stand man ihm nicht unkritisch gegenüber. Petrarca, der mehreren antiken Personen wie Cicero und Vergil fiktive Briefe geschrieben hat, um mit ihnen in ein Gespräch einzutreten, hat auch an Seneca ein solches Schreiben gerichtet, in dem er ihn zum einen als den lateinischen Moralphilosophen bezeichnet, der kein griechisches Pendant habe, zum andern aber tadelt, dass er sich zu sehr mit dem unwürdigen Nero eingelassen habe. Von dessen Christenverfolgung allerdings habe er sich, wie aus einer Stelle im Brief-

---

erschienen: Commento alla Phaedra di Seneca, a cura di M. CHIABÒ, Bari 2004; Commento alla Medea di Seneca, a cura di L. ROBERTI, Bari 2004. Vgl. F. CAVIGLIA, Commenti di ecclesiastici a Seneca Tragico. Trevet et Delrio, in: A. P. MARTINA (Hg.), Seneca e i Cristiani = Aevum Antiquum 13 (2000) 351–363, hier 351–358.
[60] Vgl. JUNGE 1999 (wie Anm. 59), 131–136.
[61] Vgl. REYNOLDS 1965, 120–124. Vinzenz von Beauvais zum Beispiel zitiert nur aus der ersten Hälfte. Vgl. Vincentius Bellovacensis 1624 (wie Anm. 56), Bd. 4, 313–320.
[62] „Seneca hat Lucilius manches empfohlen, was kaum hinter dem Evangelium zurückbleibt": Gottfried von St. Viktor, Fons Philosophiae, Z. 411f.; zitiert aus REYNOLDS 1965, 116.
[63] Walter von St. Viktor, De blanda et ideo mortifera Senecae doctrina, edidit P. MASTANDREA, Lettori cristiani di Seneca filosofo (Antichità classica e cristiana 28), Brescia 1988, 80–83. Vgl. auch NOTHDURFT 1963, 5. 78–80.

wechsel mit Paulus geschlossen werden könne, distanziert.[64] Auch
wenn Cicero ohne Zweifel der für Petrarca wichtigere antike Autor
gewesen ist, so hat er Seneca, auf dessen Bienengleichnis er sich
mehrfach beruft,[65] doch viel zu verdanken. Seine Briefe etwa sind insgesamt stilistisch und inhaltlich von ihm beeinflusst. „Sogar Petrarcas
Polemik gegen die Dialektik und andere Zweige der scholastischen
Bildung und seine Betonung ethischer Probleme scheint der gemäßig-
teren Skepsis nachempfunden zu sein, die Seneca in seinen *Epistulae
morales* gegenüber der subtilen Dialektik der älteren Stoa äußert.
Petrarcas Vorliebe für moralische Rhetorik und tränenreiche Todes-
betrachtung ist Seneca näher verwandt als allen anderen klassischen
Autoren, und ihm verdankt er offenbar die stoischen Elemente, die in
seinen Schriften erkennbar sind.“[66] Petrarcas 1366 abgeschlossenes
umfangreiches Spätwerk *De remediis utriusque fortunae* lehnt sich formal
und inhaltlich an den unter dem Namen Senecas überlieferten Dialog
De remediis fortuitorum[67] an, wahrt diesem gegenüber aber durchaus
Selbstständigkeit: „Ein grundlegender Unterschied zu Seneca besteht
darin, daß in dessen Schrift nur die Gefühle von Kummer und Furcht
… zu Worte kommen, wohingegen Petrarca den Gesichtskreis systematisch erweitert und ergänzt. Die Originalität seiner Konzeption
liegt darin, daß er den Leser ebenso wie gegen übermäßigen Schmerz
auch gegen maßlose Freude wappnen will.“[68] Der stoischen Härte Senecas zieht er die mildere Position eines Aristoteles und eines Cicero
vor.[69]

Auch Petrarcas niederländischer Zeitgenosse Geert Groote (1340–
1385), der Begründer der „Devotio moderna", einer spätmittelalterli-
chen Reformbewegung, die sowohl Laien als auch Ordensleute und
Kleriker zu einem vertieften Christsein anleiten wollte und sich zur
Verbreitung ihrer Ideen des Mediums Buch und der Schulen bediente, war mit Seneca gut vertraut. G. G. Meersseman hat gezeigt, dass

[64] Petrarca, Familiares res XXIV 5 (Le Familiari, ed. V. ROSSI/U. BOSCO, 4 Bd.e
[Edizione Nazionale delle opere di Francesco Petrarca 10–13], Florenz 1933–1942,
Bd. 13, 231–237). Siehe oben Testimonium X.
[65] Vgl. ebd. I 8,2; XXII 2,16 (Bd. 10, 39; 13, 106).
[66] P. O. KRISTELLER, Acht Philosophen der italienischen Renaissance. Petrarca,
Valla, Ficino, Pico, Pomponazzi, Telesio, Patrizi, Bruno, Weinheim 1986, 7.
[67] Vgl. dazu MEERSSEMAN 1973 (wie Anm. 40), 49f.
[68] R. SCHOTTLAENDER, Einleitung, in: F. Petrarca, Heilmittel gegen Glück und
Unglück/De remediis utriusque fortunae, lateinisch-deutsche Ausgabe in Auswahl
übers. und komm. von R. SCHOTTLAENDER, hg. von E. KESSLER (Humanistische Bibliothek II 18), München 1988, 11–39, hier 25f.
[69] Vgl. K. HEITMANN, Fortuna und virtus. Eine Studie zu Petrarcas Lebensweisheit, Köln/Graz 1958, 257.

Grootes Traktat über die freiwillige Armut in den Passagen, die Zeugnisse der „natürlichen Vernunft" sammeln, reichlich aus den Briefen an Lucilius, aber auch aus dem pseudosenecanischen Traktat *De moribus* zitiert.[70] In den Konvikten der von der „Devotio moderna" geprägten Brüder vom gemeinsamen Leben gehörten echte wie unechte Senecaschriften zum Lektürekanon. So ist es kein Wunder, dass entsprechende Zitate auch in der auf Thomas Hemerken von Kempen († 1471) zurückgeführten „Nachfolge Christi", der bedeutendsten und am weitesten verbreiteten Erbauungsschrift dieser Reformbewegung, begegnen.[71]

Erasmus dürfte bereits während seiner im Konvikt der Brüder vom gemeinsamen Leben in Deventer verbrachten Schulzeit mit dieser Mischung von echtem und unechtem Seneca Bekanntschaft gemacht haben. Er hat Maßgebliches für deren Scheidung beigetragen. Seneca ist für ihn vor allem Weisheitslehrer, der, gerade weil er kein Christ war, den Christen etwas zu sagen hat. Kritisch hat sich Erasmus vor allem mit Senecas Auffassung von den Affekten und ihrer Bedeutung für das ethische Verhalten des Menschen auseinandergesetzt. Während die Peripatetiker in den Affekten Stimulantien für tugendhaftes Verhalten sehen, glauben die Stoiker, namentlich Seneca, „daß die Affekte der Tugend in keiner Weise förderlich, sondern höchstens abträglich sind, doch können auch sie nicht leugnen, daß selbst in der Seele ihres imaginären Weisen zumindest im Ansatz Affekte vorhanden sind, die der Vernunft vorgreifen und die sich nicht restlos ausmerzen lassen; doch die Vernunft hält sie in Schranken und verhindert, daß man ihnen nachgibt."[72]

Unter den Reformatoren hat sich besonders Johannes Calvin (1509–1564) mit Seneca beschäftigt. Als junger, humanistisch gebildeter Jurist, der seine Ausbildung unter anderem bei Andrea Alciati gemacht hatte, brachte er 1532 einen Kommentar zu Senecas Schrift *De clementia* heraus.[73] Von seiner Ausrichtung her ist dieses Werk, das seinen Autor in die humanistische Welt einführen sollte, streng philo-

---

[70] Vgl. MEERSSEMAN 1973 (wie Anm. 40), 122–128. Zu *De moribus* ebd. 51–53.
[71] Vgl. ebd. 128–133.
[72] Erasmus, Adagium 1000: *Festina Lente*/Eile mit Weile, in: DERS., Dialogus cui titulus Ciceronianus .../Der Ciceronianer oder der beste Stil ... Adagiorum Chiliades ... Mehrere tausend Sprichwörter und sprichwörtliche Redensarten (Auswahl), übers., eingel. und mit Anm. versehen von TH. PAYR (Erasmus von Rotterdam, Ausgewählte Schriften 7), Darmstadt 1972, 464–513, hier 509.
[73] Calvin's Commentary on Seneca's De Clementia, edidit F. L. BATTLES/A. M. HUGO (The Renaissance Society of America. Renaissance Text Series 3), Leiden 1969.

logisch-historisch orientiert. Es lässt weder eine besondere Hinneigung zum Stoizismus noch den späteren Reformator erkennen. Aus seiner Genfer Zeit sind handschriftliche Anmerkungen Calvins zu einigen Seneca-Tragödien sowie zu Lucans *Pharsalia* erhalten, die erkennen lassen, dass der mit der Organisation eines eigenen Kirchentums viel beschäftigte Reformator noch Zeit für solche Lektüre gefunden hat. Es ist kaum verwunderlich, dass er die von Seneca und seinem Neffen geübte Kritik an Tyrannen übernimmt und auf den Papst überträgt. Während dieser und seine Anhänger auch wegen moralischer Vergehen kritisiert werden, werden die Protestanten mit Begriffen und Bildern aus dem stoischen Reservoir gelobt.[74]

Die stoische Moralphilosophie im allgemeinen und die Senecas im besonderen wurde in der Zeit der Religionskriege, die gegen Ende des 16. Jahrhunderts hauptsächlich Frankreich und die Niederlande erschütterten, als eine Ethik geschätzt, „die sich zur Bewältigung schwieriger Schicksalslagen anbot und die zudem den Vorteil hatte, dass sie allen Christen gleich welcher Konfession über die dogmatischen Streitigkeiten hinweg eine Grundlage zu geben vermochte".[75] In erster Linie ist hier der Philologe, Historiker und Philosoph Justus Lipsius[76] zu nennen, der in den spanischen Niederlanden als Katholik geboren wurde und starb und der, um in Jena bzw. Leiden eine Professur zu bekommen, jeweils die dort herrschende lutherische bzw. reformierte Konfession annahm, was ihm das Verdikt eines „Proteus" eintrug. An seiner endgültigen Rückkehr in die katholische Kirche war übrigens der auch als Seneca-Philologe hervorgetretene Jesuit Delrío nicht unbeteiligt.[77] In seiner Leidener Zeit veröffentlichte Lipsius den schon im Titel an Senecas Schrift *De constantia sapientis* erinnernden Dialog „De constantia libri duo qui alloquium praecipue continent in publicis malis" (Zwei Bücher von der Standhaftigkeit, die einen Zuspruch enthalten besonders für Zeiten öffentlichen Un-

---

[74] Vgl. A. GANOCZY/ST. SCHELD, Herrschaft – Tugend – Vorsehung. Hermeneutische Deutung und Veröffentlichung handschriftlicher Annotationen Calvins zu sieben Senecatragödien und der Pharsalia Lucans (Veröffentlichungen des Instituts für Europäische Geschichte Mainz. Abteilung für Abendländische Religionsgeschichte 105), Wiesbaden 1982, 52f.

[75] BLÜHER 1969 (wie Anm. 4), 298.

[76] Vgl. F. BUZZI, La filosofia di Seneca nel pensiero cristiano di Giusto Lipsio, in: A. P. MARTINA (Hg.), Seneca e i Cristiani = Aevum Antiquum 13 (2000) 365–391.

[77] W. THOMAS, Martín Antonio Delrío and Justus Lipsius, in: M. LAUREYS u.a. (Hg.), The world of Justus Lipsius. A contribution towards his intellectual biography (Bulletin de l'Institut Historique Belge de Rome 68) Brüssel/Rom 1998, 345–366. Zu Delrío vgl. auch CAVIGLIA 2000 (wie Anm. 59), 358–363.

glücks, Leiden/Antwerpen 1584),[78] in dem er den Lütticher Kanonikus Carolus Langius (1521–1573) ihn, Lipsius, der über der zerrissenen Situation in seiner Heimat schier verzweifelt, mittels stoischen Gedankenguts auferbauen lässt. Um die öffentlichen Missstände richtig einschätzen zu können, gelte es, sich nicht von Meinungen *(opiniones)*, sondern vom Urteil *(iudicium)* der rechten Vernunft *(recta ratio)* leiten zu lassen. Zu diesem Ziel müssten hauptsächlich drei Affekte überwunden werden: zum einen die Verwechslung der eigenen mit den öffentlichen Übeln, zum andern die einseitige und übergroße Vaterlandsliebe und schließlich das falsche Mitleid, das als Kleinmut gekennzeichnet und vom wahren Mitleid unterschieden wird, welches das Leid anderer aktiv zu lindern sucht. Nachdem so das falsche Denken überwunden sei, gehe es positiv darum, die Zusammenhänge, die das persönliche und öffentliche Leben der Menschen bestimmen, richtig einzuschätzen. Lipsius greift dazu zunächst auf die stoische Lehre von der *providentia* (Vorsehung) und vom *fatum* (Geschick) zurück, die er christlich interpretiert. „Die Vorsehung ist in Gott; das Fatum hingegen in den Dingen; die Vorsehung bestimmt; das Fatum führt aus. Damit ist der stoische Begriff in die christliche Lehre eingegliedert: Nach Lipsius ist das Fatum Gott unterstellt, es beruht nicht auf einem seit Ewigkeit vorhandenen lückenlosen Kausalzusammenhang, es gestattet aus sekundären Ursachen die Kontingenz und beläßt dem Menschen die Willensfreiheit."[79] Die wahre Freiheit besteht für Lipsius, gut stoisch, letztlich darin, zu wollen, was die Notwendigkeit erzwingt: *Necessitatis non aliud effugium est, quam velle quod ipsa cogat.*[80] Im Anschluss daran erörtert er den Nutzen *(utilitas)* von Unglück, das in teleologischer Betrachtung letztlich Gutes bezweckt, auch insofern es der Kasteiung bzw. der Bestrafung dient. Eine Sinnhaftigkeit von Übel kann auch im Hinblick auf die Erhaltung und Vervollkommnung des Universums angenommen werden. Schließlich lehrt der Blick in die Geschichte, das gegenwärtige Unglück zu relativieren.[81] Stoisches Gedankengut enthalten auch die „Politicorum sive

---

[78] Es existiert bislang keine wissenschaftlichen Ansprüchen genügende Edition. Ohne jeden kritischen Anspruch ist Justus Lipsius, De constantia/Von der Standhaftigkeit. Lateinisch – Deutsch, übers., komm. und mit einem Nachwort von F. NEUMANN (Excerpta classica 16), Mainz 1998.

[79] BLÜHER 1969 (wie Anm. 4), 303.

[80] „Es gibt keine andere Möglichkeit der Notwendigkeit zu entkommen, als zu wollen, was sie erzwingt": De constantia I 21 (NEUMANN 1998 [wie Anm. 78], 158). Wenn auch nicht vom Hg. nachgewiesen, stammt dieser Gedanke offensichtlich von Seneca. Vgl. Seneca, epist. 54,7: *Necessitatem effugit* (sc. *sapiens*), *quia uult quod coactura est.*

[81] Vgl. dazu K. BEUTH, Weisheit und Geistesstärke. Eine philosophiegeschichtliche Untersuchung zur „Constantia" des Justus Lipsius (Europäische Hochschul-

civilis doctrinae libri sex" (Antwerpen 1589), in denen Lipsius einen „Flickenteppich" (Cento) von etwa 2000 Zitaten aus antiken Schriftstellern webt, um damit „eine politische Handlungstheorie für den souveränen Fürsten und seine Beamtenschaft"[82] zu entfalten. Ihm geht es dabei keineswegs um eine Reminiszenz antiken Denkens, sondern darum, mit dessen Hilfe und aus seinem Geist Antworten für die Fragen der Gegenwart zu entwickeln, die durch den Streit zwischen den christlichen Konfessionen bedingt sind, von diesen also allein nicht beantwortet werden können.[83] In seinen Werken „Manuductio ad Stoicam philosophiam" und „Physiologia Stoicorum" (beide Antwerpen 1604) versuchte Lipsius, nicht zuletzt im Rückgriff auf Seneca und in der Absicht, das stoische Denken mit dem christlichen zu harmonisieren, die stoische Ethik bzw. Naturphilosophie systematisch zu rekonstruieren. Die Tugend wird dabei von einem Endziel, was sie für die Stoiker ist, zu einem Mittel, dieses zu erreichen, umgedeutet. In der Lehre von der Apathie, der für den Stoiker erstrebenswerten Freiheit von Leiden, lehnt er sich an die gemäßigte Form an, in die Seneca diese gefasst hat. Da, wo es keine Möglichkeit einer Umprägung gibt, wie in der Frage des Mitleids, der Autarkie des Weisen und des Selbstmordes zieht er einen Trennstrich. In der Naturphilosophie deutet er den stoischen Monismus um. „Nach ihm ist die stoische Weltvernunft, die als aktives Prinzip die ganze Welt durchdringt und ihr Gestalt verleiht, dieser nicht immanent, sondern transzendent."[84] Seine bereits erwähnte Seneca-Ausgabe von 1605 krönte diesen Neostoizismus.

---

schriften XX 297), Frankfurt a.M. u.a. 1990, der auf die platonischen und peripatetischen Gedanken in diesem Werk aufmerksam macht und die Bezeichnung des Denkens von Justus Lipsius als „Neostoizismus" relativiert. Zu Lipsius' Reaktionen auf Kritik an dieser Schrift vgl. R. HOVEN, Les réactions de Juste Lipse aux critiques suscitées par la publication du *De Constantia*, in: C. MOUCHEL (Hg.), Juste Lipse (1547–1606) en son temps (Colloques, congrès et conférences sur la Renaissance 6), Paris 1996, 413–422.

[82] C. WIEDEMANN, Fortifikation des Geistes. Lipsius, der *Cento* und die *prudentia civilis*, in: N. HAMMERSTEIN/G. WALTHER (Hg.), Späthumanismus. Studien über das Ende einer kulturhistorischen Epoche, Göttingen 2000, 183–207, hier 187.

[83] Dem Historiker Gerhard Oestreich (1910–1978) ist es zu verdanken, in seiner postum veröffentlichten Habilitationsschrift die politische Dimension dieses Neostoizismus und dessen Ausstrahlung auf das Europa des 17. und 18. Jahrhunderts, besonders nach Brandenburg-Preußen, herausgearbeitet zu haben. Vgl. G. OESTREICH, Antiker Geist und moderner Staat bei Justus Lipsius (1547–1606), hg. und eingel. von N. MOUT (Schriftenreihe der Historischen Kommission bei der Bayerischen Akademie der Wissenschaften 38), Göttingen 1989.

[84] BLÜHER 1969 (wie Anm. 4), 306.

In dessen Umfeld gehört auch Peter Paul Rubens (1577–1640), der Lipsius in einem heute im Palazzo Pitti in Florenz befindlichen Gemälde ein Denkmal setzte, das unter einer Büste Senecas eine „Philosophen"-Gruppe versammelt.[85] Der auf diesem Bild gleichfalls dargestellte, früh verstorbene Bruder des Malers, Philipp (1574–1611), hat die Verbindung hergestellt. Er hat auch den Kontakt zwischen Lipsius und dem Philologen Kaspar Schoppe (1576–1649) vermittelt, der sich, trotz seiner Konversion von der lutherischen zur katholischen Kirche, einen kritischen Blick auf *den* Orden der Gegenreformation, die Jesuiten, bewahrt hat.[86] In einer unveröffentlicht gebliebenen Schrift hat er die Studienordnung der Gesellschaft Jesu von 1599 mit der protestantischen Pädagogik, wie er sie selber erfahren hatte, verglichen und in dieser eine Erziehung zu selbstständigem Urteil wahrgenommen, die er in jener vermisste. Veröffentlicht hat er aus dieser Schrift lediglich die „Elementa philosophiae stoicae moralis, quae in Senecam, Ciceronem, Plutarchum aliosque scriptores commentarii loco esse possint" (Anfangsgründe der stoischen Moralphilosophie, die für Seneca, Cicero, Plutarch und andere Schriftsteller als Kommentar dienen können, Mainz 1606), in denen er im Anschluss an Lipsius die Auffassung vertrat, „daß allein die stoische Moralphilosophie mit der christlichen Lehre verbunden werden könne".[87] In der Studienordnung der Jesuiten von 1599 kommt Seneca überhaupt nicht vor, in früheren Fassungen werden nur die Tragödien erwähnt.[88] Letztere wurden im Unterricht behandelt und inspirierten

---

[85] Vgl. M. MORFORD, Stoics and Neostoics. Rubens and the Circle of Lipsius, Princeton 1991 (das Gemälde der „Vier Philosophen" ist hier als Frontispiz wiedergegeben); F. VUILLEUMIER, Sous l'œil de Sénèque. Les quatre philosophes en miroir de la galerie palatine de Florence, in: MOUCHEL 1996 (wie Anm. 81), 295–344.

[86] Vgl. F. NEUMANN, Schoppe contra Strada, in: H. JAUMANN (Hg.), Kaspar Schoppe (1576–1649). Philologe im Dienste der Gegenreformation (Zeitsprünge 2/3–4), Frankfurt a.M. 1998, 298–344; C. STROSETZKI, Schoppes Auseinandersetzung mit den Jesuiten, in: ebd. 345–360.

[87] K. JAITNER, Einleitung, in: Kaspar Schoppe, Autobiographische Texte und Briefe. Bd. 1: Philotheca Scioppiana. Eine frühneuzeitliche Autobiographie 1576–1630, in Zusammenarbeit mit U. JAITNER-HAHNER/J. RAMMINGER bearb. von K. JAITNER (Bayerische Gelehrtenkorrespondenz 2), München 2004, 1–229, hier 201. Zur Verbindung zwischen Schoppe und Lipsius vgl. ebd. 40–43. Zu möglichen Darstellungen Schoppes durch Rubens vgl. F.-R. HAUSMANN, Zwischen Autobiographie und Biographie. Jugend und Ausbildung des Fränkisch-Oberpfälzer Philologen und Kontroverstheologen Kaspar Schoppe (1576–1649), Würzburg 1995, 127.

[88] Vgl. L. LUKÁCS (Hg.), Ratio atque institutio studiorum Societatis Iesu (1586 – 1591 – 1599) (Monumenta Paedagogica Societatis Iesu 5), Rom 1986, Register s.v. Seneca.

das Schultheater, für das der Orden bekannt war.[89] Ein Moralist wie
der Jesuit Baltasar Gracián (1601–1658) ist ohne Seneca nicht zu
verstehen, den er wegen seiner nicht systematisch strengen, sondern
offenen Darstellungsform schätzte. Gracián gehört in die Entwick-
lungsgeschichte eines Denkens, das „in offenem Gegensatz zur Scho-
lastik, wie zu jeder systematischen Philosophie, steht und das seit dem
16. Jahrhundert mehr und mehr Verbreitung fand: die aphoristische
Denkwelt der Moralisten mit ihren systemfeindlichen, essayistischen
Ausdrucksformen und ihren innerweltlichen Lehren der Lebensweisheit und Weltklugheit".[90]

Der wohl Bekannteste dieser Moralisten war Michel de Montaigne
(1533–1592). Zwischen ihm und Lipsius bestand ein geistiger Austausch, der aber keineswegs zu einem inneren Gleichklang führte und
die Unterschiede zwischen beiden nicht verwischte.[91] Montaignes
„Essais"[92] bieten eine eigenständige Seneca-Rezeption.[93] Anders als
Petrarca sieht er bei Seneca durchaus einen Einklang zwischen Leben
und Werk, aber er folgt ihm dennoch nicht sklavisch, sondern lässt
sich von ihm zu eigenständigen Reflexionen anregen. Montaigne liest
„den Römer nicht als normativen Ethiker, sondern als Psychologen ...
Er nimmt auf und entwickelt weiter, was Seneca nur als fördernde
Propädeutik ausgebildet hatte: den anthropologischen Feinsinn und
das Organ für alle die Einzelfälle des täglichen Lebens, wo der
Mensch vor sich selbst und seine eigenen Unzulänglichkeiten gestellt
wird. Aber er ignoriert oder verflüchtigt oder mißbilligt die sittliche
Absicht, mit der dort die menschenkundliche Fülle umschlossen
bleibt. Was bei Seneca als Diagnose moralischer 'Krankheiten' ge-

---

[89] Vgl. F. DE DAINVILLE, L'éducation des Jésuites (XVIᵉ–XVIIIᵉ siècles), textes
réunis et présentés par M.-M. COMPERE, Paris 1978, Register s.v. Sénèque; A. POCI-
ÑA, Le tragedie di Seneca nel teatro dei Gesuiti. Due esempi dalla Spagna alla Polo-
nia, in: A. P. MARTINA (Hg.), Seneca e i Cristiani = Aevum Antiquum 13 (2000) 393–
412.

[90] BLÜHER 1969 (wie Anm. 4), 397; zu Gracián insgesamt ebd. 394–447.

[91] Vgl. M. MAGNIEN, *Aut sapiens, aut peregrinator*. Montaigne *vs.* Lipse, in: M. LAU-
REYS u.a. (Hg.), The world of Justus Lipsius. A contribution towards his intellectual
biography (Bulletin de l'Institut Historique Belge de Rome 68), Brüssel/Rom 1998,
209–232.

[92] Unter den zahlreichen Ausgaben noch immer maßgebend: Michel de Montaigne, Les Essais, edidit F. STROWSKI/F. GEBELIN/P. VILLEY, 5 Bd.e, Bordeaux
1906–1933; dt.: Michel de Montaigne, Essais, erste moderne Gesamtübersetzung von
H. STILETT, Frankfurt a.M. 1998.

[93] Vgl. die nach wie vor unübertroffene Darstellung von H. FRIEDRICH, Montaigne (1947), Tübingen/Basel ³1993, 62–68. Vgl. auch M. VON ALBRECHT, Geistige
Befreiung: Montaigne und Seneca, in: VON ALBRECHT 2004 (wie Anm. 4), 173–192.

meint war, dient hier zum Ansichtigmachen menschlicher Beschaffenheit schlechthin."[94]

Die Griechenbegeisterung des 18. Jahrhunderts führte zu einer Abwertung der Lateiner insgesamt und damit auch Senecas, der wie Cicero als Eklektiker und Epigone erschien, dessen Sprache aber, anders als die Ciceros, nicht als maßgebend betrachtet wurde. Gewiss wurde er auch dann keineswegs ganz vergessen, kritische Geister wie Denis Diderot (1713–1784) haben ihn als durchaus eigenständigen Kopf gewürdigt und gegen Kritik verteidigt.[95] Die Wiederentdeckung der antiken Philosophie als „Lebenskunst" im 20. Jahrhundert, die sich mit den Namen von Pierre Hadot und Michel Foucault verbindet,[96] lässt einen Denker wie Seneca neu entdecken und in seiner Bedeutung würdigen.

Seneca und die Neue Welt

Es ist kaum mehr als ein Aperçu, verdient aber doch Erwähnung, dass Seneca im Zusammenhang mit der Entdeckung der Neuen Welt als ein antiker Zeuge für deren Existenz gelesen wurde. Die Aussage von dem bei günstigem Wind in wenigen Tagen zurückzulegenden Seeweg zwischen Spanien und Indien (nat. quaest. I praef. 13), die ihm durch Pierre d'Ailly (um 1350-1420) vermittelt war, scheint für Christoph Columbus (1451–1506) bei der Planung seiner Unternehmung nicht ohne Bedeutung gewesen zu sein. Ebenso hat er im Nachhinein die Stelle in Senecas *Medea*, dass ein neuer Steuermann der Argo neue Welten entdecken werde, so dass Thule nicht mehr die letzte sei (Medea 374–379), als Voraussage gelesen. Bartolomé de Las Casas (1474–1564) hat dieser Interpretation Breitenwirkung verliehen, nicht ohne die Nähe Senecas zum Christentum zu betonen (Historia de las Indias, 1552–1561, I 10). Nichtspanische Autoren haben Senecas „Prophetie" auf andere Entdecker wie Vasco da Gama (um 1469–1521) oder Amerigo Vespucci (1451–1512) bezogen. Ende des 16. Jahrhunderts haben Jesuiten wie José de Acosta (1540–1600) und

---

[94] FRIEDRICH ³1993 (wie Anm. 93), 66.
[95] Vgl. J.-M. ANDRE, Diderot lecteur de Sénèque, in: R. CHEVALLIER/R. POIGNAULT (Hg.), Présence de Sénèque (Collection Caesarodunum 24bis), Paris 1991, 7–29.
[96] Vgl. P. HADOT, Wege zur Weisheit oder Was lehrt uns die antike Philosophie?, Frankfurt a.M. 1999; M. FOUCAULT, Technologien des Selbst, hg. von L. H. MARTIN u.a., Frankfurt a.M. 1993; DERS., Hermeneutik des Subjekts, Frankfurt a.M. 2004; vgl. auch VON ALBRECHT 2004 (wie Anm. 4), der mit seinem Untertitel darauf Bezug nimmt.

Martín Antonio Delrío Seneca nicht mehr als Propheten, sondern als Zeugen einer antiken Überlieferung gelesen, die, wie etwa Platon hinsichtlich Atlantis, von Ländern wussten, die in der Neuzeit erst wiederentdeckt werden mussten. Der kubanische Romancier Alejo Carpentier (1904–1980) hat die Verse aus Senecas *Medea* in seinem Columbus-Roman „El harpa y la sombra" (1979; dt.: Die Harfe und der Schatten, 1979) geradezu zu einem Leitmotiv gemacht.[97]

---

[97] Vgl. Y. NORMAND, Sénèque et la découverte du Nouveau Monde, in: CHEVALLIER/POIGNAULT 1991 (wie Anm. 95), 189–201.

Der *Brief des Mordechai an Alexander*
Zur jüdischen Öffentlichkeitsarbeit in der Antike

(Folker Siegert)

Einleitung

Die griechische Literatur weist viele Briefe prominenter Personen auf, echte und unechte,[1] auch Briefwechsel zwischen Prominenten, echte und unechte.[2] Briefe *an* Prominente jedoch, ob echt oder nicht, sind nicht häufig[3] und mögen für die Situation der Marginalität bezeichnend sein, in der jüdische Intellektuelle sich befanden – bei aller gelegentlich erreichten gesellschaftlichen Anerkennung.

Eine Ausnahme auf diesem Gebiet ist der fingierte Brief einer jüdischen Persönlichkeit an einen prominenten Heiden: der *Brief des Mordechai an Alexander*. Dieser pseudepigraphe Text, von dem man nicht weiß, ob und wie er in der Antike je veröffentlicht wurde, interessiert hier insofern, als er möglicherweise ein Versuch indirekter Kommunikation mit den kulturtragenden Schichten des Heidentums war. Der Absendername „Mordechai", eigentlich babylonisch (und mit Marduk zusammenhängend), lässt Kenner der Heiligen Schriften des Judentums an den jüdischen Pflegevater der Esther und Lebensretter des jüdischen Volkes im Großreich Babylonien denken, vielleicht auch an dessen Namensvetter, der laut Esr. 2,2 (LXX: 1 Esr. 5,8; 2 Esr. 2,2) und Neh. 7,7 (2 Esr. 17,7) einer der Anführer bei Israels Rückkehr aus dem Exil war. Beide lebten zu früh, um von Alexander von Ma-

---

[1] So sind auch die Briefe des Artaxerxes, ZusEst B und E (nach 3,13 bzw. 8,12) einzustufen, griechischsprachige Zusätze (zumindest letzterer ist sicher ein Zusatz ohne hebräische Vorlage) zum Estherbuch.

[2] Ein hellenistisch-jüdisches Beispiel hierzu ist der Briefwechsel zwischen König Salomo und einem Pharao Wafre sowie König Hiram (Šuron) von Tyros, überliefert bei (oder eher: fingiert von) Eupolemos, frg. 2 (30,4; 33,1; 34,1.18), letzterer auch (verändert) bei Josephus, ant. VIII 50–56 (unter Beteuerung der Historizität); vgl. c. Ap. I 111. – Dt. in: Fragmente jüdisch-hellenistischer Historiker, übersetzt von N. WALTER (Jüdische Schriften aus hellenistisch-römischer Zeit 1/2), Gütersloh 1980, 89–164 (99–103).

[3] Zumindest weist das nach Titeln und auch nach Gattungen geordnete Lexikon der antiken Literatur von R. NICKEL (Düsseldorf/Zürich 1999) kein Beispiel aus. Hingegen können prominente Absender (einzelne der Sieben Weisen, Platon) sich auch an prominente Adressaten wenden.

kedonien, dem Weltherrscher der Jahre 333–323 v.Chr., zu wissen oder gar selber mit ihm zu kommunizieren. Dieser Anachronismus ist für die Kundigen der Hinweis auf die Fiktionalität des Rahmens dieses Textes. Dessen Interesse liegt mehr an seinem Inhalt. Dies ist ein bemerkenswerter und natürlich sehr positiver Unterschied zu der fiktiven Korrespondenz zwischen Paulus und Seneca.

Alexander als Empfänger des Briefes

Der Empfänger des Briefes, Alexander von Makedonien, der Große, ist der Antike nicht zuletzt durch einen (erfundenen) Briefwechsel mit seiner Mutter Olympias bekannt gewesen. Ein fiktiver Briefwechsel zwischen Alexander und einem Brahmanenkönig Dindimus fand seinen Weg bis in Alkuins Ausgabe des Briefwechsels zwischen Paulus und Seneca.[4] Er entstammt einer fünfteiligen, pseudepigraphen Korrespondenz zwischen dem König (als Initiator) und Dindimus, in welcher Alexander sich Mahnungen wegen seiner unsittlichen Lebensweise abholt.[5]

Solche Briefe sind in der Antike Legion; nur wenige von ihnen sind interessanter als ihre Überschrift. Ein solcher ist nun der *Brief des Mordechai an Alexander*. Er enthält ein Glaubensbekenntnis und, daran anschließend, einen kosmologischen Gottesbeweis – einen für damalige Verhältnisse sehr ausführlich gehaltenen.

Innerhalb des hellenistisch-jüdischen Schrifttums, beginnend mit der Septuaginta, begegnet Alexander gleich zu Anfang des *Ersten Makkabäerbuchs* (ab 1,1; letztmalig 11,39 bei der Erwähnung seines Sohnes), sonst nicht in der Septuaginta, gelegentlich aber außerhalb, häufig dann wieder bei dem letzten bedeutenden jüdischen Autor in griechischer Sprache, Josephus. Dass er im Judentum insbesondere Alexandriens populär war, erhellt aus der ebendort verbreiteten Legende, er habe die Juden zum Wohnen in seiner Stadt Alexandrien eingeladen (Josephus, ant. II 487), ja er habe sogar auf der Weiterreise von Alexandrien in den Osten die Begegnung mit dem Jerusalemer Hohenpriester gesucht (ebd. XI 329–339).[6] Die weiteren Alexander-

---

[4] Siehe oben S. 21.
[5] Siehe dazu die Hinweise oben in den Erläuterungen Anm. 142.
[6] Über jüdische Alexanderlegenden siehe M. SIMON, Alexandre le Grand, juif et chrétien (1941), in: DERS., Recherches d'Histoire Judéo-Chrétienne (Etudes juives 6), Paris/La Haie 1962, 127–139; E. BAMMEL, Der Zeuge des Judentums (1987), in: DERS., Judaica et Paulina, Tübingen 1997, 109–114. Nicht selten ist in solchen Begegnungsszenen Alexander mit dem Seleukidenkönig Antiochos III. verwechselt worden.

züge finden ihr deutliches Echo in der Angleichung von Jonas Meerfahrt an Alexanders angebliches Erkunden der indischen Tiefsee mittels einer Taucherglocke (in Pseudo-Philons Predigt *De Jona* 67f.79f).[7] Hier nun wird eine Botschaft *an* Alexander geschickt – wohl in seiner Eigenschaft als Verkörperung der hellenistischen Welt, die ihm ihr Entstehen und ihre Einheit verdankt. Die Botschaft ist einfach und der Predigt Jonas in Ninive (Pseudo-Philon, *De Jona* 103–107) und der von den Niniviten daraufhin selbst angestellten Besinnung in *De Jona* vergleichbar. Es geht darum:

– nicht das Geschaffene anstelle des Schöpfers zu verehren (Vermeidung von Götzendienst);
– nach einer Mindest-Ethik zu leben, welche Gewalt und sexuelle Verirrungen ausschließt.

Diese Ermahnung entspricht inhaltlich Weish. 14,12ff. und vielen anderen Stellen. Die dritte der Grundsünden nach hellenistisch-jüdischer Ethik,[8] der Raub, scheint bei Alexander nicht in Betracht zu kommen: Als Eroberer von Ländern und Herrschaften ist er doch zugleich Kulturbringer – wird als solcher jedenfalls angesprochen – und gibt insofern mehr, als er den Völkern nimmt.

Herkunft und ungefähres Alter

Der Text ist überliefert als Anhang einer der vielen Fassungen des Alexanderromans.[9] Wer ihn dorthin setzte, ist unbekannt; von diesem Redaktor stammt die kurze, lateinisch formulierte Überleitung. Die eigentliche Epistel ist in gutem, freilich spätem Latein gehalten, nicht selten mit Anklängen an die Juristensprache und, wie häufige Gräzismen erweisen, Übersetzung eines griechischen Originals, wie die lateinische Herausgebernotiz ja auch besagt. Dessen früherer Kontext, wenn es einen gab, ist verlorengegangen. Ein förmlicher Schluss ist nicht überliefert; der Text endet etwas ziellos, ist wohl auch gegen Ende manipuliert worden.[10]

---

[7] F. SIEGERT, Drei hellenistisch-jüdische Predigten. Bd. 1: Übersetzung aus dem Armenischen und sprachliche Erläuterungen (Wissenschaftliche Untersuchungen zum Neuen Testament 20), Tübingen 1980, 19–22 (§ 64–81); Bd. 2: Kommentar (Wissenschaftliche Untersuchungen zum Neuen Testament 61), Tübingen 1992, 142–147.

[8] Belegt z.B. in *De Jona* 105; Sib. III 29–45; test. Napht. 3.

[9] Es ist die Fassung J³, lateinisch entstanden „zwischen 1185 und 1236" (STEFFENS, S. X). Das sagt freilich gar nichts über das Alter der griechischen Vorlage, über die Steffens sich ausschweigt.

[10] Der Ausdruck „Gehenna", den nicht einmal die Septuaginta kennt, durchbricht die Fiktion, es werde hier mit einem Heiden geredet.

Wer also auf den Gedanken gekommen ist, einen jüdischen Gelehrten sich mit König Alexander unterhalten zu lassen, bleibt unbekannt. Sehr wahrscheinlich war es ein jüdischer Autor in griechischer Sprache; es haben deren mehrere ihre Spuren in der romanhaften Alexander-Überlieferung hinterlassen.[11] In der Pseudo-Kallisthenes-Fassung, Kapitel 24 und 28 (griechisch erhalten), wird sogar eine Begegnung Alexanders mit dem Jerusalemer Hohenpriester erzählt; dieser vermittelt ihm ein monotheistisches Glaubensbekenntnis, dem unten folgenden Text durchaus vergleichbar, das Alexander für sich übernimmt.

Unser Text, aus ähnlicher Quelle entsprungen, spricht die Sprache eines Philon und seiner Zeitgenossen; sein Reflexionsniveau ist ungleich höher als das der Billetts zwischen Paulus und Seneca. Gelegentlich wird auf die Septuaginta zurückgegriffen. Stoische Anklänge sind häufig, eindeutig Gnostisches oder Neuplatonisches noch nicht vorhanden: So wird man diesen Text nicht zu spät ansetzen, sondern am besten in der frühen Kaiserzeit, in der die Alexander-Überlieferung ohnehin so manche Bereicherung erfuhr. Dieser Zeit entspricht die stark stoische Einstellung des Textes.

---

[11] Einführendes und Literatur bei A.-M. DENIS u.a., Introduction à la littérature religieuse judéo-hellénistique, 2 Bd.e, Turnhout 2000, Bd. 2, 1174.

Text und Übersetzung

Textvorlage: Die Historia de preliis Alexandri Magni. Rezension J[3], herausgegeben von K. STEFFENS (Beiträge zur Klassischen Philologie 73), Meisenheim am Glan 1975, 208 Z. 19 – 218 unten (zur Einleitung ebd. VII–X). Lateinisches hieraus zitieren wir in konventioneller, nicht mittelalterlicher, Rechtschreibung.

Die deutsche Wiedergabe bietet die Zeilenzählung des lateinischen Textes bei Steffens – jeweils die geradzahlige Seite (die ungeradzahlige trägt den Apparat, auf den wir hier nicht Bezug nehmen) – in Klammern; die Nummern und Überschriften sind zugesetzt.

(**208**.19) Postquam Alexander Philippi Macedonis universas regiones (20) mundi, ad quas pes hominis transire potuit, subiugavit, dum quiesceret in Babilone, destinavit ei Mardocheus Iudeus antiquissimus epistolam cupiens eum ab ydolorum cultura ad cognitionem dei altissimi revocare. Cuius littere talis est tenor – fuit tamen Greco sermone conscripta et de Greco in Lati(25)num transscripta –:

Summo principi Alexandro philosopho[12]
Mardocheus Iudeorum minimus servitutem.

Diu est, quod infra mentis mee archana revolveram rem tibi valentem immo potius necessariam utcumque scripture beneficiis aperire. Necessariam dico, quia omne decus et scientia[13] culmini tue dignitatis (30) inheret nec aliquo preter illud necessario, sine quo nemo vivere potest, indigere videris. Verum quia tibi erant undique angustie preliorum, cogitationem meam silentio palliavi (**210**) timens, ne thesaurus incomparabilis in arca tua reconditus a supervenientibus furibus raperetur. Per universum siquidem orbem ab omnibus predicatur, quod animus tuus omni scientia nitet, omni scriptura pollet et omnium linguarum interpreta(5)tione coruscat. Sic enim mentem tuam omnium virtutum plenitudine natura dotavit, ut terra et omnes habitantes in ipsa a facie tue celsitudinis siluissent.

---

[12] Steffens konjiziert: *philosopho⟨rum⟩*, was aber mit der Wortstellung kaum übereinkommt.

[13] Aus griech. ἐπιστήμη („Wissen“, „Wissenschaft“) oder γνῶσις.

Herausgebernotiz

(208.19) Nachdem Alexander, (Sohn) des Philippos, des Makedonen, alle Gegenden (20) der Welt, in die ein menschlicher Fuß zu gehen vermochte, unterjocht hatte, und während er in Babylon ausruhte, richtete an ihn Mardochai, ein Jude (aus) sehr alter (Zeit), einen Brief, worin er ihn von der Verehrung der Idole[14] zur Erkenntnis des Höchsten Gottes zurückrufen wollte. Der Inhalt dieses Briefes ist folgender – er wurde übrigens in griechischer Sprache verfasst und aus dem Griechischen ins Lateinische (25) umgeschrieben –:

An den obersten Fürsten Alexander, den Philosophen,[15] Mardochai, Kleinster der Judäer, untertänigen Gruß.

1. Proömium

Schon seit langem hatte ich im Innersten meines Herzens erwogen, dir etwas Gültiges, ja vielmehr Notwendiges auf irgendeine Weise durch die Wohltaten der Schrift zu eröffnen. Etwas Notwendiges, sage ich, weil jeder Schmuck und jede Erkenntnis der Höhe deiner Würde (30) anhaftet und dir nichts außer jenem Notwendigen, ohne welches kein Mensch leben kann, zu fehlen scheint. Doch weil du von allen Seiten in Kriegsbedrängnissen warst, habe ich mein Nachdenken in Schweigen gehüllt, (210) in der Furcht, es könne ein unvergleichlicher Schatz, in deiner Truhe verborgen, von darüberkommenden Dieben geraubt werden.[16] In der ganzen Welt wird aber nun von allen verkündet, wie dein Verstand von aller Erkenntnis glänzt, an aller Schrift reich ist und in der Übersetzung aller Sprachen (5) blitzt. So sehr nämlich hat die Natur deinen Geist mit der Fülle aller Fähigkeiten beschenkt, dass die Erde und alle, die auf ihr wohnen, vor dem Angesicht[17] deiner Erhabenheit verstummt sind.

---

[14] „Idole" (= Phantome) ist aus jüdischer Perspektive gesprochen und für Heiden bereits unverständlich. Gemeint wäre ja etwas sehr Materielles, aber nicht nur Materielles, eben Götterbilder als Verkörperungen des Schönen und der Macht im Kosmos. – Doch sind wir hier noch in der Rahmung des fingierten Schreibens, die sekundär sein kann.

[15] Steffens will lesen: „An den Fürsten Alexander, den obersten der Philosophen". Ihn „Fürst" zu nennen (ἄρχων), nicht „König" (βασιλεύς), ist ein Moment jüdischer Herrschaftskritik, das bereits in der Septuaginta begegnet ist: F. SIEGERT, Zwischen Hebräischer Bibel und Altem Testament. Eine Einführung in die Septuaginta (Münsteraner Judaistische Studien 9), Münster 2001, 274.

[16] Die Vorstellung ist, dieser Brief hätte, vorzeitig abgeschickt, Kriegsbeute von Feinden werden können, und Alexander wäre die Gelegenheit vorenthalten geblieben, zur Weisheit zu gelangen. – Siehe auch oben in den Erläuterungen Anm. 68.

[17] Hebraismus, genauer: Septuagintismus (als Übersetzung von *mip-pnē*).

Porro admiratione fatigo non modicum mentem meam, quod illius cognitione privaris, a quo universe sapientie ac bonitatis origo procedit. O inprovi(10)sio maxima, o oblivio imo potius lethargus, dum scoriam carpit homo et auri splendorem pretiosissimum derelinquid, dum eligit corruptibile et incorruptibile non cognoscit. Quid enim prodest homini mundanis omnibus imperare, sui tamen nulla perfrui potestate?

Nosti quippe, quod natura hominis in corrup(15)tionem prona et flexibilis sic existit,[18] quod nemo carneus mortis potest terminum evitare. Omnes morimur, omnes fluimus et omnes ad nullam conditionem trahimur existendi. An te hominem esse putas? Quod homo sis, patet, quia in utero mulieris ex utroque spermate conceptus, ex quatuor elementis, cibis, (20) et potibus prepotiris, et quecumque reperiuntur in homine, tibi evidentissime adheserunt. Igitur homo es. Nam et quod manifestum est, probatione non indiget.

Si hominis inconstantia fungeris,[19] necessarium est, ut vita tua mortis termino concludatur. Igitur finem habebit gloria tua. Dum ergo presentis (25) vite finalis gaudium petis, quare future, que fine caret, remedium non inquiris?

Si autem dubitas, quod post mortem homo aut gloria aut futura clade fruatur, si legem nostram perspexeris et eidem credere volueris, tibi

---

[18] *existit* für die bloße Copula ist Gräzismus (ὑπάρχει).
[19] *fungi* wie griech. χρῆσϑαι. Ebenso 210,27 *frui*, „erfährt".

2. *Briefthema: die Gotteserkenntnis*

Darüber hinaus ermüde ich in der Bewunderung nicht wenig meinen Geist, dass du die Erkenntnis Jenes entbehren müssest, aus dem der Ursprung jeglicher Weisheit und Güte hervorgeht.[20] O größte Nicht-Vorsehung, (10) o tiefste Vergessenheit, ja vielmehr Lethargie, wenn der Mensch eine Schlacke erfasst und des Goldes wertvollsten Glanz fahren lässt; wenn er das Verderbliche auswählt und das Unverderbliche nicht erkennt! Denn was nützt es dem Menschen, über alles Weltliche zu herrschen, keine Macht aber über sich selbst[21] zu genießen?

Du weißt doch, dass die Natur des Menschen zur Verderbnis (15) neigt und derart nachgiebig ist, dass kein Fleischlicher[22] die Grenze des Todes vermeiden kann. Alle sterben wir, alle fließen wir und alle werden wir in den Zustand des Nichtbestehens gezogen. Glaubst du, du bist ein Mensch? Dass du ein Mensch bist, ist offenkundig, weil du im Leib einer Frau aus beiderlei Sperma empfangen bist, aus den vier Elementen, aus Speisen (20) und Getränken dich stark erhältst, und alles was an einem Menschen gefunden wird, haftet dir ganz offenkundig an. Also bist du ein Mensch. Denn was offenkundig ist, bedarf keines Beweises.

Wenn (also auch) du die Unbeständigkeit des Menschen an dir hast, gilt mit Notwendigkeit, dass dein Leben von der Grenze des Todes beschlossen wird. Also wird dein Ruhm ein Ende haben.[23] Während du dich also um das Vergnügen des gegenwärtigen, (25) endlichen Lebens bemühst, warum forschst du nicht nach einem Mittel für das zukünftige, das kein Ende hat?

3. *Empfehlung des Mosegesetzes*

Wenn du aber daran zweifelst, dass nach dem Tod der Mensch entweder Herrlichkeit oder künftige Niederlage erfährt, dann wird, wenn

---

[20] Ausdrucksverdoppelung (Pleonasmus); kann bloßer Asianismus sein, soll aber vielleicht den Ursprung ein Stück entrücken und den Schöpfer seinerseits hinter den Ursprung.

[21] Das ist das – an monotheistische Gotteserkenntnis rückgebundene – αὐτεξού-σιον des *Vierten Makkabäerbuchs*, auf rituelle Reinheit (nach mosaischen Maßstäben) und auf ideales Ethos (dito) hinauslaufend.

[22] Hebraismus, wie z.B. in Ps. 143,2 (Röm. 3,20): „kein Fleisch" für „niemand".

[23] Das Umgekehrte hielten die Griechen für evident, zumal die verdienten und berühmten unter ihnen: dass nämlich ihr Nachruhm (abgesehen von Nachkommen, die aber den Namen nicht weit tragen) ihre Art sei, die Grenzen der Sterblichkeit zu durchbrechen.

facilius detegetur.[24] Quod si legi nostre derogare[25] volueris philosophorum tamen (30) mendacia confitendo, ostendam tibi oppinionem
meam fore admittendam.

Incipiam igitur a prima rerum creatione et gradatim intentionem meam necessariis argumentationibus fundando sophistica philosophorum figmenta in irritum revocabo. Omnium quippe mortalium corda
communiter sentiunt mundanam machi(35)nam principium habuisse,
sed a quo habuerit, a variis varie (212) predicatur. Dicunt quidam,
quod planete VII fuerunt causa huius fabrice[26] construende, quorum
videris vestigia imitari, dum ipsos planetas tanquam deos et auctores
tui corporis veneraris. Set ostendo tibi hanc oppinionem esse penitus
abo(5)lendam. Nam in tanto et tali opere unica et equalis debuit inter-

---

[24] *detegi* wohl für ἀποκαλύπτεσθαι.
[25] *derogare* mit Dativ, ein Rechtsterminus.
[26] *fabrica* wie griech. κατασκευή (2 Makk. 4,20).

du unser Gesetz angeschaut hast und ihm glauben[27] möchtest, es dir umso leichter enthüllt werden. Wenn du aber unserem Gesetz keine volle Gültigkeit zubilligen willst und dennoch den Lügen der Philosophen[28] (30) vertrauen, werde ich dir zeigen, dass meine Meinung wird gelten müssen.

4. Von der Weltschöpfung

Ich werde also anfangen bei der ersten Erschaffung[29] der Dinge und schrittweise meine Absicht auf notwendige Argumentationen gründen, um die sophistischen Fiktionen der Philosophen als vergeblich zu erweisen. Alle Sterblichen merken ja übereinstimmend in ihrem Herzen,[30] dass die Weltmaschine[31] einen Anfang haben muss; doch von wem sie ihn hat, wird von jedem anders (**212**) gelehrt. Einige sagen, die sieben Planeten seien die Ursache für das Zustandekommen dieses Baues; und ihren Spuren scheinst du zu folgen, solange du diese selben Planeten wie Götter und Urheber deines Körpers[32] verehrst. Doch werde ich dir zeigen, dass diese Meinung ganz und gar abzuschaffen[33] ist. (5) Denn in einem so großen und so beschaffenen

---

[27] Die Tora bzw. der Nomos als Gegenstand eines „Glaube" genannten Gehorsams begegnet gelegentlich: SIEGERT 2001 (wie Anm. 15), 261; vgl. ebd. 107. 157–159.

[28] Dies ist ein Pauschalurteil, wie es so platt nur bei den weniger gebildeten Autoren vertreten wird, darunter im Neuen Testament Kol. 2,8; vgl. immerhin Josephus, c. Ap. II 180.222 – zu einer Zeit (unter Domitian), als Philosophen insgesamt in Rom in Ungnade standen.

[29] Das lat. *creatio* war im klassischen Latein für Dinge wie die „Einsetzung" in ein Amt üblich; *Vetus Latina* und *Vulgata* übertrugen es dann auf die Weltschöpfung, und zwar meist als Übersetzung des metaphorischen κτίσις (eigentlich: „Gründung"). Der Autor verwendet also einen Ausdruck biblischer Theologie, den hier der Kontext erläutern muss.

[30] Das „Herz" als Ort des Erkennens ist ein Hebraismus; vgl. SIEGERT 2001 (wie Anm. 15), 259.

[31] Lat. *mundana machina* (das wäre griech. κοσμικὴ μηχανή): Zu dieser hellenistischen, in der Aufklärungszeit wieder modern gewordenen Vorstellung (z.B. bei Laplace) vgl. Gott als „Techniker" in Weish. 13,1; Philon, opif. 135; Pseudo-Philon, *De Jona* 1–4 usw. Erst die Physik des 20. Jahrhunderts hat den Abschied vom mechanistischen Weltbild mit sich gebracht. Das Adjektiv *mundanus*, bei Cicero noch im Sinn von „Weltbürger" gebraucht, ist in kosmologischem Gebrauch erst spätantik (Macrobius). (Pseudo-)Plutarch, cons. ad Apoll. 119 E aber kennt eine κοσμικὴ διάταξις (Weltordnung).

[32] Die Vorstellung, dass jeder Körperteil unter dem Einfluss eines der Planeten entstehe, ist in der magischen Medizin der Antike (und noch bis hin zur Neuzeit beim Aderlassen) verbreitet gewesen. In einen Anti-Kult, nämlich eine Absage an die betreffenden Kosmosmächte, ist diese Vorstellung gewendet in mehreren Nag-Hammadi-Schriften, bes. N.H. II/1, 15,29–18,2 par.

[33] Das lat. *abolere* wird auch von Bräuchen, ja von einer *religio* gesagt (Sueton, Claud. 25,5). „Alexander" soll als Religionsgesetzgeber tätig werden.

venire voluntas. Si enim a principio voluntates essent diverse, nequaquam potuisset talis constructio fabricari. Nam quod uni esset placitum, alter penitus abhorreret, et sic fabrica inperfecta fuisset. Igitur una et equalis voluntas in (10) prima rerum creatione pervenit. Sed in planetis non unica et equalis, immo penitus diversa voluntas habetur. Nam Saturnus et Iupiter sibi invicem mortaliter adversantur. Mars Veneri et Venus Marti perniciem parant. Sol, Mercurius et Luna atroci contrarietate[34] moventur. Igitur voluntates ipsorum diverse, im-(15)mo penitus contrarie comprobantur. Nulla itaque ipsorum in prima rerum creatione auctoritas[35] intervenit. Sic ergo est falsa illorum sententia, qui planetis primam mundi formationem impendunt.[36]

Quis igitur zodiacam structuram et terream substantiam[37] colligavit? Respondeo: Unus deus,[38] qui planetarum ordinem (20) omnium et omnem conpaginem[39] coniugavit, et hoc tibi lucidissime monstro. Nam planete in superiori ethere pererrantes, cum diverse ac penitus contrarie nature probentur, nequaquam potuissent motu proprio in unico et simplici opere convenire. Si convenirent, totum opus in confusionem pristinam traheretur. Set (25) cum planete in hac unica machina convenissent nec aliquam patiatur fabrica lesionem, quod ab ipsorum planetarum natura nequaquam procedit, sequitur, quod alius

---

[34] *contrarietas*; so wird seit Tertullian griech. ἐναντιότης wiedergegeben. – Das Ganze ist ein Spott auf die Voraussagen, die die Astrologen gemäß den Planetenständen zu machen pflegen.

[35] *auctoritas*, vielleicht für griech. προαίρεσις.

[36] *impendere* (eigentlich: „verbrauchen"), wohl Übersetzung von griech. προσδοκᾶν; vgl. SVF III 393 (lat.) und die griechischen Stellen im dortigen Kontext.

[37] *terrea substantia* wie griech. γηίνη ὑπόστασις.

[38] *unus deus* wie griech. εἷς θεός, eine in antiken Religionen häufige Akklamation.

[39] *compago* wie griech. ἁρμός (Hebr. 4,12).

Werk sollte ein einziger, sich gleicher Wille herrschen.[40] Wenn also von Anfang an verschiedene Willen dagewesen wären, hätte bei weitem keine solche Konstruktion erstellt werden können. Denn was dem einen recht gewesen wäre, hätte dem nächsten gänzlich missfallen, und so wäre der Bau unvollendet geblieben.[41] Darum hat ein einziger, sich gleicher Wille in der (10) ersten Erschaffung der Dinge gewaltet. Unter den Planeten hingegen findet sich kein einziger und gleicher, sondern ein ganz und gar verschiedener Wille. Denn Saturn und Jupiter stehen einander tödlich entgegen; Mars bereitet der Venus und Venus dem Mars Verderben. Sonne, Merkur und Mond bewegen sich in grausamer Zwietracht.[42] Daraus erweist sich, dass ihre Willen verschieden, ja (15) völlig entgegengesetzt sind. Darum kam von ihnen bei der ersten Erschaffung der Dinge keinerlei Entschluss. So ist also die Meinung derjenigen falsch, die den Planeten die erste Bildung der Welt zutrauen.

5. Kosmologischer Gottesbeweis
Wer also hat die Ordnung des Tierkreises und die feste Masse der Erde zusammengefügt? Ich antworte: (der) eine Gott, der die Ordnung sämtlicher (20) Planeten und jegliche Verbindung vereinte, und das will ich dir sonnenklar zeigen. Die Planeten nämlich, die im oberen Äther umherirren[43] und sich damit als verschiedene, einander ganz entgegengesetzte Naturen erweisen, hätten niemals aus eigener Bewegung zu[44] einem einzigen, einfachen Werk zusammenkommen können. Würden sie zusammenkommen, würde das ganze Werk in seine vorherige Verwirrung zurückversetzt werden. Doch (25) wenn die Planeten in dieser einzigen Maschine zusammenkommen und der Bau davon keinerlei Schaden erfährt – was aus der Beschaffenheit der

---

[40] Die Bewegungen der Planeten unter sich waren nach damaligem Kenntnisstand keineswegs gleichmäßig und beruhten auch nicht auf einleuchtenden Zahlenverhältnissen.
[41] Ähnlich beschaffen war die gnostische Ätiologie des Bösen, nämlich als Tadel der biblischen Schöpfungsgeschichte. Doch ist dort der Gedanke, dass die Sternmächte zu einem negativen Ziel, nämlich der Gefangenhaltung des Menschen, zusammenarbeiten: z.B. N.H. II/1, 15,1–20,3 par.
[42] Vgl. bei Josephus, ant. I 155f. den kosmologischen Gottesbeweis, den er gerade aus der *Un*regelmäßigkeit der Gestirnsbewegungen führt: Also hängen diese von einem ihnen vorgegebenen Willen ab. – Dieses Argument kommt nicht von Josephus selbst; denn er lässt im Kontext Abraham dennoch Bringer der Astrologie sein.
[43] Dies ist ja die Wortbedeutung von „Planet", so genannt wegen der für unser Auge unregelmäßigen Bewegungen.
[44] Wörtlich: „in"; doch werden Orts- und Richtungskasus in spätantikem Latein wie Griechisch leicht verwechselt.

fuit in causa, qui planetarum ordinem coniungendo locavit, cui planete serviunt. Nam nisi planete alterius regimine moverentur, nequaquam po(30)tuisset firmamentum tam longo tempore sub tanta contrarietate durasse. Igitur alius est deus, qui maior est et dignior planetis, cuius sapientia planete moventur et mundus universus ipsius imperio gubernatur.

Tu itaque, cum planetas adores, quare ipsius dei altissimi excellentiam
non vereris? Nonne (35) melius est habere regis gratiam quam ministri? Qui gratiam (**214**) ministri adipiscitur, quacumque hora regi pla-
cuerit, ministri gratia privabitur. Qui autem regali gratia functus fuerit,
non peribit. Opportet enim, ut illum ministri metuant, cui rex since-
ram ostenderit voluntatem.

Igitur tutius est illum potentissi(5)mum deum colere, qui planetis
imperat, et cui omnia celestia et terrestria favent,[45] qui est totius bonitatis et sapientie distributor.[46]

O error intollerabilis, dum per semitam tendit[47] homo et ad locum,
ad quem semita ducit, nescit dirigere gressus suos. O luminum ob-
tenebratio, dum in regis aula nutritur homo et re(10)gis presentiam
nequid contemplari. O pigrities inaudita, dum XI gradum ascendit
homo et XII, ubi sedes requiei consistit, scandere pretermittit. Si enim
in omni scientiarum culmine tuum animum agitasti in cognitione dei
altissimi, in quo fons omnium scientiarum exoritur, ubi sedes omnium virtutum[48] existit,[49] men(15)tem tuam fatigare dubius titubasti.

---

[45] *favere* kann auch umgekehrt „schweigen vor ...“ heißen.
[46] *distributor* wie griech. χορηγός; vgl. 2 Makk. 1,25; Sir. 1,10.
[47] *tendere* in diesem Sinne ist erst spät bezeugt (Prudentius).
[48] *virtutes* (griech. ἀρεταί), „Tugenden“, eigentlich: (moralische) „Stärken“.
[49] *existit* wie griech. ὑπάρχει.

Planeten selbst keineswegs hervorgeht –, so folgt daraus, dass ein anderer im Spiel war, der die Ordnung der Planeten zusammengefügt und hingestellt hat – (er), dem die Planeten dienen.[50] Denn würden die Planeten nicht durch die Leitung eines anderen bewegt, könnte (30) das Firmament keinesfalls so lange Zeit über unter solcher Zwietracht Bestand gehabt haben. Also gibt es einen anderen Gott, der größer ist und würdiger als die Planeten, durch dessen Weisheit[51] die Planeten bewegt werden und durch dessen eigenen Befehl die gesamte Welt regiert wird.

6. Aufforderung zu monotheistischem Gottesdienst

Du also, der du die Planeten anbetest, warum verehrst du nicht die Überlegenheit dieses höchsten Gottes? Ist es nicht (35) besser, die Gunst eines Königs zu haben, als die eines Bediensteten? Wer die Gunst (214) des Bediensteten erhält, der wird zu jeder Stunde, zu der es dem König gefällt, die Gunst des Bediensteten verlieren. Wer aber die Gunst des Königs besitzt, wird nicht zugrundegehen. Es ist nämlich notwendig, dass die Bediensteten denjenigen fürchten, dem der König aufrichtiges Wohlwollen bezeigt hat.[52]

Daher ist es sicherer, jenen mächtigsten (5) Gott zu verehren, der den Planeten befiehlt und dem alles Himmlische und Irdische Beifall spendet (und) der aller Güte und Weisheit Spender ist.

Welch unerträglicher Irrtum, wenn ein Mensch einen Weg entlanggeht und an den Ort, wohin der Weg führt, seine Schritte nicht zu lenken weiß! Welche Verdunkelung des Augenlichts, wenn ein Mensch am Hof des Königs ernährt wird und die Gegenwart des Königs (10) nicht zu betrachten vermag! O unerhörte Trägheit, wenn ein Mensch elf Stufen hochgeht und die zwölfte, wo der Sitz der Ruhe wäre,[53] zu betreten unterlässt! Wenn du nämlich auf dem Gipfel aller Erkenntnisse deinen Geist betätigt hast in der Erkenntnis des Höchsten Gottes, in welchem die Quelle aller Erkenntnisse entspringt

---

[50] Gottesdienst (Liturgie) der Himmelsmächte: Ps. 103(102),4 (zitiert in Hebr. 1,14) usw., eine Grundvorstellung jüdischer Mystik; vgl. die *Lieder des Sabbatopfers* aus Qumran (4 Q 400ff. und Parallelen) und die gesamte sog. Hechalot-Literatur, z.B. das hebräische *Dritte Henochbuch*.

[51] Vgl. Spr. 8,22–31; Weish. 7,21–30.

[52] Vgl. *De Jona* 111–156, eine Bußpredigt der Niniviten an sich selbst.

[53] Dies ist ein origineller Zug. Eine Verbindung der Ruhe (ἀνάπαυσις) mit der Zahl 7 (Sabbatsymbolik) oder der Zahl 8 (gnostische Überbietung) wäre häufiger. Einige gnostische Systeme kennen auch 12 Äonen, in dessen oberstem dann die „Ruhe" wäre.

Aperi oculos tuos et vide, aspice margaritam virtuosam,[54] quam, dum eius eras pretiositate ignarus, pedibus conculcabas. Cognosce factorem tuum, qui te de nichilo procreavit.

Nam ipse idem deus post constructionem mundane fabrice nolens eam remanere desertam, humanam formam[55] ad yma(20)ginem et similitudinem[56] suam de terreis particulis plasmavit[57] – nam sic mundus sine homine quemadmodum domus sine hospite moraretur – infuditque in illum vite spiraculum,[58] ut elementis ipse conpactus elementanas scientias possideret.[59] Quis alius potuisset hominem facere, nisi qui mundanum circulum procreavit?

Cum eis(25)dem condicionibus homo vivat, quibus orbis cernitur gubernari, patet aperte deum fecisse mundum. Sed quare illum fecerit, disputatur, quoniam ad utilitatem suam nequaquam fecit illum, cum omnis utilitas in ipso perfecte consistat[60] et nullo indigeat incremento. Alia igitur occasione[61] fecit illum, videlicet ad homi(30)nis utilitatem, cui cuncta subposuit[62] et omnium tam celestium quam terrestrium cognitionem[63] impendit.

Si enim creavit deus mundum ad utilitatem hominis, sequitur, quod aliquam habeat affinitatem homo cum deo, quia nequaquam deus mundum pro nichilo condidisset.[64]

---

[54] *virtuosus*, auch ein spätes Wort (Eucherius; Augustinus), griech. ἐνάρετος.

[55] *forma* wohl aus griech. εἶδος.

[56] Gen. 1,26 LXX: κατ᾽ εἰκόνα ... καὶ καθ᾽ ὁμοίωσιν.

[57] *plasmare* aus griech. πλάσσειν.

[58] Gen. 2,7 LXX: ἐνεφύσησεν ... πνοὴν ζωῆς.

[59] *possideret* kann von *possido*, „ich nehme in Besitz", nicht nur von *possideo* abgeleitet werden.

[60] *consistere*, wie ὑπάρχειν ein unspezifisches Wort.

[61] *occasio* wie griech. πρόφασις.

[62] Ps. 8,7: πάντα ὑπέταξας.

[63] Hier *cognitio* wohl griech. ἐπίγνωσις; so bisher öfters für „Erkenntnis" Gottes.

[64] *condere*, griech. κτίζειν, in jüdisch-christlichen Texten stehende Metapher für „schaffen" (hebr. *b-r-᾽*).

(und) wo der Sitz aller Vorzüge ist, dann (15) schwanktest du (doch) zweifelnd, ob du deinen Geist ermüden sollst. Öffne deine Augen und sieh! Betrachte die vorzügliche Perle,[65] die du, solange du ahnungslos warst über ihren Wert, mit Füßen getreten hast! Erkenne deinen Schöpfer, der dich aus nichts gezeugt hat![66]

7. *Vom Zweck der Erschaffung des Menschen*

Denn dieser selbe Gott wollte nach der Errichtung des Weltgebäudes, dass dieses nicht verlassen bleibe; so hat er die menschliche Gattung nach seinem Bild (20) und seiner Ähnlichkeit aus Erdpartikeln geformt[67] – denn sonst würde die Welt ohne den Menschen wie ein Haus ohne Bewohner bleiben –; und er hat in ihn[68] den Lebenshauch eingeblasen, damit er, selbst aus den Elementen verdichtet, die Erkenntnisse der Elemente erwerbe. Wer sonst hätte den Menschen machen können, außer wer den Weltkreis erzeugt hat?

Wenn nun der Mensch unter ebendiesen (25) Bedingungen lebt, unter denen sichtlich der Weltkreis regiert wird, ist es ganz offenkundig, dass Gott die Welt gemacht hat. Doch warum er *ihn* gemacht hat, wird diskutiert; denn zu seinem eigenen Nutzen hat er ihn keineswegs gemacht, da jeglicher Nutzen in ihm selbst vollkommen besteht und er keines Zuwachses bedarf. Aus einem anderen Motiv also hat er ihn gemacht, nämlich zum Nutzen des (30) Menschen (selbst), dem er alles unterstellt und die Erkenntnis aller (Dinge), sowohl der himmlischen wie der irdischen, gewährt hat.

Wenn denn Gott die Welt zum Nutzen des Menschen erschaffen hat, folgt, dass der Mensch mit Gott eine gewisse Verwandtschaft[69] hat, denn keineswegs hätte Gott die Welt für nichts gegründet.

---

[65] Als Inbegriff des Wertvollen in vielen Gleichnissen (Mt. 13,45f.), auch im Perlenlied (act. Thom. 108–113); im Arabischen lexikalisierte Metapher für οὐσία. Ephräm dem Syrer ist „Perle" die Lieblingsmetapher für Christus, und Gott ist für ihn das Sein.

[66] Das lat. Verbum ist *procreavit*. Die Verben für „schaffen" und „zeugen" sind hier, wie auch bei Philon und noch bei Origenes, vertauschbar, zumal das schaffende Prinzip als das männliche galt. Erst in den Konzilsbeschlüssen von Nizäa (325) und Konstantinopel (381) wurde hier definitorisch geschieden. Zur *creatio ex nihilo* vgl. 2 Makk. 7,28 und Röm. 4,17.

[67] Philon unterschied dies vom allgemeineren ποιεῖν, indem er in ποιεῖν die Konzeption der Idee, in πλάσσειν aber deren materielle Ausführung sah.

[68] D.h. den Menschen (Genuswechsel im lat. Text).

[69] Vgl. das Zitat aus Arat in Apg. 17,28f. Der ganze Kontext ist stoisch.

Quam igitur affinitatem voluit deus habere cum (35) homine? Respondeo: Ut post mortem secum eterna gloria fungere(**216**)tur,[70] quod videtur, quia moriturum constituit[71] illum. Unde cum in presenti seculo deum minime videamus nec ab ipso aliquid preter id, quod nobis a principio tradidit, visibiliter impetremus, credendum est, quod post mortem illud consequitur (5) homo, propter quod fuit a domino procreatus.

Nec obstat, quod quidam philosophi errantes affirmant, quod anima simul cum corpore moriatur, quia, si verum esset, delusive[72] fecisset deus hominem, cum ex ipso nulla deberet exire materia bonitatis, que nulla deberet esse oppinio sapientis, quod illa sublimis sa(10)pientia, que omnium sapientiarum caput existit,[73] improvise ac pro nichilo tanta opera condidisset.

Quod probare conabor, si contumaciter negare presumpseris. Constat siquidem inrefragabiliter illum esse summe bonitatis et sapientie fontem, qui mundum condidit et humanam plasmavit effigiem. Ipse quidem om(15)nia non inprovise ac sine ratione pertractat.[74] Inprovise ac sine ratione aliquid agere hiis pertinet, quibus deficit scientie plenitudo. Sed cum in ipso deo omnis plenarie fons et thesaurus sapientie requiescat, nequaquam aliquid sine ratione connectit. Sed mundum facere et hominem plasmare et omnia (20) ista

---

[70] *fungi* wie griech. χρῆσθαι (siehe oben Anm. 19).

[71] *constituere* wohl auch für κτίζειν.

[72] *delusive*, ein Neologismus; griech. σφαλερῶς (seit Euripides belegt), vielleicht auch ἀπατηλῶς (Jamblich, myst. III 26); Pollux, onomast. IX 135 nennt noch weitere hierzu synonyme Adverbien.

[73] *existit* wie griech. ὑπάρχει (siehe oben Anm. 18).

[74] *pertractare*, vielleicht griech. διέπειν, ein Wort für (geistiges) Durchdringen; vgl. Weish. 9,13; 12,15; auch Pseudo-Aristoteles, mund. 6, 399 a 18.

8. *Die Unsterblichkeit der Seele*

Welche Verwandtschaft wollte also Gott mit dem (35) Menschen haben? Ich antworte: Dass er nach dem Tod mit ihm sich ewiger Herrlichkeit erfreue, (216) was sich daraus ergibt, dass er ihn sterblich geschaffen[75] hat. Daher – da wir im gegenwärtigen Äon Gott keineswegs sehen können und von ihm nichts außer dem, was er uns von Anfang an übergeben hat, sichtbar erreichen können – ist zu glauben, dass der Mensch nach dem Tode das (5) erreicht, wofür er von (seinem) Herrn erschaffen wurde.

Dem steht nicht entgegen, was gewisse Philosophen irrtümlich behaupten, dass die Seele zugleich mit dem Körper sterbe,[76] da, wenn das wahr wäre, Gott den Menschen in täuschender Absicht gemacht hätte, da ja aus ihm[77] kein Grundstoff[78] zur Güte hervorgehen würde – was keineswegs die Meinung des Weisen sein dürfte, dass (nämlich) jene erhabene Weisheit, (10) die aller Weisheiten Gipfel[79] ist, unbedacht und für nichts so große Werke geschaffen hätte.[80] Das werde ich zu beweisen versuchen, wenn du es trotzig zu leugnen dir herausnimmst. Es steht jedenfalls unwiderleglich fest, dass jener die oberste Quelle der Güte und Weisheit ist, der die Welt gegründet und das menschliche Abbild geformt hat. Er zumindest durchdringt (15) alles nicht von ungefähr und nicht ohne Vernunft.[81] Von ungefähr und ohne Vernunft etwas zu tun gehört denen zu, denen die Fülle des Wissens abgeht. Doch da in Gott selbst aller Weisheit Quelle und Schatz in seiner Fülle ruht, verbindet er gar nichts ohne Vernunft. Doch die Welt zu machen und den Menschen zu formen und all (20) dies so zugrunde gehen zu lassen, dass daraus

---

[75] Der nachbiblische Mythos, wonach Adam zunächst unsterblich erschaffen worden sei, hat sich hier noch nicht verfestigt.

[76] Diese Behauptung ist eher biblisch (Ps. 115,17; Koh. 3,21) als philosophisch. Einzig Materialisten hätten sie geteilt; aber für sie ist Seele eine Art von Materie. Problem ist freilich das Fortdauern der Individualität. Bereits die Stoiker haben es grundsätzlich geleugnet.

[77] Bezug unklar; wie auch die folgenden Ausdrücke; Sinn jedenfalls: Nur etwas Bleibendes ist wertvoll.

[78] Das lat. *materia*, hier neben *bonitas* in untypischem Gebrauch (s.u. Z. 20), geht auf eine Auffassung von der Auferstehung hinaus, die ein materielles Substrat – etwas, was aufersteht – voraussetzt.

[79] Oder: Summe.

[80] Grundvorwurf der Gnosis an die vermeintliche „Weisheit" (Achamoth) des Schöpfers. Der sprachliche Ausdruck entspricht jedoch keinem bestimmten gnostischen System, kann also zeitlich gut an deren Anfang liegen.

[81] Dies war der Eindruck, den der antike Atomismus bei seinen Gegnern hinterließ; und er wurde unter neuen Vorzeichen, nämlich als Kritik an der jüdischen Bibel, von den Gnostikern formuliert: N.H. II/1, 28,12ff. u.ö.

perire ita, quod nulla enucleetur ex ipsis materia bonitatis, potius ab improvisione quam a rationis discretione procedere dignoscitur. Igitur falsa est illorum oppinio, qui corpus simul et animam perire fatentur.[82] Ergo post mortem corporis anima vivit, ut ab ipso, qui eam infudit corpori, debita (25) munera consequatur.

Cum igitur probatum sit animam post corporis interitum vita perfungi, quod aut penis afficiatur aut gloria decoretur anima, facilime ostenditur. Fecit deus hominem ad ymaginem et similitudinem suam sibique[83] legem imposuit, quam si homo a principio conservasset,[84] nequaquam ad assiduas (30) pervenisset erumpnas.[85] Esset homo sine tristitia, sine dolore, sine curis, sine sudore consisteret,[86] sine delectacione conciperet mulier nec etiam pareret cum dolore.

Et ita homo sine crimine vitam finiens ad sedem celestis patris, a quo traxit originem, pervolaret. Sed quia commisit in legem sibi a conditore suo statutam, substulit illum deus ab officio suo ipsum- (218)que tanquam falsum[87] a sua dignitate privavit adiciens ei angustias et tribulationes, quibus tu et universi homines cottidie circumdantur.

Si autem homo lapsus in tenebras creatoris sui postulaverit lucernam sibique[88] adheserit mun(5)danas pompas undique contempnens[89] et in eius lege usque ad divisionem[90] spiritus perseverare voluerit, sine dubio anima ipsius ad eternas beatudines[91] sublimatur. Si vero iterum peccaverit homo et factoris sui precepta despexerit et in hiis usque ad corporis mortem constiterit, submerget deus animam (10) ipsius mi-

---

[82] *fateri* wie griech. φάσκειν.
[83] *sibi* (statt *ei*) ist an dieser Stelle das falsche Wort, mithin Spätlatein. Griechisch war es wohl nur der Unterschied zwischen αὐτῷ und αὑτῷ.
[84] *conservare* (statt *observare*) wie griech. τηρεῖν.
[85] *aerumnae*, griech. μέριμναι (Bibelsprache).
[86] Wie griech. ὑπῆρχεν.
[87] *falsus* wie griech. ψευδής.
[88] Wie oben Anm. 83.
[89] *undique contemnere*, vielleicht überwörtlich für griech. περιφρονεῖν.
[90] *divisio* wie griech. ἀπαλλαγή, was ein Euphemismus für „Tod" sein kann.
[91] Zu lesen: *beatitudines*.

kein Grundstoff zur Güte gewonnen werden kann, geht sichtlich eher von ungefähr als von einer Betätigung von Vernunft aus. Falsch ist darum die Meinung derer, die lehren, der Körper vergehe zusammen mit der Seele. Also lebt die Seele nach dem Tod des Körpers, um von demjenigen, der sie dem Körper eingegossen hat, die ihr zukommenden (25) Gaben zu erlangen.[92]

9. Das doppelte Gericht

Wenn also bewiesen ist, dass die Seele nach dem Untergang des Körpers weiter Leben hat, lässt sich sehr leicht zeigen, dass die Seele entweder Strafen unterworfen oder mit Herrlichkeit geschmückt wird. Gott hat den Menschen nach seinem Bild und seiner Ähnlichkeit geschaffen und ihm das Gesetz auferlegt;[93] hätte der Mensch es von Anfang an eingehalten, so wäre er keinesfalls in unablässige (30) Mühsal geraten. Es wäre der Mensch ohne Traurigkeit, ohne Leiden, ohne Sorgen; er lebte ohne Schweiß; ohne Wollust würde die Frau empfangen, ja ohne Schmerz würde sie gebären.

Und so würde der Mensch, ohne Verbrechen sein Leben beendend, zum Sitz des himmlischen Vaters,[94] von dem er seinen Ursprung hat, hinfliegen. Doch da er sich vergangen hat[95] gegen das vom Schöpfer ihm (35) gebotene Gesetz, enthob ihn Gott seines Amtes und (**218**) nahm ihm als einem Lügner seine Würde und legte ihm Nöte und Mühen auf, von denen du und überhaupt alle Menschen täglich umgeben sind.

Wenn aber der in Finsternis gefallene Mensch die Leuchte seines Schöpfers[96] (zurück-)verlangt und ihm anhängt, weltliche (5) Pracht ringsum verachtend, und in seinem Gesetz bis zum Ausscheiden (seines) Geistes verharren will,[97] so wird ohne Zweifel dessen Seele zu ewigen Seligkeiten emporgehoben. Wenn der Mensch jedoch erneut sündigt und die Vorschriften seines Schöpfers verachtet und darin bis zum Tod des Körpers verbleibt, wird Gott dessen (10) Seele

---

[92] Vgl. den Er-Mythos bei Platon, rep. 614 e–621 d.

[93] Gemeint ist hier, wie oben, das Mosegesetz (Tora, Pentateuch). Es wird, wie in jüdischer Apologetik häufig, dem Naturrecht nahegebracht, d.h. für universell gültig erklärt – wovon dann freilich, wenn es um Rituelles geht, Abstriche gemacht werden müssen, denn weder Sabbat noch Beschneidung (usw.) sind der gesamten Menschheit geboten.

[94] Die Anrede Gottes als „Vater" ist schon jüdisch: Jes. 63,16; 64,7; Sir. 23,1.4.

[95] Anspielung an den Fall Adams, Gen. 4.

[96] Vgl. Ps. 119(118),105 u.ö.

[97] Vgl. Ps. 1,2; 119(118),44 u.ö.

serabiliter in gehennam, ubi omnium tormentorum cruciamenta parantur, ubi rex ille tenebrarum inhabitat, qui apud vos deus infernorum Pluto, apud nos vero Belzebub et Diabolus nominatur.

Si autem queras, quare deus fecit mundum et animam intra elementata[98] membra commiscuit, si volebat, ut ab elemen(15)torum delectationibus se caveret, respondeo: Et quare aurifex ponit aurum in ignem, quia omnia consumit et ardet, nisi ut illud probet? Si aurum in camino ignis inmissum ab igneis scintillis corruptum quasi lineat et liquescat, relinquid[99] illud magister et quasi falsum reprobat et decernit. Si vero inter (20) flammarum candentes ignes aurum commixtum magis et magis erubeat et lucescat, bonus aurifex bonitatem eius decernens illud colligit ipsumque infra pretiosissimos thezauros recondit.

---

[98] *elementatus*, Neologismus (bekannter ist *elementarius*), wie στοιχειώδης.
[99] *relinquere* wie griech. λείπειν.

kläglich in die Gehenna[100] versenken, wo die Qualen aller Folterun-
gen (vor)bereitet werden, wo jener König der Finsternis wohnt, der
bei euch „der Unterweltgott Pluton", bei uns aber „Beelzebub" und
„Teufel" genannt wird.

Wenn du aber fragst, warum Gott die Welt gemacht und die Seele
in die elementenhaltigen Glieder gemischt hat, wenn er (doch) wollte,
dass er sich vor den Genüssen (15) der Elemente fernhalte, so antworte ich: Und warum legt der Goldschmied das Gold ins Feuer, da
dieses alles verzehrt und verbrennt, wenn nicht, um es zu läutern?[101]
Wenn das Gold, in den Schmelzofen gegeben, von den Feuerfunken
geradezu weich und flüssig wird, lässt es der Meister liegen und verwirft es und erklärt es für unecht. Wenn aber mitten in (20) den
brennenden Feuerflammen das (mit ihnen) vermischte Gold mehr
und mehr hervorleuchtet und hell wird, erkennt ein guter Goldschmied seine Güte, sammelt es und birgt es unter seine wertvollsten
Schätze.

---

[100] Hebraismus, aus dem Neuen Testament bekannt, in hellenistisch-jüdischer Literatur jedoch selten oder überhaupt nur als christliche Interpolation vorhanden:
griech. Est. 1,9; Sib. IV 186. Handelt es sich hier um eine christliche Fortschreibung
des jüdischen Textes? Vgl. oben Anm. 10.
[101] Topos der antiken Theodizee: Spr. 17,3 u.ö.

Jüdische „Publizistik" in der Antike

Ist der Text, dessen Wiedergabe hier endet, ein Versuch gewesen, geistigen Kontakt[102] herzustellen zwischen jüdischem Monotheismus und griechischer Philosophie? Nicht nur über die Namen von Absender und Empfänger, sondern vor allem auch durch den Inhalt scheint dieser Versuch gemacht zu werden, der insofern bemerkenswert ist, als die Religionen der Antike sonst ohne nennenswertes gegenseitiges Interesse einfach nur koexistierten. Polemik war selten und kam, wenn schon, von jüdisch-christlicher Seite (aus dem Erbe der biblischen Propheten). Eine Kuriosität in dieser Hinsicht, hier nur nebenbei zu erwähnen, ist das vermutlich jüdische „Testament des Schweinchens", über das Hieronymus als Schulkind gelacht hat;[103] damals konnten ihn die antichristlichen Spitzen noch nicht stören. Noch seltener aber war der Gedankenaustausch in positivem Sinne: Man hatte gar kein Interesse, einander zu verstehen.

Nun waren Religionen in der gesamten Antike eher ein Brauchtum als etwas Geistiges. Die öffentliche Religion – der Polis, des Reiches – hatte keine Doktrin, und die doktrinären Religionen, wie sie sich, vom Judentum ausgehend, allmählich bildeten (Christentum, Gnosis), waren nicht öffentlich. Das Judentum war die angestammte Religion der „Judäer" (was ihr Name ja für damalige Ohren besagte), und nur die ihre; und die aus ihr gewonnenen Verallgemeinerungen einschließlich ihrer Missionsbemühungen brauchten Jahrhunderte, bis sie zu öffentlicher Anerkennung fanden.

Es ist ein Forschungskonsens unserer Tage, dass das Judentum, auf dessen Boden wir uns hier befinden, keine Mission getrieben hat. Es gab ja auch nichts wie einen Missionsauftrag.[104] Man bemühte sich freilich um gute Beziehungen zu den jeweiligen Nachbarn, lebte doch das jüdische Volk schon seit vorhellenistischer Zeit weit verstreut – in Babylonien, Kleinasien, Ägypten, der Kyrenaika, Syrien, Griechenland, Rom –, und das nicht erst seit dem verlorenen Krieg des Jahres

---

[102] Eine erschöpfende Quellensammlung zur Wahrnehmung des Judentums in der antiken Welt ist die von M. STERN (Hg.), Greek and Latin Texts on Jews and Judaism, 3 Bde., Jerusalem 1976. 1980. 1984.

[103] C. Rufin. I 17. Vgl. J.-J. AUBERT, Du lard ou du cochon? Une lecture à rebrousse-soies du *Testamentum porcelli*, in: J. KALMS (Hg.), Internationales Josephus-Kolloquium Aarhus 1999 (Münsteraner Judaistische Studien 6), Münster 2000, 302–336 (Nachweis der Ausgaben: ebd. 303 Anm. 6; Bibliographie: ebd. 332–336).

[104] Auch der Segen Abrahams „für alle Familien der Erde" (Gen. 12,3) oder der Auftrag: „Ihr seid meine Zeugen" (Jes. 43,10–12; 44,8) wurden erst im Christentum wörtlich genommen; jüdische Echos sind selten.

70 n.Chr. Der vom Mosegesetz gebotene Kinderreichtum zwang zu Auswanderungen aus dem längst zu eng gewordenen Judäa. Wohin man kam, versuchte man, nach mosaischen Bestimmungen zu leben (abzüglich der nur für Judäa geltenden Agrar- und Kultgesetze), das aber möglichst unauffällig und möglichst ungestört. Josephus berichtet (ant. XII 138–153; XIV 185–267) von zahlreichen politischen Arrangements in dieser Richtung, die vor allem in Kleinasien gelangen und zu Vertragsform führten. Von Konflikten gestört oder gar beendet wurde das Zusammenleben nur zweimal: In Alexandrien führte der jüdische Versuch, als *Griechen* zu gelten und die minderberechtigten Ägypter politisch auszustechen, zu den ersten Rassenkonflikten der Antike.[105] Beginnend in den 30-er Jahren, kumulierten sie 115–117 n.Chr. in einer Art Bürgerkrieg, in welchem die jüdische Bevölkerung der Stadt ihr physisches Ende fand. Der andere Konflikt ist der der Jahre 66–70 in Judäa selbst, der im Verlust der dortigen Eigenstaatlichkeit endete, auch im Verlust des Tempels, des einzigen – der dennoch von der jüdischen Religion dank ihrer ausgeprägten Intellektualität geradezu mühelos abgepuffert wurde. Bemerkenswert ist, dass schon im benachbarten Syrien das Zusammenleben ungestört blieb (von kurzfristigen Vorfällen abgesehen), ebenso in Kleinasien und Rom sowie, außerhalb des römischen Reiches, in Babylonien. Nur in der Kyrenaika gab es noch ein kurzes Nachspiel.[106]

Allein schon zur Schadensbegrenzung war so etwas wie jüdische Öffentlichkeitsarbeit nötig – und ist auch, ausweislich einer Fülle von griechisch verfassten Texten, jahrhundertelang getrieben worden. Die Bibelübersetzung der sog. Septuaginta zählt zwar noch nicht dazu; diese war, wie schon ihr barbarisches Griechisch zeigt, nur für den internen Gebrauch. (Ihre Popularisierung durch die Christen war nicht vorgesehen.) Doch schon die Umschreibungen der Exodus-Tradition durch einen alexandrinisch-jüdischen Autor wie Artapanos ist ein erkennbarer Versuch in dieser Richtung, ebenso die biblischen Geschichten (wie man sie nennen könnte) eines Eupolemos, Pseudo-Eupolemos, Pseudo-Hekataios u.a.m., die ein friedliches Nebeneinander von Griechen und Ägyptern darstellen und Mose einerseits

---

[105] Siehe G. Schimanowski, Juden und Nichtjuden in Alexandria. Koexistenz und Konflikte bis zum Pogrom unter Trajan (117 n.Chr.) (Münsteraner Judaistische Studien 18), Münster 2005 (Lit.). In die Ursachenanalyse geht auch die Hebräische Bibel selbst mit ein, nämlich das Buch *Exodus* mit seinem sehr negativen Bild der Ägypter. Umschreibungen dieser Überlieferungen durch ägyptisch-jüdische Autoren wie die unten zu nennenden sind letztlich wirkungslos geblieben.
[106] Erzählt bei Josephus, bell. VII 437–450.

Schüler ägyptischer Schreiber, andererseits Kulturbringer für Ägypten sein lassen.[107] Diese haben sogar insofern Erfolg gehabt, als der Ethnograph Alexander Polyhistor, als er im frühen 1. Jahrhundert v.Chr. daran ging, die Völkerschaften der antiken Welt zu beschreiben, sich aus eben jenen Versuchen einer umgeschriebenen Bibel bediente und nicht aus dieser selbst.[108]

Nach ihm aber sind jüdische Schriften – will sagen: solche, die als jüdisch erkennbar sind[109] – in der paganen Antike fast nie gelesen worden. Obwohl Religion der Schrift, hat das antike Judentum doch Schwierigkeiten gehabt, sich im Medium der Schrift darzustellen. Zunächst einmal ging die Freiheit des Umerzählens in dem Maße verloren, wie der gleichzeitig entstandene Septuaginta-Text verbindlich wurde.[110] Man war also auf apologetische Schriftstellerei angewiesen, die von dem intern geltenden Geschichtsbild nicht allzuweit abweichen durfte: So beschaffen ist die Schriftstellerei des Josephus.[111] Sodann aber änderte sich mit dem Aufkommen der Römerherrschaft auch über den Osten das geistige Klima. Hatte ein Herodot die Ägypter für ihre uralte Kultur bewundert, so brachte Roms ohnehin epikureisch gesinnte Oberschicht für Ägyptens hunde- und affen-

---

[107] Texte in deutscher Übersetzung bei WALTER 1980 (wie Anm. 2). Wenn Mose bei Eupolemos, frg. 1 (p. 99 WALTER) als Bringer des Alphabets nach Ägypten gilt, kann eigentlich nur das griechische Alphabet gemeint sein; die ägyptischen Juden waren seit dem Einzug des Hellenismus griechischsprachig.

[108] Über ihn siehe WALTER 1980 (wie Anm. 2), 93 u.ö. Ein Sonderfall ist, noch im 2. Jahrhundert v.Chr., das Quaestionen-Werk des alexandrinischen Juden Aristobulos, der Auflösung von Interpretationsschwierigkeiten im (griechischen) Pentateuch gewidmet, von dem wir noch einige Fragmente haben. Es ist an Ptolemaios VI. (Regierungszeit 180–145 v.Chr.) gerichtet, jenen, der auch den in Judäa entmachteten Hohenpriesterfamilie der Zadokiten in seinem Land eine Heimstatt gewährte und ihr sogar einen Konkurrenztempel erlaubte (in Leontopolis im Delta). Diese Konstellation – dass sogar ein Herrscher an der jüdischen Bibel Interesse fand – hat sich nicht wiederholt.

[109] Damit sind nicht solche Dinge gemeint wie die völlig neutralen oratorischen Leistungen eines Caecilius von Kale Akte, nicht die Stilkritik des anonymen, vermutlich jüdischen Autors von *De sublimitate* und nicht die Technologie von Mirjams „Kaminographia", die nur durch ihren Autorennamen jüdische Herkunft verrät.

[110] Zwar kann man nicht sagen „kanonisch", da der einzige jüdische Bibelkanon, von dem wir wissen, der rabbinische ist, der die Übersetzung nicht betrifft. Doch zeigt gerade die Textgeschichte der Septuaginta-Schriften, wie sehr im Sinne der Genauigkeit nachgebessert wurde: SIEGERT 2001 (wie Anm. 15).

[111] Und zwar in seinen *Antiquitates*. Wir übergehen hier die besondere Zweckbestimmung des *Bellum*, das, von Vespasian und seinem Sohn Titus in Auftrag gegeben, eine Mahnung an die Juden (v.a. Babyloniens) sein sollte, sich nicht mit den Römern anzulegen. Josephus wusste diesem Auftrag aus eigener Überzeugung nachzukommen.

köpfige Götter nur Spott auf,[112] war auch für Kunst weit weniger zu
begeistern als die Griechen.

Meinten nun die Juden Alexandriens, sie könnten Gewinn daraus
schlagen, indem sie sich umso entschiedener auf die Seite der Römer
stellten (worin sie sich, wie gesagt, blutig täuschten), und glaubte
noch ein Josephus, er könne gefahrlos über die Ägypter spotten (c.
Ap. II 28–70, geschrieben in Rom), ja auch über die Griechen selbst
(die unter Domitian gerade in schlechtem Ansehen standen), so war
man zu anderen Zeiten und anderwärts doch vorsichtiger und versuchte, für die geistigen Grundlagen der eigenen Religion zu *werben*.
So sind die Schriften eines Philon von Alexandrien in weiten Partien
so gehalten, dass auch ein philosophisch interessierter Nichtjude an
ihnen Gefallen finden könnte, und zwar selbst da, wo sie die für die
Antike ungewohnte Form einer literarisch durchgeformten Textaus-
legung (Echo der Synagogenpredigt) annehmen.

Es mag dem veränderten geistigen Klima in der Römerzeit zuzuschreiben sein, dass von all der apologetischen Literatur des hellenistischen Judentums nichts einen Widerhall fand in paganen Schriften – gerade dass man bei Porphyrios gelegentlich Josephus benutzt
findet. Namentlich genannt wird er sowieso nicht (auch bei den Rab-
binen nicht). Selbst sein *Bellum*, in römischem Auftrag entstanden, ist
kaum benutzt worden, und Apologetisches wie sein „Über das Alter
des Judentums" *(Contra Apionem)* gar nicht.

Dass ein Platoniker wie Numenios (2. Jahrhundert) die jüdische Bibel empfiehlt und Platon ihr gegenüber für einen „attisch sprechen-
den Mose" hält, ist eine Ausnahme, die die Regel bestätigt. Zwar war
der Name des Mose weltbekannt, und wer etwas von Magie hielt,
nannte ihn unter seinen Gewährsleuten;[113] Moses Worte aber, wie sie
in der Übersetzung „der Siebzig" vorlagen, haben auch im Syrien
eines Numenios keine Leser gefunden, die über die Anfangskolum-
nen hinausgekommen wären.[114]

Jüdische Öffentlichkeitsarbeit, soweit sie literarisch stattfand,
musste sich also anderer Mittel bedienen. An Schriften, die wenigstens *auch* für ein paganes Publikum geeignet, wenn nicht gar für es be-

---

[112] Gipfelnd in Vergil, Aen. VIII 698–700 (der „bellende Anubis") und Juvenals
15. Satire.
[113] Apuleius, apol. 90 (Reminiszenz an Ex. 4).
[114] Vgl. die Übersicht bei G. RINALDI, Biblia gentium, Roma 1989. Vereinzelt wird
bezeugt, dass die Schöpfungsgeschichte Eindruck machte (Justin, Tatian: SIEGERT
2001 [wie Anm. 15], 359–361); aber schon vom Josephs-Zyklus findet sich kein Widerhall mehr, zu schweigen von den Hunderten einzelner Bestimmungen, die das
Gros der Mose-Bücher ausmachen.

stimmt sind, lässt sich, abgesehen von dem von Polyhistor Benützten (das danach nur noch im Christentum Beachtung fand) anführen:

– Titelschriften (pseudepigraph oder anonym):
  Pseudo-Phokylides, Γνῶμαι (ein ethisches Lehrgedicht);
  Der Liebesroman „Joseph und Aseneth"
  (älterer Titel: „Gebet der Aseneth");
– Interpolationen in anderweitige Schriften:
  Die jüdische Sibylle (vieles von Sib. III–V);
  Zusätze zum Alexanderroman.

Den Anschein von Interpolationen haben Verse unter den Namen griechischer Dichter, kontextlos bei Klemens von Alexandrien und anderen Kirchenschriftstellern überliefert: Von denen ist jedoch nicht anzunehmen, dass je ein jüdischer Schreiber sie in eine Kopie eines Klassikertextes eingeschmuggelt hat; das wäre ein viel zu teures und umständliches Verfahren gewesen. Auch die jüdische Fassung des kosmologischen Gedichtes des „Orpheus", die wir neben rein heidnischen Fassungen besitzen,[115] lässt nichts über einen früheren Kontext, ein sie zu heidnischen Lesern etwa transportierendes literarisches Vehikel, erkennen. Es reicht, in diesen Texten Versuche jüdischer Selbstvergewisserung zu erkennnen.

Zum Brief des Mordechai an Alexander

Wie sind nun auf diesem Hintergrund die Chancen unseres *Briefs des Mordechai an Alexander* einzuschätzen?

Angenommen, ein Jude der frühen Kaiserzeit habe ihn auf den Rest einer Papyrusrolle geschrieben, die einen der vielen Alexanderromane enthielt: Er lenkte damit die Aufmerksamkeit künftiger Leser auf das jüdische Grundbekenntnis zu dem einen Gott, zur Güte der Schöpfung und ihrer Abhängigkeit von ihm, zur Bestimmung des Menschen zur Unsterblichkeit und zu deren Vorbedingung, dem Verzicht auf jede Verehrung von Geschaffenem (Götter eingeschlossen) anstelle des Schöpfers. Durch den Namen des Mordechai ist noch nicht einmal die jüdische Herkunft dieses Appells ausgedrückt; nur Bibelkenner würden aus dem Esther-Buch auf einen Juden schließen (der dann aber aus chronologischen Gründen wiederum nicht dieser sein könnte, wie gesagt).

---

[115] Ediert in C. HOLLADAY (Hg.), Fragments from Hellenistic Jewish Authors. Bd. 4: Orphica (Society of Biblical Literature. Texts and Translations 40), Atlanta (Ga.) 1996.

Für den jüdischen Schreiber selbst war es natürlich ein „sprechender" Name, ging es doch um die Rettung des jüdischen Volkes vor Nachstellungen, insbesondere solchen administrativ-politischer Art. Darum wendet man sich an „Alexander", oder wer immer dessen Spuren zu folgen beanspruchte. Die Fiktion ist gut durchgehalten, sieht man von einigen zweifelhaften Stellen gegen Ende ab. Selbst dass der Text abbricht, nicht ohne vor dem Verlust des ewigen Lebens gewarnt zu haben, mag auf Wirkung berechnet sein: Die Buchrolle war zu Ende, die Konsequenzen lagen beim Leser. Und wenn dieser auch nur einige Minuten nachdachte über das zuletzt Gelesene bzw. Gehörte – gerade war eine lange Rolle bewältigt –, so hatte doch der anonyme Schreiber für sein Volk und für dessen Religion einen Achtungserfolg errungen.

Dies ist die weitestgehende Annahme. Gehen wir jedoch, der lateinischen Herausgebernotiz folgend, von einer späten (und damit christlichen) Anfügung des bereits ins Lateinische übersetzten Textes an den Alexanderroman aus, so schwinden die Möglichkeiten, über jüdische Publizistik etwas zu erschließen. Sofern die Überschrift vom Autor stammt, hängt er sich irgendwie an die Alexandersage an; doch wie dies jüdischerseits bewerkstelligt wurde (und ob überhaupt), können wir dann nicht mehr sagen.

Die nachweisbare Wirkung all dieser Literatur liegt ohnehin allein im Christentum. Während der Gebrauch des Griechischen in den Synagogen noch lange anhielt und im Antiochien des 4. Jahrhunderts eine aus den Predigten des Johannes Chrysostomos bekannte Resonanz erzeugte,[116] ging die literarische Produktion unter rabbinischem Druck ganz ins Hebräische und Aramäische über, und der Gedankenaustausch mit der nichtjüdischen Umwelt, soweit er literarisch sein sollte, nahm ein Ende. Dem Abendland aber blieb eines von vielen literarischen Rätseln. Der Text war lesenswert; das Haupträtsel aber bleibt die Überschrift.

---

[116] Hom. 1–4. Noch die Novelle 146 Justinians befasst sich mit griechischsprachigem Synagogengottesdienst, um – wohl auf Wunsch einer jüdischen Minderheit – Rabbinisches von diesem möglichst fernzuhalten.

Der *Brief des Annaeus Seneca über Hochmut und Götterbilder*
Ein angeblicher Brief des Hohenpriesters Annas an Seneca

(Alfons Fürst)

Wege und Erträge der Forschung

Neben dem *Brief des Mordechai an Alexander* gibt es einen weiteren Text, der ein noch engeres jüdisches Gegenstück zum Briefwechsel zwischen Seneca und Paulus sein könnte – dies allerdings nur, wenn er das wäre, wofür man ihn zunächst gehalten hat.

Die Rede ist von einem Brief, den Bernhard Bischoff in einer Handschrift der Kölner Dombibliothek aus dem ersten Drittel des 9. Jahrhunderts entdeckt und 1984 unter dem Titel *Epistula Anne ad Senecam de superbia et idolis* ediert hat.[1] Es handelt sich um ein ausgesprochen fehlerhaftes Fragment von 94 Zeilen, das nicht zu Ende geschrieben ist, obwohl im Codex – der vermutlich vom Niederrhein stammt – noch Platz vorhanden war.[2] Bischoff erblickte in diesem Text das „einzige literarische Denkmal jüdischer Mission in lateinischer Sprache"[3]. Die jüdische Herkunft hielt er durch den Namen des Absenders sowie durch die Bezüge des Briefinhalts zur jüdisch-hellenistischen Apologetik im *Buch der Weisheit* (vor allem die Kapitel 13 und 14) und der jüdischen Teile der *Sibyllinischen Orakel* (die Bücher III bis V und Fragment 1) für gesichert. Für den Absender „Annas" böten sich zwei Träger des Namens an: der Hohepriester der Jahre 6 bis 15 n.Chr., Hannas I., der zusammen mit seinem Schwiegervater Kaiphas im Prozess gegen Jesus eine Rolle spielte, und dessen jüngster Sohn Hannas II. (gest. 68), der im Jahre 62 für kurze Zeit Hoherpriester war und als Alters- und Zeitgenose Senecas gut als angeblicher Verfasser einer Schrift an diesen in Frage käme. So aufgefasst, würde es sich – analog zum *Brief des Mordechai an Alexander* – um

---

[1] B. BISCHOFF, Der Brief des Hohenpriesters Annas an den Philosophen Seneca – eine jüdisch-apologetische Missionsschrift (Viertes Jahrhundert?), in: DERS., Anecdota Novissima. Texte des vierten bis sechzehnten Jahrhunderts (Quellen und Untersuchungen zur lateinischen Philologie des Mittelalters 7), Stuttgart 1984, 1–9.

[2] Köln, Erzbischöfliche Diözesan- und Dombibliothek, Ms. Dom 17 fol. 99ʳ–102ʳ.

[3] BISCHOFF 1984 (wie Anm. 1), 3.

„jüdische Glaubenswerbung im Westen des römischen Reiches"[4] handeln. An diese Einordnung des Textes knüpfte Bischoff eine mögliche Erklärung für die Entstehung des apokryphen Briefwechsels zwischen Seneca und Paulus: „Da nicht auszuschließen ist, dass entweder dem christlichen Verfasser der Seneca-Paulus-Briefe die Annas-Epistel oder dem jüdischen Autor jene fiktive Korrespondenz bekannt war, kann eine der beiden Fiktionen ein Gegenzug gegen den Versuch der anderen Seite sein, den Philosophen in Verbindung mit einem Repräsentanten ihres Glaubens erscheinen zu lassen. Wägt man den Inhalt ab, so dürfte die Priorität bei dem Annas-Brief liegen, was für seine Entstehung im 4. Jahrhundert sprechen würde."[5]

Diese historische Einordnung des Briefes ist von der Forschung zunächst anerkannt worden, namentlich von Arnaldo Momigliano, Lellia Cracco Ruggini und Wolfgang Wischmeyer.[6] Momigliano und Wischmeyer fügten den Argumenten von Bischoff die Beobachtung hinzu, dass spezifisch christliche Züge nicht festzustellen seien: „Dieser Text in seiner streng monotheistischen Tendenz, zudem der starke biblische Bezug, der sich aber ausschließlich aufs Alte Testament beschränkt, und schließlich das gänzliche Fehlen einer Erwähnung von Christus oder von Besonderheiten des Christentums legen die Identifizierung des Textes als eines jüdischen nahe."[7]

Zwei Gelehrte indes meldeten Bedenken gegen eine jüdische Herkunft des Dokumentes an: Johannes Divjak und Antonius Hilhorst in einer kommentierten Neuausgabe.[8] Hilhorst erhob zwei Einwände.[9] Erstens passe zwar der zweite Teil des Titels, „Über Hochmut und Götterbilder", zum Inhalt des Briefes, dessen Kapitel 1–3 den Hochmut derer, die die Existenz des wahren Gottes leugnen, und Kapitel 4–6 die heidnischen „Idole" behandeln; der erste Teil jedoch, „Brief des Annas an Seneca", biete kein briefliches Präskript – etwa: *Anna*

---

[4] Ebd. 2f.

[5] Ebd. 5.

[6] A. MOMIGLIANO, Rezension zu BISCHOFF 1984 (wie Anm. 1), in: Rivista Storica Italiana 97 (1985) 328f.; DERS., The New Letter by „Anna" to „Seneca" (MS 17 Erzbischöfliche Bibliothek in Köln), in: Athenaeum NS 63 (1985) 217–219, erneut in: DERS., Ottavo contributo alla storia degli studi classici e del mondo antico (Storia e Letteratura 169), Rom 1987, 329–332; CRACCO RUGGINI 1988; WISCHMEYER 1990.

[7] WISCHMEYER 1990, 80; vgl. ebd. 92 Anm. 114; MOMIGLIANO 1987 (wie Anm. 6), 329.

[8] J. DIVJAK, Epistula Annae ad Senecam, in: Handbuch der Lateinischen Literatur 5 (1989) 407; A. HILHORST, The *Epistola Anne ad Senecam*: Jewish or Christian? With a new edition of the text, in: G. J. M. BARTELINK/A. HILHORST/C. H. KNEEPKENS (Hg.), Eulogia. Festschrift für A. A. R. Bastiaensen (Instrumenta Patristica 24), Steenbrugge 1991, 147–161.

[9] Ebd. 159f.

Senecae salutem (bzw. in der Spätantike eher umgekehrt[10]: *Senecae Anna salutem*) –, wie es für einen antiken Brief zu erwarten und sogar erforderlich wäre. Zudem weise der Text weder einen Bezug zum Absender noch einen zum Adressaten auf; in einem Propagandatext eines führenden Juden an einen bekannten heidnischen Philosophen sollte man das freilich erwarten – so, wie im Briefwechsel zwischen Seneca und Paulus. Hilhorst zog daraus den Schluss, dass es sich bei der Bezeichnung „Brief des Annas an Seneca" um den Missgriff eines Abschreibers irgendwann im Laufe der Überlieferung handle, dieser Titel über einen angeblichen jüdischen Charakter des Textes also nichts aussage; jegliche Spekulation darüber, wer mit diesem „Anna" gemeint sein solle, sei daher obsolet. Zweitens fragte Hilhorst, ob eine jüdische Herkunft allein schon dadurch erwiesen sei, dass sich Bezüge zum hellenistischen Judentum herstellen ließen, spezifisch christliche Vorstellungen jedoch fehlten. Seine Skepsis gegenüber diesem Argument beruht auf zwei Überlegungen: Zum einen sei der Text ein Fragment; die fehlenden Teile könnten christliche Themen behandelt haben, zumal das ur- und frühchristliche Schrifttum jüdisches und christliches Material nebeneinander enthalte. Zum anderen sei zu beachten, dass das Christentum im Judentum wurzle; zahlreiche Motive des Briefes, gerade bei den Themen der natürlichen Gotteserkenntnis und der Verwerfung des Götzendienstes, fänden sich in der christlichen Polemik gegen das Heidentum – der *locus classicus* hierfür sei Röm. 1,18–25[11] – und gingen auf die antiheidnische Kritik des Judentums zurück, wie sie nicht zuletzt im *Buch der Weisheit*, besonders in den Kapiteln 13 bis 15, nachzulesen sei.

Hilhorst sah daher keinen positiven Beweis für eine jüdische Herkunft des Textes erbracht. Hingegen spricht in seinen Augen manches für eine christliche Autorschaft.[12] Momigliano, Cracco Ruggini und Wischmeyer erblickten in den als „Brüder" *(fratres)* angeredeten Adressaten – Seneca wird nirgends im Brief angeredet – am Judentum interessierte Heiden, die vielleicht schon Proselyten waren, sich mindestens aber dem Monotheismus zugewandt hatten, und hielten die Adressierung an Seneca und den Absender „Anna" für eine Interpolation.[13] Hilhorst hingegen nahm an, die „Brüder" – eine in christlichen Briefen und Reden häufige Anrede – teilten die religiösen

---

[10] Siehe dazu oben in den Erläuterungen Anm. 26.
[11] Darauf verweist HILHORST 1991 (wie Anm. 8), 160 Anm. 15 in einer Fußnote.
[12] Ebd. 160f.
[13] MOMIGLIANO 1985 (wie Anm. 6), 328; DERS. 1987 (wie Anm. 6), 330; CRACCO RUGGINI 1988, 306f.; WISCHMEYER 1990, 80. 87. 89–91.

Überzeugungen des Autors; dessen Anreden an Personen, deren Anschauungen er bekämpft, seien als rhetorische Apostrophe im Stil der Diatribe zu werten. Dazu kommt eine historische Erwägung: Antike jüdische Texte in lateinischer Sprache sind lediglich in Form von Inschriften erhalten; wir besitzen keinen einzigen lateinisch-jüdischen Prosatext, und es ist mehr als unsicher, ob solche überhaupt je verfasst wurden. Für Hilhorst sprechen diese Überlegungen dafür, den Text – falls es sich nicht um eine Übersetzung aus dem Griechischen handelt, was die Koordinaten verschieben würde – einem Umfeld zuzuordnen, dem sämtliche lateinische Schriften dieser Art zugehören, das heißt: dem Christentum. „My conclusion therefore is that the *Epistola Anne ad Senecam*, barring new evidence, is a Christian writing."[14]

Angesichts dieser Sachlage hat jüngst Rainer Jakobi den Text neu untersucht und eine neuerliche Edition, versehen mit einem ausführlichen philologischen Kommentar, vorgelegt.[15] In der Verortung der Schrift folgt er im Wesentlichen der Auffassung von Hilhorst. Die Bezüge zum *Buch der Weisheit* seien „nicht auf eine spezifisch jüdisch-hellenistische Autorschaft zurückzuführen, sondern auf den Umstand, dass die entsprechenden Kapitel dieses Werkes als detailliertes Motivensemble die Argumentationsvorlage für die gesamte griechische und lateinische Apologetik geboten haben"; die Beziehungen zwischen dem Brief und den christlichen lateinischen Apologeten „sind mitunter im Detail sachlich und sprachlich enger" als zum *Buch der Weisheit*.[16] „Auch das Thema, dass der unsichtbare Gott die Zeichen seiner Macht in der Natur erkennen lasse, ist nicht nur in den jüdischen Sibyllinen belegt, es ist Gemeinplatz paganer und christlicher Theologie."[17] Im Kommentar zeigt Jakobi, „dass für jeden Gedanken der Kapitel über die Idolatrie zahlreiche christliche Parallelen nachweisbar sind, die ihrerseits natürlich auf die ‚Belegnester' im AT zurückgehen".[18] Auch in der Frage der Adressaten folgt er Hilhorst: „Die *fratres* sind ... keine potentiellen Konvertiten zum jüdischen Monotheismus, sondern Mitbrüder im gleichen Glauben, die in diesem Schreiben im Sinne einer Selbstbestätigung gegen die Argumente ihrer heidnischen Umwelt gewappnet werden."[19]

---

[14] HILHORST 1991 (wie Anm. 8), 161.
[15] R. JAKOBI, Die sogenannte *'epistula Anne ad Senecam'*. Verfasserfrage, Edition, Kommentar (Xenia Toruniensia 5), Toruń 2001.
[16] Ebd. 4.
[17] Ebd. 6.
[18] Ebd. 7.
[19] Ebd. 8.

Was die Formulierung des Titels betrifft, beurteilt Jakobi mit Divjak[20] das *Incipit* als Verschreibung aus *epistula ANNAEI SENECAE*. Sollte diese Annahme, die aufgrund der überaus schlechten Überlieferung des Textes nicht unwahrscheinlich ist, richtig sein, lautet der Titel also: „Brief des Annaeus Seneca über Hochmut und Götterbilder". „Warum aber sollte der Verfasser einer *'epistula de superbia et idolis'* sein Werk mit dem Namen Senecas schmücken? Eben weil ein Briefwechsel Seneca-Paulus existierte und weil er Seneca als Verfasser einer Abhandlung *'de superstitione'* kannte, deren Argumente Laktanz als willkommene Munition gegen pagane Idolatrie in seinen *'institutiones divinae'* genutzt hatte."[21]

Nach Jakobi ist dieser Brief demnach nicht mit dem hellenistischen Judentum in Verbindung zu bringen, sondern mit dem antiken Christentum. Es lassen sich enge textliche Bezüge zu neutestamentlichen Schriften nachweisen, insbesondere zu Röm. 1,18–25, denn die Verbindung von Hochmut und Götzendienst ist „gut paulinisch", ferner zu Kol. 2,8 und Apg. 17,28.[22] Zudem hat der Autor die Bibel offenbar teils in der Fassung der *Vetus Latina*, teils in derjenigen der *Vulgata* benutzt – die so sauber getrennt freilich nicht waren –, und schließlich lassen sich Bezüge zu lateinischen Kirchenvätern ausmachen, konkret zu Laktanz und zum *Jesajakommentar* des Hieronymus.[23]

Aus der letztgenannten Beobachtung ergibt sich ein Anhaltspunkt für die Datierung. Da der *Jesajakommentar* des Hieronymus von 408 bis 410 entstanden ist, können diese Jahre als *terminus post quem* angesetzt werden. Nicht viel später dürfte der in Rede stehende Brief verfasst worden sein, und zwar aufgrund des Klauselrhythmus: „Die Klauseln sind sauber quantitierend gebaut, sowohl am Kolonende als auch im Innern. Die Endklauseln lassen sich auch akzentrhythmisch messen, aber längst nicht alle Binnenklauseln. Damit ist der *terminus ante quem* mit etwa 450 gesetzt."[24]

---

[20] DIVJAK 1989 (wie Anm. 8), 407.

[21] JAKOBI 2001 (wie Anm. 15), 8f.

[22] Ebd. 3. 11f. Im Blick auf die letztgenannte Stelle sollte man freilich nicht von einem „Paulus-Zitat" reden, auch wenn dem Argument von Jakobi zuzustimmen ist, dass es sich nicht um einen bloßen Anklang an den berühmten Aratvers (Phaen. 5: τοῦ γὰρ καὶ γένος ἐσμέν) handle, sondern der ganze Satz in Kapitel 1 des Briefes der *Vulgata*-Fassung von Apg. 17,28 entspreche.

[23] Belege für letzteres bei JAKOBI 2001 (wie Anm. 15), 12–15.

[24] Ebd. 15.

Intention und Inhalt

Im Zuge der Forschung hat sich die Charakterisierung des Briefes über Hochmut und Götterbilder damit völlig gewandelt. Was bei und nach seiner Entdeckung als Versuch galt, Heiden für das Judentum zu gewinnen, und als einziger Prosatext in der spärlichen lateinischsprachigen Überlieferung des spätantiken hellenistischen Judentums eine Sensation gewesen wäre, entpuppt sich nunmehr als christlicher Text, der mit seinem polemischen Inhalt nichts Besonderes ist, sondern in eine lange und gut dokumentierte Tradition christlicher Kritik an heidnischer Gottesvorstellung und Kultpraxis gehört. Die Argumente für diese Neubewertung sind überzeugend. Abgesehen von der Überschrift in ihrer überlieferten Fassung führt nichts im Text auf einen jüdischen Ursprung. Der Brief, in Tonfall und Argumentation eher eine Predigt, lässt sich problemlos im Kontext der altkirchlichen Apologetik lesen und verstehen, die ja bekanntlich von ihren Anfängen an auf der jüdischen Kritik an der heidnischen Religiosität aufruhte. Falls Divjaks und Jakobis Verbesserung der Überschrift zutrifft, ist das Pseudepigraphon im Kontext der Auseinandersetzungen zwischen Christen und Heiden über Fragen der Gottesvorstellung und Gottesverehrung entstanden. Der Anonymus rekurrierte dabei auf die konventionellen Argumente christlicher Apologetik.

Auffällig an dem Dokument ist seine Zuschreibung an Seneca. Vom Inhalt der Schrift her ist das weder naheliegend noch erforderlich. Im geistesgeschichtlichen Kontext der ersten Hälfte des 5. Jahrhunderts, in den das Stück wohl gehört, ließe sich dafür freilich eine Erklärung beibringen, die auf derselben Linie liegt wie die, auf der die Intention des Erfinders der Korrespondenz zwischen Seneca und Paulus zu suchen ist.[25] Seneca genoss im spätantiken lateinischen Christentum höchstes Ansehen, das so weit ging, ihn ganz nahe an das Christentum heranzurücken. Das war das Senecabild des Laktanz, und dieses Verhältnis spiegelt sich auch im Briefwechsel zwischen Seneca und Paulus. Die Christen okkupierten Seneca sozusagen für ihre Zwecke. Im Falle des Briefes über Hochmut und Götterbilder besteht die Verzweckung Senecas darin, dass er als Kritiker des paganen Götterkultes erscheint. Jakobis Erklärung für die Inanspruchnahme Senecas als Autor dieses Textes geht in diese Richtung. Seneca war unter Christen – vor allem durch Laktanz – als Kritiker heidnischer Kultpraktiken bekannt. Auf diese Weise konnte er als heidnischer Kronzeuge der christlichen Polemik gegen Idolatrie fungieren. Als

---

[25] Siehe oben S. 18–21.

solcher wird er in diesem pseudepigraphischen Produkt später altkirchlicher Apologetik vorgeführt. Wie im Briefwechsel zwischen
Seneca und Paulus reklamiert die christliche Seite auch mit diesem
Text den berühmten Philosophen für ihre Sache. Dieser Brief ist ein Dokument für die Beziehungen zwischen Stoa
und Christentum im Allgemeinen und für die hohe Wertschätzung
Senecas im spätantiken lateinischen Christentum im Besonderen und,
so gesehen, eine entfernte Analogie zum Briefwechsel zwischen Seneca und Paulus. In starkem Unterschied zu diesem bietet der kleine,
sprachlich jedoch auch nicht besonders niveauvolle Text allerdings
viel mehr an inhaltlichen Aussagen, mit denen er dem *Brief des Mordechai an Alexander* ähnelt. Im Anschluss an Bischoff und Jakobi[26] lässt
sich der Text wie folgt in Kapitel gliedern:

1. Gott als Schöpfer des Kosmos und des Menschen.
2. Die Verehrung der Geschöpfe an Stelle des Schöpfers.
3. Die falschen Vorstellungen der Philosophen von der Seele.
4. Die unvernünftige und nutzlose Verehrung der von Menschen
   geschaffenen Götterbilder.
5. Die Erkennbarkeit Gottes aus der Ordnung der Natur.
6. Götterbilder und Götterkult als Produkte menschlicher
   Vorstellungen und Laster.

---

[26] BISCHOFF 1984 (wie Anm. 1), 4; JAKOBI 2001 (wie Anm. 15), 2f.

Text und Übersetzung

Weil die neue Edition von Rainer Jakobi an nur schwer zugänglicher Stelle erschienen ist, ist sein Text im Folgenden (ohne den kritischen Apparat) abgedruckt und mit einer neu angefertigten Übersetzung versehen. Die Erläuterungen zum Text sind der vorzüglichen Kommentierung von Jakobi entnommen, auf die für weitergehende Informationen hiermit verwiesen sei.[27] Für die sprachlichen Eigenheiten des an manchen Stellen schwierigen Textes sind mit Gewinn die Erklärungen von Hilhorst zu konsultieren,[28] während die Übersetzung und Anmerkungen von Wischmeyer zum großen Teil wenig brauchbar sind und eher in die Irre führen als zur Erhellung des Textes beitragen.[29]

---

[27] JAKOBI 2001 (wie Anm. 15), 27–59.
[28] HILHORST 1991 (wie Anm. 8), 153–158.
[29] WISCHMEYER 1990, 72–79. – Einige Anmerkungen zur Textkonstituierung hat M. DEUFERT, Zum Text des 'Anna'-Briefes (Ms. 17 Erzbischöfliche Diözesanbibliothek in Köln), in: Würzburger Jahrbücher 17 (1991) 249f. beigesteuert.

Epistula Annaei Senecae
de superbia et idolis

1. Pater ille ac Dominus omnium mortalium, suorum amator multumque misericors, ad iusta iustus, †ad cuncta perspicuus†, cuius virtutem nec eloqui nec sentire sufficimus: homines enim, etsi in terra modicum corpus adsumimus et infirmiores aliis ‹generibus› sumus, alia tamen omnia ratione praecedimus; etsi creaturae intellectu |*fol. 99ᵛ*| valemus, [si] tamen vitam in specie pusillitatis habemus. Nam divitiarum vana spectantes superbia horum Dei munus amittunt. Domino enim universa creatura succumbit, illi impetus flatus, vis ignis, temperies aeris, ventorum stridor [dentium], etiam nebularum cursus, tonitruum territatio, fulgorum metus, caelum et omnis terra, totum vadum ac profundum: illius vere dona sunt omnia. Vivimus

Der Brief des Annaeus Seneca
über Hochmut und Götterbilder

1. Jener Vater und Herr aller Sterblichen,[30] der die Seinen liebt und überaus barmherzig[31] ist, der Gerechtem gegenüber gerecht ist und †Allem gegenüber durchschaubar†,[32] dessen Macht wir weder zu beschreiben noch zu denken vermögen[33] – denn auch wenn wir Menschen auf der Erde über einen mäßigen Körper verfügen und schwächer als andere ‹Arten› sind, überragen wir doch alle anderen aufgrund der Vernunft;[34] auch wenn wir durch die Erkenntnis der Schöpfung |*fol. 99ᵛ*| mächtig sind, [wenn] ist das Leben, das wir haben, doch mickrig und klein. Diejenigen nämlich, die auf die Nichtigkeit des Reichtums starren, verlieren aus Hochmut darüber das Geschenk Gottes. Denn dem Herrn ist die gesamte Schöpfung unterworfen, ihm die Wucht des Sturmes, die Gewalt des Feuers, die gemäßigte Witterung, das Heulen der Winde [der Zähne], auch das Wogen der Nebel, der Terror der Donner, die Schrecknis der Blitze, der Himmel und die ganze Erde, jede Untiefe und jede Tiefe: Alle Dinge

---

[30] Jakobis Konjektur *Dominus* (statt *Deus*) wird vom Sinn gefordert und gestützt durch entsprechende Junkturen bei Minucius Felix, Oct. 35,4: *parentem omnium et omnium dominum*, und Laktanz, div. inst. I 7,12: *parentem suum dominumque*; VII 27,5: *pater enim noster ac dominus*; vgl. auch die Erklärung der Nomenklatur *pater* und *dominus* ebd. IV 3,15. JAKOBI 2001 (wie Anm. 15), 29: „Mit der Wiedergewinnung der neutestamentlichen Vorstellung *pater et dominus* ist zugleich ein weiteres Argument für die christliche Provenienz des Briefes gewonnen."
[31] Mit *multum misericors* hat Hieronymus in der Übersetzung der *Psalmen* nach der hexaplarischen Septuaginta πολυέλεος in Ps. 102,8; 144,8 LXX wiedergegeben. Zu diesem so genannten *Psalterium Gallicanum*, das in die *Vulgata* Eingang fand, siehe A. FÜRST, Hieronymus. Askese und Wissenschaft in der Spätantike, Freiburg u.a. 2003, 84.
[32] WISCHMEYER 1990, 73 Anm. 3 und HILHORST 1991 (wie Anm. 8), 153, fassen *perspicuus* aktivisch im Sinne des griechischen Gottesattributs παντεπόπτης auf, wie in 2 Makk. 9,5 Vulg.: *universa conspicit Dominus*; Jakobi 2001 (wie Anm. 15), 30 erwägt mit Blick auf *inperspicuum* in Kap. 5 und ἀόρατος in Kol. 1,15, ob nicht ‹in›*perspicuus* zu konjizieren sei. Beides ergibt meines Erachtens keinen befriedigenden Sinn.
[33] Vgl. Laktanz, div. inst. I 7,12; epit. 3,1; opif. 1,11. Zugrunde liegt der *locus classicus* des spätantiken Platonismus, Platon, Tim. 28 c 3–5, auf den Laktanz, div. inst. I 8,1 explizit rekurriert.
[34] Der Gedanke ist ähnlich formuliert zu finden bei Arnobius, nat. II 17; Laktanz, ira 7,15; Augustinus, cat. rud. 29; serm. 43,3; Julian von Aeclanum, expos. Iob 28,9.

enim, quoniam vult et in iudicio illius reservamur; ut spiravit, spiritum trahimus; quod sumus et quod loquimur, ex illo est. **2.** Pater hic saeculorum cunctorum potens muneris sui mundum implevit: omnis lux, solus spiritus est et omnia.

Adhuc aliquid in creatore ignorare quis dixerit? Decipientes fabulis vitam ipsis tenebris obscurioribus, quibus Babylonia proteritur, per quam ruina non turris ‹***› futura, sed mundi istius. Qui vides in caelo arcum pacis, pluviarum vinculum, misericordiae signum aeternum, ignium metum, fuge Chaldaeicos fines, in quibus decipientes studio ‹vano› vitam persuadent. Iactant sese creaturae signa cognoscere, cum ignorent ipsum Dominum creatorem mundi. Vehementer admiror,

sind in Wahrheit seine Gaben.[35] Wir leben nämlich, weil er es will, und seinem Gericht sind wir vorbehalten; sowie er geatmet hat, haben wir den Atem erhalten; dass wir sind und dass wir sprechen, kommt von ihm.[36] **2.** Dieser Vater aller Zeiten,[37] der Macht hat über sein Geschenk, erfüllt die Welt:[38] ganz Licht, einzig Geist ist er und alles.[39] Immer noch etwas in Bezug auf den Schöpfer nicht zu wissen – wer möchte das sagen? Sie führen das Leben mit Fabeln in die Irre, die obskur sind als selbst die Finsternis, von der Babylonien vernichtet wird, durch das der Einsturz nicht eines Turmes ‹***› sein wird, sondern dieser Welt.[40] Der du am Himmel den Bogen des Friedens siehst, der Regen Band, der Güte ewiges Zeichen,[41] der Feuersbrunst Schrecknis,[42] flieh aus dem Land der Chaldäer, in dem man trügerisch durch ‹eitles› Bemühen Leben vorgaukelt.[43] Sie rühmen sich, die Zeichen der Schöpfung zu kennen, während sie den Herrn selbst, den Schöpfer der Welt, nicht kennen.[44] Ich wundere mich sehr,

---

[35] Vgl. Augustinus, epist. 22,8: *cuius dona sunt omnia*; conf. I 31: *ista omnia dei mei dona sunt.*

[36] Dem Gedanken liegt der in Apg. 17,28 zitierte Arat-Vers zugrunde (oben Anm. 22), die sprachliche Fassung steht jedoch näher bei Laktanz, opif. 19,5: *illius munus est, quod spiramus, quod vivimus, quod vigemus.* Vgl. auch Seneca, epist. 90,1; benef. IV 6,3.

[37] Vgl. Zenon von Verona, serm. 1,16: *pater est omnium saeculorum.*

[38] Vgl. zum Gedanken Jer. 23,24 Vulg.; Sir. 16,30 Vulg. und zur Junktur *mundum implere* (von Gott) Augustinus, epist. 137,4; Apponius, in Cant. IV 5.

[39] Die Aussage paraphrasiert weder Jes. 6,3, wie WISCHMEYER 1990, 73 Anm. 10 meint, noch ist sie aufgrund ihrer triadischen Struktur mit JAKOBI 2001 (wie Anm. 15), 36 als „trinitarisch" zu qualifizieren. Die Vorstellung erinnert vielmehr an den Pantheismus der Stoa, näherhin an das (göttliche) Pneuma, das die Welt durchdringt, etwa wenn Seneca, nat. quaest. II 45,1 Gott *animus ac spiritus mundi* nennt (siehe dazu oben S. 89f. 94. 115f.). Die Stelle ist ein Beleg für den – vom Autor offenbar wenig kritisch reflektierten – Einfluss stoischen Denkens auf diesen Text oder ein zaghafter Versuch des Autors, der Zuschreibung seines Produkts an Seneca den Anschein von Authentizität zu verleihen.

[40] Hinter dem unklaren Gedanken steht Hieronymus' Etymologie des Namens *Babylon* als *tenebrae* und *confusio mundi istius*: in Es. VI 13,1–2; 15,3–9; XIII 48,12–16; in Hier. 27,2–4(34,1–3) bzw. V 46.

[41] Die Deutung des Regenbogens in Gen. 9,13 (Vulg.: *signum foederis*) als *signum misericordiae* bei Hieronymus, in Hiez. II 1a.

[42] Im von Hieronymus überarbeiteten *Apokalypsekommentar* des Victorinus von Pettau droht der Regenbogen im *Vetus Latina*-Text statt einer Sintflut eine Feuersbrunst an, comm. in Apoc. 4,2: *'statuam', inquit, 'arcum meum in nubibus', ne iam aquam timeatis sed ignem.*

[43] Gemeint ist die in der Antike mit den „Chaldäern" in Verbindung gebrachte Astrologie.

[44] Dem Gedanken liegt eher Weish. 13,1 als Röm. 1,25 zugrunde; zur Sache vgl. Laktanz, div. inst. II 5,5; III 28,4; Quodvultdeus, libr. prom. I 16.

fratres, hanc et iniquorum adsumptam nimiae patientiae curam, qua in subtilitatis errore plurimum sibi laboris inponunt | *fol. 100ʳ* | et vitae usum vana cogitatione consumunt caeca se mente torquentes, dum inperspicua conquirunt. Solem enim metiri ausi sunt et exquirere variam mundi creaturam, de origine prima disserere, inperspicuam vitae faciem ad imaginem ducere.

3. Ad quos quae iuste dixeris? O vani et vestra prudentia stulti, qui perscrutamini mundum, cum hominem nosse non sufficiatis! Si enim scitis, quid sit anima, exeuntem tenete, si nostis, et mortem fugite! Venitis continentiam loquentes: prae lascivia autem vestra deiecti estis; et sapientes sermones disseritis, sed [et] insipientiae vitam vivitis; et philosophiam locuti estis, sed non sic ut requiratis apud vos, an immortalis anima sit. Et quidam dicunt cum corporibus emori, quidam ultra corpus permanere, sed temporis spatio accedente consumi; aliqui divinam dicunt et ‹post› finem mortalium suorum alienum sibi corpus adpetere, ferarum etiam bestiarum. Quid erratis? Quid vaticinamini? Quid laboratis? Accipite a nobis opinionem brevis veritatis: Finxit hominem de terra Deus et inspiravit in eum animam de spiritu suo. Ergo divina est anima, quae ex immortali potestate in mortali corpore influxit; sed cum corporali dulcedini serviens vitiis mixta pollui-

Brüder,[45] über dieses, noch dazu für Schlechtes aufgebrachte, viel zu geduldige Interesse, durch das sie sich auf dem Irrweg ihrer Sophisterei viel Mühe bereiten, |*fol. 100ʳ*| ihr Leben an wertloses Nachsinnen vergeuden und sich blinden Sinnes quälen, während sie Undurchschaubarem nachforschen. Denn sie haben sich erdreistet, die Sonne zu messen[46] und die geschaffene Vielfalt der Welt zu erforschen, Traktate über die Erstursache zu verfassen und das undurchschaubare Urbild des Lebens auf sein Abbild zu übertragen.[47]

3. Was soll man diesen passenderweise sagen? Ach, ihr eitlen und bei all eurer Klugheit dummen Leute, die ihr die Welt durchforscht, während ihr den Menschen nicht zu erkennen vermögt! Denn wenn ihr wisst, was die Seele ist, dann haltet sie doch – wenn ihr könnt – fest, wenn sie aus dem Körper schwindet, und flieht vor dem Tod! Ihr kommt daher und redet von Enthaltsamkeit: angesichts eurer Zügellosigkeit aber seid ihr enttarnt;[48] und ihr haltet kluge Reden, führt aber [auch] ein Leben voller Unklugheit; und ihr habt von Philosophie gesprochen, doch nicht so, dass ihr bei euch erkunden würdet, ob die Seele unsterblich sei. Und manche sagen, sie (sc. die Seele) stürbe mit den Körpern,[49] manche, sie würde zwar den Körper überdauern, jedoch nach einiger Zeit vergehen; es gibt auch welche, die sagen, sie sei göttlich und verschaffe sich ‹nach› dem Ende ihrer sterblichen Teile einen anderen Körper, sogar einen von wilden Tieren. Was irrt ihr herum? Was träumt ihr vor euch hin? Was müht ihr euch ab? Vernehmt von uns die wahre Ansicht, kurz und bündig:[50] Gott hat den Menschen aus Erde geformt und ihm die Seele aus seinem Odem eingehaucht.[51] Göttlich also ist die Seele, die aus der unsterblichen Macht in einen sterblichen Körper einfloss; doch während

---

[45] Siehe dazu oben S. 178f.

[46] Vgl. Cicero, Lucull. 128.

[47] Der ganze Passus dürfte von Röm. 1,21–23 her zu verstehen sein: „Denn obwohl sie Gott erkannt haben, haben sie ihm nicht als Gott Ehre oder Dank erwiesen, sondern sind dem Nichtigen verfallen in ihren Gedanken; und finster geworden ist ihr unverständiges Herz. Indem sie behaupten, weise zu sein, sind sie zu Toren geworden und haben die Herrlichkeit des unvergänglichen Gottes vertauscht mit der Gleichgestalt eines Bildes des vergänglichen Menschen und von Vögeln und Vierfüßlern und Kriechtieren."

[48] Der Widerspruch zwischen Reden und Tun der heidnischen Philosophen ist ein Topos der christlichen Apologetik; eine Parallele zur Stelle hier bei Laktanz, div. inst. V 2,3; vgl. ebd. IV 23.

[49] Vgl. Laktanz, div. inst. VII 12,1 (mit Zitat aus Lukrez III 417f.); opif. 4,14.

[50] Wörtlich: „die Ansicht der kurzen Wahrheit"; *brevis* ist vielleicht im Sinne eines *breviter* zu fassen, wie am Ende von Kap. 3 und wie bei Laktanz, div. inst. IV 30,1.

[51] Paraphrase von Gen. 2,7 nach der *Vetus Latina*: *finxit deus hominem de limo terrae et insufflavit in faciem eius spiritum vitae* (Variante: *et inspiravit in eum animam vitae*).

tur |*fol. 100ᵛ*| neglecto originis bono, ad iudicii tempus puniri serva-
tur. Interrogatis iterum, quid sit misericordia vel ‹poena›, de qua fabu-
las non cohaerentes fingitis et vana deliramenta componitis. Vestram
quaestionem veritas nostra breviter absolvit: Quod de terra natum est,
in terra revertetur; anima autem caeleste munus exspectabit.

4. Videtis ergo, fratres, felicissimam nobis esse rationem verum illum Deum colere ac praedicare. Illi enim suorum sunt deceptione
dementes, qui adorant figuras mortuorum mortalia opera venerantes.
Unde illos aestimo ita ori suo adponere manum, dum precantur, quasi
testari velint ex illis natum esse quod colunt. Sculpsit alius lapidem vel
lignum dedolavit, ut statim caeleste munus adscribens optimum de
suis gregibus taurum aris adplicet ad hoc videlicet natum, ut mortui
venerationi caederetur. Stultus ille est, cuius plus est hostia quam
religio. Illud enim simulacrum mortalis fabricavit, hoc autem animal
Deus creavit, et quanto sapientius est illud animal mutum, quod
pastorem suum agnoscit et adludit illum! Tu autem Deum, a quo
creatus es, ignoras et vocas Deum, quem paulo ante succidi vidisti aut
circumcidi vel incude tusum malleolis sive dedolatum. |*fol. 101ʳ*| Huic

sie dadurch, dass sie sich den körperlichen Reizen hingibt, mit Lastern vermischt und befleckt wird, |*fol. 100ᵛ*| unter Vernachlässigung des Gutes ihrer Herkunft, wird sie bis zur Zeit des Gerichts zur Bestrafung aufbewahrt.[52] Ferner fragt ihr, was die Seligkeit beziehungsweise ‹die Strafe› sei, über die ihr widersprüchliche Geschichten erdichtet und nichtige Fabeleien verfasst. Eure Frage ist von unserer Wahrheit kurz und bündig behandelt worden: Was aus Erde geboren ist, wird zur Erde zurückkehren; die Seele aber wird ein himmlisches Geschenk erwarten.[53]

4.[54] Ihr seht also, Brüder, dass wir den glücklichsten Grund dafür haben, jenen wahren Gott zu verehren und zu verkünden. Getäuscht nämlich von den ihren (sc. ihren Göttern), sind jene ohne Verstand, die Figuren von Toten anbeten und vergängliche Gebilde verehren.[55] Deshalb, glaube ich, legen jene die Hand an ihren Mund, wenn sie beten,[56] als wollten sie bezeugen, dass eben von jenen (Händen) stamme, was sie verehren.[57] Einer hat einen Stein behauen oder ein Holz geschnitzt, damit er sogleich im Namen einer himmlischen Verpflichtung den besten Stier aus seinen Herden zu den Altären treibt – der natürlich dazu geboren ist, zur Verehrung eines Toten geschlachtet zu werden. Töricht ist der, dessen Opfertier mehr wert ist als seine Religion. Denn jenes Götterbild hat ein sterblicher Mensch hergestellt, dieses Tier aber hat Gott geschaffen – und wie viel klüger ist jenes stumme Tier, das seinen Hirten kennt[58] und ihn liebkost! Du aber kennst Gott, von dem du geschaffen wurdest, nicht und bezeichnest den als Gott, den du kurz zuvor noch um- oder zugehauen oder auf dem Amboss gehämmert oder geschnitzt werden sahst.[59]

---

[52] Diese Aussage ist vorgeprägt im Gedankengang des Paulus in Röm. 1,24; 2,2.
[53] Zugrunde liegt Gen. 3,19 in der *Vetus Latina*-Version: *donec revertaris in terram* (Variante: *terra*) *de qua sumptus es*, die sprachliche Fassung liegt jedoch erneut enger bei Laktanz, div. inst. VII 12,4.
[54] Die Kritik an den heidnischen Götterbildern im 4. Kap. basiert auf Weish. 13,10–16, worauf alle spätere Götzenpolemik fußt, auch die christliche (z.B. Diogn. 2; Klemens von Alexandria, protr. 4,5–10); „eine jüdische Verfasserschaft kann somit nicht aus der expliziten Benutzung gerade dieser Perikope erschlossen werden" – so zu Recht JAKOBI 2001 (wie Anm. 15), 45. JAKOBI, ebd. 45f., meint ferner Bezüge zu Bar. 6 ausmachen zu können.
[55] Vgl. Laktanz, div. inst. II 4,5; epit. 20,11.
[56] Es handelt sich um einen verbreiteten heidnischen Gebetsgestus; vgl. Plinius, nat. hist. XXVIII 25; Apuleius, apol. 56.
[57] Ebenso euhemeristisch hat Augustinus, civ. XVIII 5, unter Rekurs auf Varro einen ähnlichen Bildgestus im Isis- und Serapiskult polemisch gedeutet; vgl. BISCHOFF 1984 (wie Anm. 1), 4 Anm. 21.
[58] Vgl. Jes. 1,3.
[59] Vgl. Minucius Felix, Oct. 24,5–8; Arnobius, nat. I 39; VI 14.

templum erigis et pulchras columnas statuis de auro argentoque circumdans. Ostendis te non tuum deum, sed tuas divitias adorare.
Deinde terrae succumbis et iaces, minorem te reddis illo lapide deformi; non ‹est› enim basis, quae sustinet signum. Nam et mortuum
illum vocare mendacium est, qui mori non potuit, quia numquam
vixit. Ille ‹fictilis› frangitur, ligneus putore consumitur, ferr‹e›um rubigo disperdit, argenteus adulteratur, aureus furatur et ponderatur.
Omnes autem isti dii aut, dum fiunt, emuntur aut sublati erogantur;
Deum autem nostrum aliquis aut emere poterit aut erogare suffici‹e›t?
‹A› reliquentibus veritatem fictis vocibus decepti estis. Tunc autem
tantum Deum invocatis, cum aliqua in mundo exorta calamitas aut
angustia supervenerit. Erubescite et iam tales nolite vana iactatione
praeferre. Nec antiquior es Deo, ut potueris figuram Dei nosse neque
maior es Deo, ut non tu ex homine sis creatus, sed ex te sint omnia
conparata. Quid utique iis inanibus idolis adsides? Quibus si ars non
fuisset, deum non haberes! Nam si religiosus esses, verum illum inquireres Deum.

5. Inquirite ergo, quis illum pulcherrimum ac venerabilem condidit
mundum, quis alto fundamento immobile retinet caelum, quis terram

|*fol. 101ʳ*| Diesem errichtest du einen Tempel und umgibst die hübschen Säulen mit Statuen aus Gold und Silber. Du zeigst, dass du nicht deinen Gott, sondern deinen Reichtum anbetest. Dann wirfst du dich auf die Erde und bleibst liegen, machst dich kleiner als jener entstellte Stein;[60] denn nicht der Sockel ‹ist es›, der das Götterbild trägt.[61] Es ist nämlich auch eine Lüge, jenen als verstorben zu bezeichnen, der nicht sterben konnte, weil er nie gelebt hat.[62] Wenn jener ‹aus Ton ist›, geht er zu Bruch, wenn aus Holz, wird er von Moder verdorben, wenn aus Eisen, zerfrisst ihn der Rost, wenn aus Silber, verliert er an Wert, wenn aus Gold, wird er gestohlen und abgewogen.[63] Alle diese Götter aber werden entweder, wenn sie fertig sind, gekauft oder, wenn sie ausgedient haben, beseitigt; unseren Gott aber – wird ihn jemand kaufen können oder es schaffen, ihn zu beseitigen? Von den Abweichlern von der Wahrheit seid ihr mit trügerischen Worten getäuscht worden. Nur dann aber ruft ihr Gott an, wenn irgendein Unglück oder eine Not in der Welt über euch kommt.[64] Werdet rot vor Scham[65] und hört auf, solche (sc. Götter) in eitler Überheblichkeit vor euch herzutragen! Weder bist du älter als Gott, so dass du die Gestalt Gottes erkennen könntest, noch bist du größer als Gott, so dass nicht du aus einem Menschen gezeugt worden wärest, sondern aus dir alles entstanden wäre. Was hockst du denn noch bei diesen hohlen Götzen herum? Wäre an ihnen nicht Kunstfertigkeit geübt worden, hättest du keinen Gott! Wärest du nämlich fromm, suchtest du jenen wahren Gott.

5.[66] Suchet also, wer diese wunderschöne und ehrwürdige Welt geschaffen hat, wer auf hohem Fundament den Himmel fest gegründet

---

[60] Vgl. Laktanz, div. inst. II 2,13.22.

[61] Zu ergänzen: „sondern der Aberglaube". So versteht und übersetzt JAKOBI 2001 (wie Anm. 15), 49 diesen Satz und verweist dafür auf Seneca, epist. 76,31.

[62] Derselbe Gedanke bei Augustinus, en. in Ps. 96,11: *lapides illi mortui erant ... immo lapides illi numquam vixerunt, ut nec mortui dicantur*; vgl. ebd. 113 II,2. Im Hintergrund steht Weish. 15,17.

[63] Dasselbe Argument bei Laktanz, div. inst. II 4,5.

[64] Der Satz schließt sich eng an die *Vulgata*-Fassung von Spr. 1,27f. an, der Gedanke begegnet auch bei Laktanz, div. inst. II 1,9.

[65] Vgl. Tertullian, adv. Marc. IV 21.

[66] Die natürliche Gotteserkenntnis, d.h. die Erkenntnis der Existenz Gottes aus der Ordnung der Natur und der Welt, ist ein in der antiken Philosophie, besonders in der Stoa, verbreiteter Gedanke, der auch bei Paulus, Röm. 1,19f., zu finden ist: „Denn was erkennbar ist von Gott, ist offenkundig unter ihnen; Gott hat es ihnen nämlich kundgemacht. Denn seine unsichtbaren (Geheimnisse) sind von der Weltschöpfung her in den (Schöpfungs-)Werken vernünftiger Einsicht durchsichtig: seine ewige Macht und Gottheit." In argumentativer Rhetorik ist das 5. Kap. offenbar von Hiob 38 beeinflusst.

et mare ⎟*fol. 101ᵛ*⎟ perpetuis vinculis strinxit, ut nec mare terram conprimeret [et] nec terra mare † deluderet. Quis fruges reciprocas edit? Quis siderum longum et stabilem cursum mensus est? Quis caloribus umecta permiscuit? Quis fundit navigantibus flamen? Quis clausit vim ventorum, ne toto spiritu flarent? Quis figuras discrevit animalium? Quis parem mundi donavit hominem? Quis aestati ardorem fecit, quis hiemi frigus inposuit, quis floriferi veris temperavit aerem? Quis tonitrum auribus terribilem sonum fecit? Quis inlustravit fulgorum facem? Quis montes igne consumit? Quis exinundationibus terminum dedit? Quis stabilem terram moveri prohibuit? Quare illum inperspicuum et omnia perspicientem non colis ut Deum?

6. Vester enim deus adfectionis insanae opera est et non religionis. Unde aliquis, ‹qui› militem studiosum aut pugnae cupidum armata facie in statuis ‹exprimit› vel mulieris amore cruciatus similitudinem vultus in statuam pervertit, suum ‹studium vel› languorem consecravit. Aliquis venit, dixit, ut esset quod ebrius coleret: Liberum patrem finxit. Unde manifestum est ista simulacra ipsorum vitia peperisse. Aras

hält, wer Land und Meer |*fol. 101ᵛ*| in beständige Bande gezwängt hat, so dass weder das Meer das Land bedrängt [und] noch das Land mit dem Meer † sein Spiel treibt.[67] Wer lässt stets aufs Neue Früchte sprießen?[68] Wer hat der Gestirne lange und feste Bahn abgemessen? Wer hat Feuchtigkeit mit Wärme vermischt? Wer schenkt den Seeleuten den Wind? Wer hält die Gewalt der Stürme unter Verschluss, damit sie nicht mit vollem Getöse brausen? Wer hat den Tieren ihre unterschiedlichen Gestalten gegeben? Wer hat den Menschen so reich beschenkt, dass er der Welt gleicht?[69] Wer hat dem Sommer die Hitze gemacht, wer dem Winter die Kälte auferlegt, wer die Luft des Blumen bringenden Frühlings so wohl temperiert? Wer hat den Donner, das die Ohren erschreckende Krachen, gemacht? Wer hat die flammenden Blitze entzündet? Wer verzehrt die Berge mit Feuer? Wer hat den Überschwemmungen[70] eine Grenze gesetzt? Wer hat der festen Erde verboten sich zu bewegen?[71] Weshalb verehrst du jenen Undurchschaubaren, doch alles Durchschauenden nicht als Gott?

6. Euer Gott ist nämlich ein Produkt ungesunder Begierde und nicht der Frömmigkeit.[72] So hat einer, ‹der› einen eifrigen oder einen kampfeslustigen Soldaten in bewaffnetem Aufzug auf Statuen ‹dargestellt› oder, gepeinigt von Liebe zu einer Frau,[73] ein Bild ihres Gesichtes auf einer Statue nachgeahmt hat,[74] ‹seinen Eifer oder› sein Schmachten den Göttern geweiht. Einer kam, sagte, es solle etwas geben, was er betrunken verehren könne: Er hat den Liber Pater[75] erfunden. Es ist daher offenkundig, dass die Laster dieser Leute diese Götterbilder hervorgebracht haben.[76] Die Altäre verehren sie nach Art

---

[67] Vgl. Hiob 38,8.10f. Vulg.; Ps.(G) 103,9 Vulg.; Ps.(H) 88,10; Spr. 8,29 Vulg.; Cicero, nat. deor. II 116; Minucius Felix, Oct. 17,9; Laktanz, div. inst. II 5,1; Firmicus Maternus, mat. VII 1,2.

[68] Vgl. Tertullian, adv. Marc. I 13,5.

[69] Die Übersetzung folgt WISCHMEYER 1990, 79 mit Anm. 48, der darin „wohl eine kurze Anspielung auf die Mikrokosmos-Makrokosmos-Vorstellung" sieht. Nach JAKOBI 2001 (wie Anm. 15), 54 müsste man übersetzen: „Wer hat den Menschen als einander gleiches Paar der Welt geschenkt?"

[70] Ebd. 55: „*Exinundatio* ist ein bisher nicht belegtes Wort."

[71] Vgl. Ps.(G) 103,5 Vulg.

[72] Vgl. Laktanz, div. inst. II 6,6: *religio eorum nihil est aliut quam quod cupiditas humana miratur.*

[73] Formuliert nach Seneca, epist. 74,2.

[74] Vgl. die Anekdoten bei Klemens von Alexandria, protr. 53,4–6.

[75] Der italisch-römische Gott Liber ist schon sehr früh mit dem griechischen Weingott Dionysos identifiziert worden; *pater*, „Vater", eigentlich Epitheton aller Götter, wurde zum festen Bestandteil seines Namens.

[76] Vgl. Seneca, brev. vit. 16,5; Klemens von Alexandria, protr. 61,1; Augustinus, c. Faust. XX 9.

meretricio more venerantes ut Liberi patris chorus aut cruen│*fol.*
102ʳ│to furore decurritur ‹cum› cymbalis. Quare ad illorum aras hu-
mano sanguine imbuentes de hominibus nova monstra deducunt et
post istum furorem ad suos circumferunt †illorum deos per domos
sacrilegis ne alia deceptorum mortalium religio ***

von Dirnen wie der Chor des Liber Pater, oder man stürmt in blutiger |*fol. 102ʳ*| Raserei ‹unter› Zimbelklängen dahin.[77] Daher bringen
sie zu den Altären jener, die sie mit Menschenblut benetzen, von den
Menschen neue Scheußlichkeiten, und nach dieser Raserei tragen sie
zu den Ihren die Götter †jener von Haus zu Haus für die Frevler (?)
herum,[78] damit keine andere Religion der getäuschten Sterblichen
***79

---

[77] Gemeint sind orgiastische Kulte, speziell die Bacchantinnen des Dionysoskultes
und die Korybanten und Galloi des Kybelekultes, die in Ekstase zur Selbstgeißelung
bis hin zur Selbstkastration getrieben wurden. Belege vor allem aus den christlichen
Apologeten bei J. GEFFCKEN, Zwei griechische Apologeten, Leipzig/Berlin 1907,
221f. zu Athenagoras, leg. 26,1.
[78] Für diesen Brauch des Kybelekultes siehe Rufinus, hist. monach. VII 7,1; Sulpicius Severus, vit. Mart. 12,2.
[79] Der kaum zu erklärende Satz wird gegen Ende immer enigmatischer, doch
„weil das Weitere fehlt, bleibt alles Spekulation": JAKOBI 2001 (wie Anm. 15), 59.

Anhang

Literaturverzeichnis

(Alfons Fürst)

Das Literaturverzeichnis enthält Titel zum Briefwechsel zwischen Seneca und Paulus und solche Titel, in denen dieser zur Sprache kommt. Auf diese Literatur wird in den Fußnoten und in den Erläuterungen mit Kurztitel (Autorname mit Erscheinungsjahr) hingewiesen. Titel, die lediglich in einzelnen Essays vorkommen, sind darin jeweils bei der ersten Zitierung vollständig bibliographiert.

Ausgaben, Übersetzungen und Arbeiten mit dem Text des Briefwechsels (in chronologischer Folge)

J. FABER STAPULENSIS, S. Pauli Apostoli Epistolae XIV cum commentario, St. Germain/Paris 1512, 226–229.

ERASMUS VON ROTTERDAM, Lucii Annaei Senecae Opera, Basel 1515 (²1529), 679–682 (unter anderen *spuria* Senecas).

SIXTUS SENENSIS, Bibliotheca Sancta, Lyon 1575, Bd. 1, 111–113.

J. A. FABRICIUS, Codex Apocryphus Novi Testamenti, Hamburg 1703 (²1719), Bd. 1, 880–904; Bd. 3, 710–716.

TH. SINCERUS [SCHWINDEL], Notitia historica critica librorum rariorum, Nürnberg 1748, Bd. 1, 269.

The Apocryphal New Testament, being all the Gospels, Epistles, and other pieces now extant, attributed in the first four centuries to Jesus Christ, his Apostles, and their companions, and not included in the New Testament, by its compilers. Translated from the original tongues and now first collected into one volume, London ²1820, 95–99.

F. HAASE, L. Annaei Senecae Opera quae supersunt, Leipzig 1853, Bd. 3, 476–481 (²1872, Nachdrucke 1883, 1895 und 1902, Supplementum 74–79).

A. FLEURY, Saint Paul et Sénèque. Recherches sur les rapports du philosophe avec l'apôtre et sur l'infiltration du christianisme naissant à travers le paganisme, 2 Bd.e, Paris 1853, Bd. 2, 255–347.

C. AUBERTIN, Étude critique sur les rapports supposés entre Sénèque et Saint Paul, Thèse Paris 1857; überarbeitete Neuausgabe: Sénèque et Saint Paul. Étude sur les rapports supposés entre le philosophe et l'apôtre, Paris 1869 (³1872), 429–444.

J.-P. MIGNE (Hg.), Dictionnaire des Apocryphes, Paris 1858 (Nachdruck Turnhout 1989), Bd. 2, 923–930.

F. X. KRAUS, Der Briefwechsel Pauli mit Seneca. Ein Beitrag zur Apokryphen-Litteratur, in: Theologische Quartalschrift 49 (1867) 603–624.

E. WESTERBURG, Der Ursprung der Sage, daß Seneca Christ gewesen sei. Eine kritische Untersuchung nebst einer Rezension des apokryphen Briefwechsels des Apostels Paulus mit Seneca, Berlin 1881, 42–50.

L. VOUAUX, Les actes de Paul et ses lettres apocryphes. Introduction, textes, traduction et commentaire, Paris 1913, 332–369.

M. R. JAMES, The Apocryphal New Testament, Oxford 1924 (Nachdruck 1972), 480–484.

H. H. KLEIN, Auswahl aus den Epistulae morales, Schulausgabe Münster 1929, 152–154 (Briefe I bis VIII).

C. W. BARLOW, Epistolae Senecae ad Paulum et Pauli ad Senecam «quae vocantur» (Papers and Monographs of the American Academy in Rome 10), Rom 1938 (abgedruckt in Patrologia Latina. Supplementum 1, 673–678).

A. KURFESS, Der apokryphe Briefwechsel zwischen Seneca und Paulus, in: E. HENNECKE/W. SCHNEEMELCHER (Hg.), Neutestamentliche Apokryphen in deutscher Übersetzung II, Tübingen ³1964 (⁴1971), 84–89.

M. ERBETTA, Gli Apocrifi del Nuovo Testamento. Bd. III: Lettere e Apocalissi, Turin 1969, 85–92.

L. MORALDI, Apocrifi del nuovo testamento, Turin 1971, Bd. 2, 1730–1732. 1749–1755 (Neuausgabe Casale Monferrato 1994, Bd. 3, 87–89. 107–113).

W. TRILLITZSCH, Seneca im literarischen Urteil der Antike. Darstellung und Sammlung der Zeugnisse, 2 Bd.e, Amsterdam 1971, Bd. 1, 158–161. 170–185. 260f.; Bd. 2, 379–383.

L. BOCCIOLINI PALAGI, Il carteggio apocrifo di Seneca e San Paolo. Introduzione, testo, commento (Accademia Toscana di Scienze e Lettere La Colombaria, Studi 46), Florenz 1978; revidierte Neuausgabe: Epistolario apocrifo di Seneca e San Paolo, Florenz 1985 (²1999).

E. FRANCESCHINI, È veramente apocrifo l'epistolario Seneca – S. Paolo?, in: Letterature comparate. Problemi e metodo. Studi in onore di E. Paratore, Bologna 1981, Bd. 2, 827–841.

C. RÖMER, Der Briefwechsel zwischen Seneca und Paulus, in: E. HENNECKE/W. SCHNEEMELCHER (Hg.), Neutestamentliche Apokryphen in deutscher Übersetzung II. Apostolisches, Apokalypsen und Verwandtes, Tübingen ⁵1989 (⁶1997), 44–50.

A. SCHINDLER (Hg.), Apokryphen zum Alten und Neuen Testament, Zürich ⁴1990, 559–577.

P. GUYOT/R. KLEIN, Das frühe Christentum bis zum Ende der Verfolgungen. Eine Dokumentation. Bd. 2: Die Christen in der heidnischen Gesellschaft (Texte zur Forschung 62), Darmstadt 1994, 190–193. 350–352 (Text, Übersetzung und Kommentar von Brief XI).

Anonimo, Epistolario tra Seneca e San Paolo, Saggio introduttivo, traduzione, note e apparati di M. NATALI, Mailand 1995.

P. BERRY, Correspondence between Paul and Seneca A.D. 61–65 (Ancient Near Eastern Texts and Studies 12), Lewiston/Queenston/Lampeter 1999.

Monographien und Aufsätze

K. M. ABBOTT, Seneca and St. Paul, in: D. C. RIECHEL (Hg.), Wege der Worte. Festschrift für W. Fleischhauer, Köln/Wien 1978, 119–131.

K. ABEL, Rezension von SEVENSTER 1961, in: Gnomon 35 (1963) 42f.

B. ALTANER/A. STUIBER, Patrologie. Leben, Schriften und Lehre der Kirchenväter, Freiburg/Basel/Wien ⁹1980 (Nachdruck 1993), 140.

G. BALLAIRA, Rezension von BOCCIOLINI PALAGI 1978, in: Orpheus NS 2 (1981) 275f.

O. BARDENHEWER, Geschichte der altkirchlichen Literatur. Bd. 1, Freiburg i.Br. ²1913 (Nachdruck Darmstadt 1962), 606–610.

M. BAUMGARTEN, Lucius Annaeus Seneca und das Christentum in der tief gesunkenen antiken Weltzeit (Nachgelassenes Werk), Rostock 1895.

F. C. BAUR, Seneca und Paulus, das Verhältniss des Stoicismus zum Christenthum nach den Schriften Seneca's, in: Zeitschrift für wissenschaftliche Theologie 1 (1858) 161–246. 441–470, erneut in: DERS., Drei Abhandlungen zur Geschichte der alten Philosophie und ihres Verhältnisses zum Christentum, neu hg. v. E. ZELLER, Leipzig 1876 (Nachdruck Aalen 1978), 377–480.

[?] BELSER, Rezension von Baumgarten (1895), in: Theologische Quartalschrift 78 (1896) 166–173.

P. BENOIT, Sénèque et Saint Paul, in: Revue Biblique 53 (1946) 7–35.

P. BERRY, The encounter between Seneca and Christianity, Lewiston/Queenston/Lampeter 2002, 45–49.

W. BERSCHIN, Griechisch-Lateinisches Mittelalter. Von Hieronymus zu Nikolaus von Kues, Bern/München 1980, 62.

B. A. BETZINGER, Seneca und das Christentum, in: Ders., Seneca-Album. Weltfrohes und Weltfreies aus Senecas philosophischen Schriften, Freiburg i.Br. 1899, 197–215.

– Seneca und das Urchristentum, in: Zeitschrift für die neutestamentliche Wissenschaft 18 (1917/18) 201.

E. BICKEL, Die Schrift des Martinus von Bracara Formula vitae honestae, in: Rheinisches Museum für Philologie 60 (1905) 505–551.

– Seneca und Seneca-Mythus, in: Das Altertum 5 (1959) 90–100.

– Lehrbuch der Geschichte der römischen Literatur, Heidelberg ²1961, 245.

G. BOISSIER, Le Christianisme de Sénèque, in: Revue des deux Mondes 92 (1871) 40–71; unter der Überschrift „Sénèque et saint Paul" erneut in: DERS., La religion romaine d'Auguste aux Antonins, Paris 1874 (³1884; Nachdruck Hildesheim/New York 1979), Bd. 2, 52–104.

A. BOURGERY, Sénèque prosateur. Études littéraires et grammaticales sur la prose de Sénèque le philosophe, Paris 1922, 162.

F. E. BRENK, *Deum … comitari*. Retorica, virtù e progresso in Seneca e Paolo, in: A. P. MARTINA (Hg.), Seneca e i Cristiani = Aevum Antiquum 13 (2000) 87–112, 87–89.

F. BÜCHELER, Coniectanea, in: Jahrbuch für Philologie 105 (1872) 566f., erneut in: DERS., Kleine Schriften, Leipzig/Berlin 1927 (Nachdruck Osnabrück 1965), Bd. 2, 61f.

M. BUONOCORE, Paganesimo o cristianesimo tra i *Marci Annaei* in Italia?, in: Vetera Christianorum 37 (2000) 217–234.

R. BURGMANN, Seneca's Theologie in ihrem Verhältniss zum Stoicismus und zum Christenthum, Berlin 1872.

A. CODARA, Seneca filosofo e San Paolo, in: Rivista Italiana di Filosofia 12 (1897) 149–181. 341–364; 13 (1898) 26–41. 179–190.

M. L. COLISH, The Stoic tradition from Antiquity to the early Middle Ages, 2 Bd.e, Leiden 1985. 1990, Bd. 1, 16; Bd. 2, 5.

L. CRACCO RUGGINI, La Lettera di Anna a Seneca nella Roma pagana e cristiana del IV seculo, in: Augustinianum 28 (1988) 301–325, 308–318.

E. DASSMANN, Aspekte frühchristlicher Paulusverehrung, in: Chartulae. Festschrift für W. Speyer (Jahrbuch für Antike und Christentum. Ergänzungsband 28), Münster 1998, 87–103, 91f.

K. DEISSNER, Paulus und Seneca (Beiträge zur Förderung christlicher Theologie 21/2), Gütersloh 1917.

M. DIBELIUS, Seneca, in: Religion in Geschichte und Gegenwart² 5 (1931) 430f.

J. DIVJAK, Pseudo-Seneca, Briefwechsel mit Paulus, in: Handbuch der lateinischen Literatur 5 (1989) 404–407.

E. ELORDUY, Séneca y el Cristianismo, in: Actas del Congreso internacionál de filosofía en conmemoración de Séneca, en el XIX centenario de su muerte, Madrid 1965, Bd. 1, 179–206.

W. ENSSLIN, Seneca und Paulus, in: Evangelische Kirchenzeitung 88 (1914) 39f.

P. FAIDER, Études sur Sénèque (Université de Gand. Recueil de travaux publiés par la faculté de philosophie et lettres 49), Gand 1921, 89–104.

– Sénèque et saint Paul, in: Bulletin Bibliographique et Pédagogique du Musée Belge 30 (1926) 109–119.

E. FRANCESCHINI, Un ignoto codice delle «Epistolae Senecae et Pauli», in: Mélanges J. de Ghellinck (Museum Lessianum. Section Historique 13), Gembloux 1951, Bd. 1, 149–170; erneut in: DERS., Scritti di filologia latina medievale, Padua 1976, Bd. 1, 247–270.

– Un giudizio del Garzoni sul presunto cristianesimo di Seneca, in: Aevum 26 (1952) 78f.

J.-C. FREDOUILLE, „*Seneca saepe noster*", in: R. CHEVALLIER/R. POIGNAULT (Hg.), Présence de Sénèque, Paris 1991, 127–142, 133. 140.

A. FÜRST, Pseudepigraphie und Apostolizität im apokryphen Briefwechsel zwischen Seneca und Paulus, in: Jahrbuch für Antike und Christentum 41 (1998) 77–117.

– Seneca und Paulus, Briefwechsel, in: Religion in Geschichte und Gegenwart⁴ 7 (2004) 1206.

M. FUHRMANN, Seneca und Kaiser Nero. Eine Biographie, Darmstadt 1998, 337f.

F. C. GELPKE, Tractatiuncula de familiaritate quae Paulo Apostolo cum Seneca philosopho intercessisse traditur verisimillima, Leipzig 1813 *(non vidi)*.

M. GIEBEL, Seneca, Reinbek bei Hamburg 1997, 128f.

R. M. GUMMERE, Seneca the philosopher and his modern message (Our Debt to Greece and Rome 16), London 1922 (Nachdruck New York 1963), 67–70.

A. VON HARNACK, Rezension von WESTERBURG 1881, in: Theologische Literaturzeitung 6 (1881) 444–449.

– Geschichte der altchristlichen Litteratur bis Eusebius. Bd. I, Leipzig 1893, 763–765; Bd. II/2, Leipzig 1904, 458f. (Nachdruck 1958).

J. HAUSSLEITER, Literatur zu der Frage „Seneca und das Christentum", in: Jahresbericht über die Fortschritte der klassischen Altertumswissenschaft 281 (1943) 172–175.

L. HERRMANN, Chrestos. Témoignages païens et juifs sur le christianisme du premier siècle (Collection Latomus 109), Brüssel 1970.

– Sénèque et les premiers chrétiens (Collection Latomus 167), Brüssel 1979.

K. HOLL, Rezension von BARLOW 1938, in: Philologische Wochenschrift 59 (1939) 268–273.

H. KOCH, Seneca und das Urchristentum, in: Wochenschrift für Klassische Philologie (1919) 500f.

H. KREFELD, Seneca und wir. Zugänge zur Aktualität seiner Lehre, Bamberg 1992, 107f.

J. KREYHER, L. Annaeus Seneca und seine Beziehungen zum Urchristentum, Berlin 1887 (Nachdruck Mikrofilm Ann Arbor i.Mich./London 1981).

A. KURFESS, Zu Pseudo-Paulus ad Senecam ep. XIV, in: Zeitschrift für die neutestamentliche Wissenschaft 35 (1936) 307.

– Zum apokryphen Briefwechsel zwischen Seneca und Paulus, in: Theologie und Glaube 29 (1937) 317–322.

– Zum apokryphen Briefwechsel zwischen Seneca und Paulus, in: Tübinger Theologische Quartalschrift 119 (1938) 318–331.

– Der Brand Roms und die Christenverfolgung im Jahre 64 n.Chr. (Zu Tacitus, Annalen XV, 44), in: Mnemosyne 3. Reihe 6 (1938) 261–272.

– Zu Ps.-Senecae ad Paulum Ep. 13, in: ebd. 7 (1939) 240.

– Zum apokryphen Briefwechsel zwischen Seneca und Paulus, in: Zeitschrift für Religions- und Geistesgeschichte 2 (1949/50) 67–70.

– Zum (sic) dem apokryphen Briefwechsel zwischen dem Philosophen Seneca und dem Apostel Paulus, in: Aevum 26 (1952) 42–48.

P. DE LABRIOLLE, La Réaction païenne. Étude sur la polémique antichrétienne du Ier au VIe siècle, Paris 1934 (postume Neuausgabe 1948 von M. J. ZEILLER), 25–28.

H. LECLERCQ, Sénèque et S. Paul, in: Dictionnaire d'Archéologie chrétienne et de Liturgie 15/1 (1950) 1193–1198.

G. M. LEE, Was Seneca the Theophilus of St. Luke?, in: J. BIBAUW (Hg.), Hommages à M. Renard (Collection Latomus 101), Brüssel 1969, Bd. 1, 515–532.

J. LEIPOLDT, Christentum und Stoizismus, in: Zeitschrift für Kirchengeschichte 27 (1906) 129–165.

É. LIENARD, Sur la correspondance apocryphe de Sénèque et de Saint-Paul, in: Revue Belge de Philologie et d'Histoire 11 (1932) 5–23.

– Rezension von BARLOW 1938, in: ebd. 18 (1939) 124–126.

– Alcuin et les Epistolae Senecae et Pauli, in: ebd. 20 (1941) 589–598.

J. B. LIGHTFOOT, St. Paul and Seneca, in: DERS., St. Paul's Epistle to the Philippians. A revised text with introduction, notes and dissertations, London 1868 (Nachdruck Grand Rapids/Michigan 1978), 270–333.

C. W. LOESCHER, De Pauli ad Senecam epistolis hypobolimaeis, Wittenberg 1694 *(non vidi)*.

A. J. MALHERBE, „Seneca" on Paul as letter writer, in: B. A. PEARSON U.A. (Hg.), The future of early Christianity. Festschrift H. Koester, Minneapolis 1991, 414–421.

M. G. MARA, L'epistolario apocrifo di Seneca e San Paolo, in: A. P. MARTINA (Hg.), Seneca e i Cristiani = Aevum Antiquum 13 (2000) 41–54.

C. MARCHESI, Seneca (Biblioteca Storica Principato 19), Mailand/Messina ³1944, 372–378.

G. MEYER/M. BURCKHARDT, Die mittelalterlichen Handschriften der Universitätsbibliothek Basel. Beschreibendes Verzeichnis. Abteilung B: Theologische Pergamenthandschriften. Bd. 1, Basel 1960, 483.

A. MODA, Seneca e il Cristianesimo, in: Henoch 5 (1983) 93–109.

A. MOMIGLIANO, Note sulla leggenda del Cristianesimo di Seneca, in: Rivista di Storia Italiana 62 (1950) 325–344; erneut in: DERS., Contributo alla storia degli studi classici (Storia e Letteratura 47), Rom 1955, 13–32; dt.: Bemerkungen über die Legende vom Christentum Senecas, in: DERS., Ausgewählte Schriften. Bd. 2, Stuttgart 1999, 60–78.

M. MORLAIS, Études philosophiques et religieuses sur les écrivains latins, Paris 1896, 269–306.

F. MURRU, Rezension von BOCCIOLINI PALAGI 1978, in: Gnomon 51 (1979) 668–673.

J. C. NABER, Christus Senecae auditus, in: Athenaeum NS 15 (1937) 180–186.

E. NORDEN, Die antike Kunstprosa vom VI. Jahrhundert v.Chr. bis in die Zeit der Renaissance, Leipzig 1889 (Nachdruck Darmstadt 1971), Bd. 2, 501f.

K.-D. NOTHDURFT, Studien zum Einfluß Senecas auf die Philosophie und Theologie des zwölften Jahrhunderts (Studien und Texte zur Geistesgeschichte des Mittelalters 7), Leiden/Köln 1963, 36–39.

L. A. PANIZZA, The St. Paul–Seneca correspondence. Its significance for Stoic thought from Petrarch to Erasmus, Diss. London 1976 (Mikrofilm-Ausgabe).

C. PASCAL, La falsa corrispondenza tra Seneca e Paolo, in: Rivista di Filologia 35 (1907) 33–42. 93f.; erneut in: DERS., Letteratura latina medievale. Nuovi saggi e note critiche, Catania 1909, 123–140.

H. PETER, Der Brief in der römischen Litteratur. Litterargeschichtliche Untersuchungen und Zusammenfassungen (Abhandlungen der Königlich-Sächsischen Gesellschaft der Wissenschaften, PH-Klasse 20/ 3), Leipzig 1901 (Nachdruck Hildesheim 1965), 175f.

CH. PIETRI, Roma Christiana. Recherches sur l'Eglise de Rome, son organisation, sa politique, son idéologie de Miltiade à Sixte III (311–440), Paris 1976, Bd. 2, 1547f.

E. POSSELT, Rezension von DEISSNER 1917, in: Berliner philologische Wochenschrift (1917) 1262–1268.

J.-G. PREAUX, Rezension von SEVENSTER 1961, in: L'Antiquité classique 31 (1962) 368f.

H. PRELLER, Paulus oder Seneca?, in: Festschrift W. Judeich, Weimar 1929, 68–80.

I. RAMELLI, L'epistolario apocrifo Seneca–San Paolo. Alcune osservazioni, in: Vetera Christianorum 34 (1997) 299–310.

– Aspetti linguistici dell'epistolario Seneca–San Paolo, in: A. P. MARTINA (Hg.), Seneca e i Cristiani = Aevum Antiquum 13 (2000) 123–127.

F. RAMORINO, De Suetonii operum deperditorum indice deque Pseudosenecae epistulis ad Ioannem Baptistam Gandinum, in: Studi Italiani di Filologia Classica 8 (1900) 505–509.

L. D. REYNOLDS, The medieval tradition of Seneca's *Letters*, Oxford 1965, 81–89.

W. RIBBECK, L. Annäus Seneca der Philosoph und sein Verhältnis zu Epikur, Plato und dem Christentum, Hannover 1887.

G. RÖWEKAMP, Paulus-Literatur 1. Pseudepigraphische Schriften, in: S. DÖPP/W. GEERLINGS (Hg.), Lexikon der antiken christlichen Literatur, Freiburg/ Basel/Wien 1998 (²1999), 484; ³2002, 554.

K. ROSEN, Paulus und die Brüder Seneca, in: Welt und Umwelt der Bibel 11/1 (2006) 28f.

G. M. ROSS, Seneca's philosophical influence, in: C. D. N. COSTA (Hg.), Seneca, London/Boston 1974, 116–165.

G. B. DE ROSSI, De l'inscription d'un Anneus Paulus Petrus, trouvée à Ostie, et des relations que l'on suppose avoir existé entre l'apôtre Paul et Sénèque, in: Bulletin de l'Archéologie Chrétienne 5 (1867) 5–9.

A. DE SANTOS OTERO, Paulus, Apostel VII. Apokryphe Schriften 8. Briefwechsel zwischen Seneca und Paulus, in: Lexikon für Theologie und Kirche³ 7 (1998) 1512f.

G. SCARPAT, Il pensiero religioso di Seneca e l'ambiente ebraico e cristiano (Antichità classica e cristiana 14), Brescia 1977 (²1983), 109–142.

M. SCHANZ/C. HOSIUS, Geschichte der römischen Literatur bis zum Gesetzgebungswerk des Kaisers Justinian II, München ⁴1935 (Nachdruck 1967), 715–717.

W. SCHNEEMELCHER, Apostolische Pseudepigraphen. Einleitung, in: E. HENNECKE/W. SCHNEEMELCHER (Hg.), Neutestamentliche Apokryphen in deutscher Übersetzung II. Apostolisches, Apokalypsen und Verwandtes, Tübingen ⁶1997, 29–34, 29f.

TH. SCHREINER, Seneca im Gegensatz zu Paulus. Ein Vergleich ihrer Welt- und Lebensanschauung, Tübingen 1936.

J. N. SEVENSTER, Paul and Seneca (Supplements to Novum Testamentum 4), Leiden 1961.

E. G. SIHLER, St. Paul and Seneca, in: Biblical Review 12 (1927) 540–566.

M. SORDI, Il cristianesimo e Roma (Storia di Roma 19), Bologna 1965, 461–464.

– I rapporti personali di Seneca con i cristiani, in: A. P. MARTINA (Hg.), Seneca e i Cristiani = Aevum Antiquum 13 (2000) 113–122.

A. SOTTILI, Albertino Mussato, Erasmo, l'Epistolario di Seneca con San Paolo, in: A. BIHRER/E. STEIN (Hg.), *Nova de veteribus*. Mittel- und neulateinische Studien für P. G. Schmidt, München/Leipzig 2004, 647–678.

W. SPEYER, Die literarische Fälschung im heidnischen und christlichen Altertum. Ein Versuch ihrer Deutung (Handbuch der Altertumswissenschaft I/2), München 1971, 178. 258.

F. STEGMÜLLER, Repertorium Biblicum Medii Aevi. Bd. 1, Madrid 1940, 215f. (Nr. 234).

O. TESCARI, Echi di Seneca nel pensiero cristiano e viceversa, in: Unitas 2 (1947) 171–181.

F. TISSOT, Saint Paul et Sénèque, in: Le Chrétien Évangélique 35 (1892) 335–340.

R. TURCAN, Sénèque et les religions orientales (Collection Latomus 91), Brüssel 1967.

J. TURÓCZI-TROSTLER, Keresztény Seneca, in: Archivum Philologicum 61 (1937) 25–75.

C. WACHSMUTH, Zu Seneca's Briefwechsel mit dem Apostel Paulus, in: Rheinisches Museum für Philologie 16 (1861) 301–303.

R. M. WILSON, Apokryphen II. Apokryphen des Neuen Testaments, in: Theologische Realenzyklopädie 3 (1978) 316–362, 349.

W. WISCHMEYER, Die Epistula Anne ad Senecam. Eine jüdische Missionsschrift des lateinischen Bereichs, in: J. VAN AMERSFOORT/J. VAN OORT (Hg.), Juden und Christen in der Antike, Kampen 1990, 72–93, 83–86.

TH. ZAHN, Geschichte des Neutestamentlichen Kanons II/2, Erlangen/ Leipzig 1892 (Nachdruck Hildesheim/New York 1975), 612–621.

Abgekürzt zitierte Literatur

Allen	Opus epistolarum Des. Erasmi Roterodami, denuo recognitum et auctum per P. S. ALLEN/H. M. ALLEN, 12 Bd.e, Oxford 1906–1958.
Giomini/Celentano	C. Iulii Victoris Ars rhetorica, ediderunt R. GIOMINI/M. S. CELENTANO, Leipzig 1980.
Halm	Rhetores Latini minores, edidit C. HALM, Leipzig 1863.
Hennecke/Schneemelcher	E. HENNECKE/W. SCHNEEMELCHER (Hg.), Neutestamentliche Apokryphen in deutscher Übersetzung II. Apostolisches, Apokalypsen und Verwandtes, Tübingen ⁶1997.
Hofmeister	Ottonis episcopi Frisingensis Chronica sive Historia de duabus civitatibus, recognovit A. HOFMEISTER, Hannover/Leipzig ²1912.
Lipsius	Acta apostolorum apocrypha I, edidit R. A. LIPSIUS, Leipzig 1891 (Nachdruck Darmstadt 1959).
Otto	Die Sprichwörter und sprichwörtlichen Redensarten der Römer, gesammelt und erklärt von A. OTTO, Leipzig 1890 (Nachdruck Hildesheim 1962).
Padoan	Giovanni Boccaccio, Esposizione sopra la Commedia di Dante, edidit G. PADOAN, in: Tutte le opere di Giovanni Boccaccio, a cura di V. BRANCA, Bd. 6, Mailand 1965.
Rönsch	Itala und Vulgata. Das Sprachidiom der urchristlichen Itala und der katholischen Vulgata unter Berücksichtigung der römischen Volkssprache durch Beispiele erläutert von H. RÖNSCH, Marburg ²1875 (Nachdruck München 1965).
Sabatier	P. SABATIER, Bibliorum sacrorum Latinae versiones antiquae seu Vetus Italica, 3 Bd.e, Reims 1743 (Nachdruck München 1976).
ThLL	Thesaurus Linguae Latinae, Leipzig 1900ff.
Walpole	A. S. WALPOLE, Early latin hymns. With introduction and notes, Cambridge 1922 (Nachdruck Hildesheim 1966).
Webb	Ioannis Saresberiensis episcopi Carnotensis Policratici sive De nugis curialium et vestigiis philosophorum libri VIII, recognovit C. C. I. WEBB, 2 Bd.e, Oxford 1909 (Nachdruck Frankfurt a.m. 1965).

Register

(Alfons Fürst, Christine Mühlenkamp)

Bibelstellen

Gen. 1,26 LXX	162[56]
2,7 LXX	162[58]
3,19 VL	191[53]
4	167[95]. VL: 189[51]
9,13 Vulg.	187[41]
12,3	170[104]
Ex. 20,1–17	65[215]
Dtn. 5,6–21	65[215]
Esr. 2,2	147
Neh. 7,7	147
Est. 1,9	169[100]
3,13; 8,12	147[1]
1 Makk. 1,1; 11,39	148
2 Makk. 1,25	160[46]
4,20	156[26]
7,28	163[66]
9,5	185[32]
Hiob 38	193[66]
38,8.10f. Vulg.	195[67]
Ps. 1,2	167[97]
8,3	48[87]
8,7	162[62]
37(36),9	38[19]
88(87),10	195[67]
103(102),4	161[50]
103(102),8	185[31]
104(103),5 Vulg.	195[71]
104(103),9 Vulg.	195[67]
115(113),17	165[76]
119(118),105	167[96]
119(118),44	167[97]
143(142),2	155[22]
144(143),8 LXX	185[31]
Spr. 1,27f. Vulg.	193[64]
8,22–31	161[51]
8,29 Vulg.	195[67]
17,3	169[101]
Koh. 3,21	165[76]
Weish. 7,21–30	161[51]
9,13; 12,15	164[74]
13–15	178
13f.	176
13,1	157[31]
13,10–16	191[54]. 187[44]
14,12ff.	149
15,17	193[62]
Sir. 1,10	160[46]
16,30 Vulg.	187[38]
23,1.4	167[94]
Jes. 1,3	191[59]
2,2 VL/Vulg.	58[176]
6,3	187[39]
40,8	64[209]
43,10–12; 44,8	170[104]
63,16; 64,7	167[94]
Jer. 23,24 Vulg.	187[38]
Mich. 4,1 VL/Vulg.	58[176]
Mt. 10,20	47[78]
11,25	48[87]
13,3–9	62[206]
13,18–23	63[207]
13,45f.	163[65]
Mk. 4,1–9	89
4,3–9	62[206]
4,13–20	63[207]
Lk. 1,3	47[71]
8,5–8	62[206]
8,11–15	63[207]
10,21	48[87]
12,12	47[78]
Joh. 1,47	65[214]
4,24	115
14,6	122
18,36	111
Apg. 1,1	47[71]
1,8 Vulg.	48[85]

Senecastellen

Namen und Sachen *(in Auswahl)*